ちくま学芸文庫

ハイデッガー『存在と時間』註解

マイケル・ゲルヴェン
長谷川西涯 訳

筑摩書房

目次

ハイデッガー『存在と時間』註解

著者の挨拶

私がこの本を著わすことができましたのも、非常に多くの方々の御力添によるもので、その方々の御名前をすべてここに挙げて御礼申し上げることはできないほどでありますが、少なくともその内の何人かの方々については特にここで述べておく必要があるように思われます。

まず最初に、私はとりわけて、ヘルベルト・シュピーゲルベルク教授に感謝いたしたいと思います。マルティン・ハイデッガーに関する私の論文を指導して下さるにあたっての、教授の批判的炯眼は、この上なく貴重なものでしたし、論文執筆中の苦しい月日を通じて親切にして下さったことは、今も私を鼓舞する喜ばしき思い出であります。

次に私は、ノーザン・イリノイ大学の同僚達が、私が大学内の仕事に力をさけなかったことを快くしのんで下さり、個人的にも私の仕事を支持し、はげまして下さったことに感謝の意を表したく思います。あるいはまた、この本に収められていることの多くは、私がフライブルクで研究していた時の収穫なのでありますが、そこへ行って研究することが出来ましたのは、一九六四年―六五年のフルブライト奨学金のおかげで、フルブライト委員会にも御礼申し上げねばなりません。

さらに、原文原稿の一部を読むにあたってはルビン・ゴテスキイ氏にお骨折りいただき、また最終原稿に関してはJ・グレン・グレイ氏に有益な注釈と論評とをいただき、感謝しております。私はまた、非常に力になって下さったジュディー・ガラガーさんにも、暖かい感謝の心を送りたく思います。

しかし、何と申しましても、誰にも増して、私が心にしみて恩義をおうておりますのは、この編集をされた、ハンター・カレッジのチャールズ・M・シュローヴァー氏であります。氏の、倦むことを知らぬ創造的な批判、示唆、はげましのおかげで、この本はハイデッガー文献に寄与することができたのであります。氏の尽力は、ふつうの編集者の義務をはるかにこえるものであり、もしもすべての著作者がこのような編集者にめぐまれるとするならば、なべて学術的著作の質はいや増すばかりと言えましょう。

序文

一九六二年にマルティン・ハイデッガーの主著『存在と時間』の英訳が登場して以来、英語で学ぶ人々にハイデッガー哲学の紹介をしようという試みが色々となされてきた。そのうちのあるものには、確かに功績がなかったわけではないが、しかし、原著を読む代用としてではなく、難解をもって知られるハイデッガーの問題作を読むにあたっての手引として使えるような各章ごとの註解ができているかどうかということになると、それに成功しているものどころか、それを試みようとしたものすらないのである。が、ハイデッガーへの興味と研究が深まるにつれて、そのような註解の必要なことはますます明らかになっている。私は、ここで、そうした必要を満たすべく試みたのである。

重要な著作に関する註解を書くということには、ふつうの作品を書くうえでは見あたらないような困難がある。私は、そのような仕事の主な課題は、説明することと明快にすることだと考えている。この作業は非常に簡単そうに見えても難しいことなのである。と言うのは、註解には適さないような説明のやり方だとか、手続きだとかいったものがあるからである。

さらに加えて、これはハイデッガーの『存在と時間』の最初の註解書であるため、先例というものがない。たとえば、カントの『純粋理性批判』に関する新たなる注釈書を書こうとしているような者の場合とは違って、ここでは、注釈者が鋭意探究すべき有名な問題や古典的論点の一連の表ができているわけではない。たいがいの読者にとって『存在と時間』は、既成の学術的な吟味や分析の伝統を欠いた新しい経験を意味する。しかしながらまた、このような伝統がないからこそ、この註解書の出版がよりいっそう必要だったのであった。

私はもともとこの本を、ただハイデッガーが『存在と時間』で何を言っているのかということを理解したいと思っている学生や、これに興味をもった読者などのために書いた。そういうわけで、私は広くにわたって異議をさしはさむことを避け、批評家としてふるまうことをがえんじなかった。それよりも、私は、新しい時代の読者達にも訴えるような言葉遣いで、例を上げたり原著の論議をくり返し述べたりすることによって、明らかにし説明していくことに心をくだいた。説明に役立つときには、その問題の伝統的な起源を紹介したところもあるが、そうかと言って哲学史上の偉人達との広範な比較に首をつっ込んだというわけではない。多くの部分にわたって、私は説明者の役割をひきうけ、ちょうど私が哲学科の学生達に難しい章句のこみいったところを説明してやる時のように、ただここでは口頭ではなく、文章で説明しようと試みてきたのである。この本に、ハイデッガー哲学に対する論駁を期待する方々は失望されることであろう。けれども、難解な章句の解明、『存在と時間』の構造の説明、あるいはまた、おりにふれ生身の人間の体験の例をあげてハイデッガーの論点を明らかにすることなどを期待される方々にとっては、この本は役に立つことができるかも知れない。

章を追った註解についで、私は「なぜ存在なのか?」と題する短い論文をつけ加えた。そうしたのは、なぜハイデッガー(や他の人々)がこの数十年の間に存在の問いへと向っていったかを示すためでもあり、また、そもそもなぜハイデッガーのこの本が書かれたのであるかということを理解するに必要な展望を与えるためでもある。

この書物をいかに読むか

本書は三通りの読み方をすることができる。

第一に、もっとも望ましいのは、これを『存在と時間』の補助読本として使うという読み方である。『存在と時間』のある節や章、または個々の議論で難しいところや疑問のあるところが出てきた際に、私の註解はあいまいな点をはっきりさせるのに役に立つこともあろう。このために私は、『存在と時間』のどの節が論じられているのかを、括弧に入れて明記するようにした。目次においてもまた、このような対応を記しておいた。

このように各節ごとに読んでいくことは、人によってはくどく、いや不必要にさえ思えるかも知れない。で、第二に、この本は、『存在と時間』を読む前、またはその後でも、ひとつのまとまった読み物としても読めるように書いてある。そのような読み方を可能とするために、私はところどころで、くわしい分析に入る前に、ハイデッガーの章や節の全体的なまとめをしておいた。したがって読者は、単に節を追って分析する場合と違い、大まかな論旨の運びを見失なわずにすむのである。このような読書方法は、『存在と時間』

の全体としての目的や構造があまりよく解らないというような人々に、殊に役立つことと思われる。

第三には、これはあまり望ましい読み方ではないのだが、この本をハイデッガー哲学の入門書と見なして、全く『存在と時間』に接することなくこれを読むという仕方がある。私はすべての読者に、是非原典にあたられることを強くお勧めするのだが、それでもなおかつそれの億劫な人にとって、この註解書は、少なくとも、ハイデッガー哲学の非凡な世界へとさそい入れる、その導き手ぐらいの役には立つであろう。このような読者のために、私は、何らかのまとめをつけずに『存在と時間』を引用することは避けた。この註解書はこれ自体で包括的な統一性をもっており、まとまった哲学研究書として読むこともできる。しかしながら、私としては、このような仕方で私の本を読み始められた読者が、ハイデッガー自身のものを読むようになっていかれることを、切に願う次第である。

最後に、私が、この本を書いた理由の一つは、『存在と時間』の内容を読者に確信させ、納得させることにあったのだということを認めざるを得ない。私は、『存在と時間』においてマルティン・ハイデッガーの語っていることは非常に重要であり深い意味をもっていると考える。ところが、英語圏の読者達の間では、ハイデッガーは実にしばしば、怪しげな教義を信奉する神秘的かつ狂信的な実存主義者ということにされている。が、このような解釈は、ちょっと時間をさいて『存在と時間』を読むだけのことをしてみようという者には、すぐに化けの皮がはがれてしまうものである。この註解書は、そのような人々が読むときの手助けをしようというものであって、そしてそれによって、ヨーロッパにおいてはしばらく前から常識となっていることを英語圏においても紹介しようとするものである。そのこととは、すなわち、マルティン・ハイデッガーの哲学的洞察と知力に対して、我々の時代の重要なる思索家としての、つねに変らぬ大いなる尊敬をはらうということである。

※原著本文中と各段落の後にある原注の『存在と時間』の参照頁は、日本の読者の便を考慮し、すべて「ちくま学芸文庫」版『存在と時間』上・下巻それぞれの該当箇所の頁を（　）内に示した。ただし、本書の訳語・訳文と、「ちくま学芸文庫」版のそれとは同一ではない。

第一章　『存在と時間』の概要と背景

マルティン・ハイデッガーの著書『存在と時間』は、専門の哲学者にとっても学生にとっても、ともに難解である。このことは、よく批判されているように、彼の言葉遣いや文体が難しいということにのみよるのではない。もっと重要な理由は、まさにこの本の主題についていささかのとり違えがあるということである。『存在と時間』が専門の哲学者にとって難解であるというときには、それは、ハイデッガーが伝統的な問題を、なじみのない用語で系統づけ直して述べており、その結果、専門家が彼の著作を、伝統的哲学とは何らかかわりないものと思い込んでしまうような誤解が生じたりすることがあるからである。他方、この作品は学生や入門者にとっても難しいが、それは、ハイデッガーが、自分がどのように伝統的哲学に負うているかをはっきりと説明していないため、彼の著作の真意をはかるべき手がかりが与えられずじまいになってしまうからである。このようにして、専門の哲学者は伝統哲学を知りすぎており、入門者は知らなすぎることが、ともに、ハイデッガーの思想をすなおに受け入れることの障害となっている。

しかしこのことにもかかわらず、入門者や学生の方が『存在と時間』を読んで共感を覚えることが多いのは、まさにこの本が、ほとんどすべての人にとって非常に興味深い主題を含んでいるからである。死・良心・罪・本来的存在といったことに興味をひかれない人がありえようか？　そればかりでなく、入門者は、哲学者が自分の問題を展開していく場合の伝統的な方法にとらわれていないので、ふつう、専門家ほどには、『存在と時間』の様式を奇矯なものとは感じない。が、そうとは言え、ハイデッガー以前の伝統を完全に理解しておくことは、彼の哲学の意味を把握するために欠くべからざることとも言えるのである。

また、ハイデッガーのドイツ語はそのままなめらかに訳せるようなものでないので、英語の読者にとって『存在と時間』の難解さはいっそう増す。しかも、いくつか特定のテキストについて私の注釈をつけておいたからそれからも解ると思うが、いくつかの主要な用語の訳は訳者によって様々であり、疑問の余地のあるものが多い。それらの訳は少なくとも誤解をまねき易く、したがって解釈し直さるべきものである。

しかし、ハイデッガーの思想の理解を徒らに難しくしているのは、翻訳者ひとりではない。何やかやのレッテルを貼りつけることにのみ汲々としているような記事や本が巷には氾濫していて、たとえば、ハイデッガーの「実存主義」や彼の「現象学」(注1)や、あるいは彼の「ニヒリズム」(何のことを言っているのか解らないが）について論じた本はいくらも目につくが、ハイデッガーの思想を全体として論じているようなものはごく僅かなのである。この註解書において、私はそのようなレッテルづけには頓着しなかったが、それは、そのようなことをするとえてして彼の著作をゆがめることになるからである。ハイデッガーは哲学者、あるいは思索家なのであって、それ以上のレッテルづけは誤解のもとである。

（注1）このように言ったからとて、ハイデッガーを現象学者と呼ぶことに、全く根拠がないと言おうとしているのではない。私はただ、そのように呼ぶことは解釈の可能性をせばめることであって、ある者の解釈をもっぱら押しつけることになりはしないか、と言いたいだけなのである。

最後に、ハイデッガーをくもりなく理解しようとするにあたって、それよりさらに重大な障害の一つは、「前期」ハイデッガーと「後期」ハイデッガーの区別にこだわりすぎることである。（注2）この区別の利点はともかくとして、読者にとって一番大切なことは、それぞれの著作をそのあるがままに把えるということなのである。人によっては、「転回」があった以上、「前期」ハイデッガーの主著たる『存在と時間』を研究することなど無意味だ、ということを言う人もいるが、私は賛成できない。私は、できるかぎりこうした余計な気づかいを避けるつもりである。私のするべきことは、かの偉大な著作『存在と時間』を、教養と熱意のある読者にとって少しでも解り易いものとすることなのだから。この書物がうち捨てられるべきものなのかどうかについては、無思慮な焚書家どもが決めたら良いことである。

（注2）前期には実存が強調されているが、後期には人間の実存に関する用語とはほとんど独立に「存在」が論じられており、ハイデッガー自身がこの移り変りの性格について注意をうながしている。しかしながら、ウィリアム・リチャードソン氏著『ハイデッガー——現象学を通じて思索へ』（ヘイグ・マルティヌス・ニホフ、一九六三年版）の序文においてハイデッガーは、この移行を、彼の前期の思想の放棄と見てはならないと主張している。この序文で彼は、後期の思想は前期の思想から生い出でたものとしてのみ理解することができ、また前期の思想は後期の思想へ向うべきものとして見られてはじめて理解しうるものだと述べている。したがって、私には、この移行をあまりにも強調しすぎるということは、ハイデッガー自身の自己解釈を踏みにじるものであるように思われる。

さて、それでは『存在と時間』とはいったい何か？　この本の目次をざっと見渡してみると、そこに盛られた主題は種類豊富で魅惑的に見えることであろう。他の哲学的古典の多くは、一見抽象的で解りにくそうに見えるものであって、そうした古典の味気ない外見にうんざりした目に、死だとか罪だとかいった直接的ではっきりした主題をあつかった哲学書は新鮮なものにうつろう。しかし一方、注意深い読者にとっては、まさにこうした主題の選び方が疑惑のたねとなる。と言うのは、こうした論題は、一種の神秘主義や、「人いかに生くべきか」といった信心深いお説教に近いものになる可能性があるように見えるからである。ひどいときには、そうした題は浅薄な合理主義的宗教を指していることもある。

もちろん現実にはこうした疑惑はこの著書については全く根拠のないものでしかないが、しかし次のような疑問は残る。「このような考察は、認識の問題とか、世界や理性の本性の問題などといった哲学の古典的問題と、いったいどのような関係があるのだろうか？」考察の主題はいかにも目新しそうに見えるのだが、ハイデッガーが『存在と時間』において注目している問題は、実は哲学史上もっとも古くからある問題の一つである。しかし、それはハイデッガーによって全く新しい方向から扱われており、ハイデッガーが天才的である所以も、多分に、彼がこのように、問題解決には不充分と思われるような体系から引きついだ用語を使って問題を論じることを拒否したというところにあるのである。

もしも、ほんの仮りそめに、いささかためらいつつも、初期の用語を借りてくるとすれば、我々は、『存在と時間』の問題を「超越論的自我の現象学的記述」とでも言うことができよう。すなわちそれは、我々自身を、自由なものであり、我々自身の存在について、そしてまた我々の外的世界の理解について決定を下すものであると自覚させる、あの我々の意識の最初の命令のことを言っているのである。

「超越論的自我」という用語は、もちろん、カントのものである。しかしながら、この問題はずっとさかのぼってプラトンにも見られる。プラトンは、数学の究極的な根拠づけは、数学の領域内には在りえず、より高度な知であるところのイデアによって与えられる、ということを悟っていた人である。また、デカルトによれば、コギトは自己自身の存在を確証されており、この確証が彼の合理主義の基礎をなしている。しかし、この問題を観念論者をあのように魅きつけた独特の形にもっていったのはカントであり、ハイデッガーはこれを引きついでいるのである。

『存在と時間』の中で、ハイデッガーは実際に、カント派の伝統的な形式に従って問題を扱っているので、その伝統的形式とその発展を簡単に見ておくのが妥当であろう。しかし、まず最初に次の三点をはっきりさせておかねばならない。

第一に、この問題自体はカント哲学のものであるが、それだからといって、決してハイデッガーがカント派と呼ばれうるなどということにはならない、ということである。ただ、彼をカント派の伝統の内から出てきた人として理解する分にはさしつかえないが。先にも述べたように、様々のレッテルは誤解のもとであるが、これに至ってはお話にならない。

第二に、『存在と時間』におけるハイデッガーの重要なポイントは、問題を非伝統的な用語によって構成し、述べていくことにある、ということである。なぜなら、ハイデッガーの主要な信念の一つは、問題を述べ立てていくにあたっての伝統的なやり方それ自体が問題解決の障害となっている、ということだからである。

最後に、『存在と時間』の主目的は、超越論的自我の分析にある。しかしながら、この分析を押しすすめるにあたって、ハイデッガーはその課題をはるか越えたところまでつき進んでおり、次の世代に属する様々な思想までがすでに彼の著作の深い影響をうけている。

たとえば、実存論的心理学だとか、現代宗教学や現代神学だとかいった分野で、ハイデッガーの洞察はすでに非常に重要なものとなっているのである。(注3)

(注3) ハイデッガーの今日における影響がどれほど広範にわたるものかは、それを調べつくそうとしても不可能なほどである。しかし、二、三のもっとも際立ったものをあげることはできる。たとえば、彼がサルトルにおよぼした影響は無視することができないし、多くの現代神学者達(ティリッヒ、ブルトマン等々)は、様々の思索を彼に負うている。また、文学や劇(たとえば不条理劇の一派)における彼の影響ということも、しばしば指摘されている。しかしながら、アメリカにおけるハイデッガーの影響は、かなり遅まきであって、アメリカの大学でハイデッガーの講座がいささかなりと一貫して満足に行なわれるようになったのは、ほんのここ数年のことである。『存在と時間』の翻訳が遅れたということも、確かにその原因の一つである。

歴史的伝統

イマニュエル・カントの理性の機能と過程の批判的分析の最も重要な成果の一つは、人間の理性的活動の範囲が、物理学や数学にみられるような単なる科学的範疇づけにとどまらないことを指摘したことであった。数学や科学がともに、見かけと実際とを区別するという精神の能力に頼っていることに気がつけば、精神は、いかにしてこの区別そのものが可能であるかと問うこともできなければならぬ、ということがただちに明らかとなる。カントは、いかにして科学や数学が可能であるかという問いに答えたのみならず、いかにして科学の可能性を問いうるかという問題に注目したのだった。実際、カント自身が自らの哲学を「超越論的観念論」と称している——すなわちそれは、科学の対象に関してではなく、科学的知識を創り出し、従って科学を可能にするものとも呼びうるようなそうした精神の過程についての、批判的検証なのである。このような分析が究極的に前提としているのは、カントによれば、超越論的視界の存在であって、それがあるゆえに哲学者は自分の心の機能を観察し、描写することができるのである。しかし、この超越論的視界は、認識論的問いにも基盤を与えるものであって、それはまた、我々の個人的自由や責任の根拠となるものでもある。

超越論的視界についてのカントの問いかけは道徳の問題という形をとっている。カントの立場はまさに、自由が、したがって道徳的責任が、厳密に科学的な叙述と相容れないというものであり、それゆえ自由というものは、科学的知識の限界を超越するあの視界に属するものでなければならないことになる。ハイデッガーは、「道徳」をもって超越論的視界を構成するものとは考えなかったけれども、人間に、反省し、それによって自分の活動を超越する能力を与えるのは「自由」だとする点においてカントと一致している。しかしながら、カントの方は、人間の超越し、反省する能力はその理性によっていると主張していたのであって、カント哲学の一つの主要教義である、絶対的な「理性の自律」も、そのようにしてうち立てられているわけである。

この、理性の座における自由と思考の結合ということは、カント以後の思索に絶大な影響を与えた。もっとも明らかな例はヘーゲルの、あの信じがたいような世界像である。彼の精神現象学によれば人間の精神とは、認識行為や自由も、精神が自らを自覚するに至る様々な形のひとつでしかないような、そういう唯一無二の力である。しかし、十九世紀の思索家のなかで、ヘーゲルのみが超越の問題を重大視していたわけではない。超越の問題とは、人間がいかにして、科学にとって必然的な因果律による決定論をのり越え、科学的法則を逆に検証し返しうるような視界を開きうるか、そしてそのように科学のわくを越えることによって自由と責任ある自覚の基礎を築きうるか、という問題なのであるが、アルツール・ショーペンハウエルにとっても、意志あるいは自由の現実の姿は、命令的で、しかも冷静な理性的原理にとってかげを投げかけるものであった。この点において、彼は、認識は根本的には感性内容に範疇を適用することだというカントの教義により近いとさえ言える。フリードリッヒ・ニーチェは、自己の超越論的哲学をさらに発展させて、意志というものが、自らを力の源泉として意識するのだと強調した。

しかし、カント以後の思索家達の皆が皆まで、カントの哲学におけるもっとも重要な成果はその超越論的思考にあると考えていたわけではない。多くの思索家達は、むしろいかにして科学は可能であるかというカントの分析に感銘をうけ、彼の言う範疇というものの範囲と性格をさぐろうとした。こうした思索家達にとっては、『純粋理性批判』のうちでも、カントの主要な功績は「感性論」および「分析論」と題された各章の内に示されている。が一方、カントの超越論的思考の後継者達は『批判』のうちでもっとも重要な章は「弁証論」だと考える。十九世紀の半ば、ヘーゲルやフィヒテの観念論から遠ざかろうとする運動がおきて、「カントへ戻れ」の標語のもとに、自然科学の可能性の問題の方を強調しようとつとめた。なかでも、この運動に有名な標語を以ってしたのはオットー・リープマン（一八四〇―一九一二）であって、その言葉は「かくして我々はカントへ戻らねばならぬ！（Also muss auf Kant zurückgegangen werden!）」というのだった。この運動は新カント主義と呼ばれ、根本的には実証主義的な性格を帯びていた。エルンスト・カッシーラーは、ハイデッガーの『カントと形而上学の問題』を批評したなかで、アロイス・リールの就任演説を新カント派の面目躍如たるものとしてあげている。リールによれば、哲学は、人間の「精神的なもの」にかかわる古来の行き方を改めねばならない。哲学者は科学的探究の厳密な要請にのみ従うようにしなければならない。科学の法則と方法の問題のみが哲学的思索のかかずらうところとならねばならない、というのであった。

新カント派がすべて、リールのように厳しく非科学的な問題をしりぞけたというわけではなかったが、概して新カント派が人間存在や価値の問題の重要性を強調しなかったということは疑いを容れない。当然のことながら、この新カント派の伝統の内からは、人文科学について一種カント流の分析をほどこそうと努める人々が出た。例えば歴史は、ウィルヘルム・ディルタイ（一八三三―一九一一）に見られるように、これに特有の範疇や歴史的探究を可能とする諸前提に関して研究された。しかしここにおいても、強調されたのは、実証と方法の探究であり、また人文科学であろうと自然科学であろうと、それなしでは科学が成り立ち得ないような必須の原則を調べることであった。

こうした伝統の沸き返るただなかにあって、ハイデッガーは彼独自の哲学を展開し始めた。カント以前の哲学者、なかんずくギリシャの哲学者達が彼に非常な影響を与えていることには疑いの余地もないが、一方でハイデッガーは、科学的認識論を重要視する新カント派の伝統にも敏感であった。ハイデッガーが彼の時代の一つの主要課題と考えていたのは、人類の思索を自己の問題、殊に人間の自由の問題と自己を知るという問題へとさし向けることであって――、これがために『存在と時間』の大部分は否定的な形で書かれている――すなわち、ハイデッガーは新カント派が掲げたような哲学的見解に対抗して論をおこそうとつとめているのである。(注4)

ハイデッガーが超越の問題を展開していく過程と方法はと言えば、これは全く非カント的である。カントから問題そのものは継承したものの、カント的な解決は彼の拒絶するところであった。実際、ハイデッガーは、超越論的自我を探るための鍵を、カントの方法とは全く異なった二つの方向に見出している。その一つは「存在」への問いが至上のものであることを見ぬいていたギリシャ人達の思想であり、いま一つは、彼の友人であり師でもあるエドムント・フッサールによって展開された方法論であった。（この方法論については、八三頁以下に論じてある。）ハイデッガーは、存在の意味に対するギリシャ人達の問いを解釈するにあたって、現象学によってもたらされる記述的洞察を用いることによって、超越論的自我の現象学的記述を展開することができることを見出した。この記述は、彼が「実存分析」と呼ぶところのものに基盤を与えるものであり、その分析を通して、人間の体験の全領域が、超越論的意味づけによって照らし出されるのである。

（注4）このことに関連して、『存在と時間』が、当時新カント派の中心地だったマールブルクにおいて書かれたということは興味深い。さらには『存在と時間』に踵を接するようにして、カントを根本的な存在論者とみる大胆な解釈書『カントと形而上学の問題』をハイデッガーは著わしている。

『存在と時間』の構造

さて『存在と時間』は遠大な見通しを持った書物である。はじめの計画によれば、この著作は、現在未完の形で世に出ているもののほとんど三倍になるはずなのだった。その計画では、この著作は大きく分けて二部から成るはずであったが、第一部の三分の二が出版されているだけである。第一部の残りの第三章については、それがいつか出版されうるであろうかどうか、大いに論議をかもしている。(注5) また、第二部の代りには、いわゆる哲学史の解体(注6)をあつかった、一連の他の著作が発表されている。

(注5) むしろ、あまりに論議されすぎているきらいもある。たしかに、最後のまとめが欠けているということは残念なことである。しかし、それだからと言って、第一部の試みがそのために無駄になったとか無効になったとかいうことはないのである。

(注6) ハイデッガー自身が『カントと形而上学の問題』の序文において、彼のカント研究を、『存在と時間』の最初の計画の一部であったとして、特に指摘している。歴史を扱った章と分析の章とは、共に伝統的形而上学に対する二正面攻撃として書かれることになっていた。

しかし、いま我々の手に入る未完の形においてさえも、その視野と内容は豊かで多様である。ハイデッガーが彼の方法と著述のすすめ方を説明している二部に分かれた導入部を別にすれば、『存在と時間』の第一部分は、「実存論的分析」についてである。この用語の意味は文字通りに受け取ればよいのであって、これは実存の分析なのである。

ハイデッガーは、一般に認められている哲学の問題領域をとり上げ、それを超越論的認識の立場から解釈し直す。たとえば、彼は「世界」といった概念をとり上げる。そしてそれを客観的な実体として宇宙論的に扱うのでもなく、また、知識の対象として認識論的に扱うのでもなくて、彼は、人間にとって「世界の内に在る」とは何を意味するのか、ということを調べるのである。彼は問う。我々にとって、我々が世界の内に在ることを知るということはどのような意味をもつのか？　「世界」という言葉に意味を持たせるような認識や意識とは、どのようなものであるのか？　彼は、こうした問いを、いくつかの主要な概念、たとえば、自己自身であるとはどういうことか、不安であるとは何か、自分がかくかくと思うとおりのものであるとはどういうことか、といったこととの関連において追求していく。このようにして、「世界」、「自己」、「不安」、「了解」といったものは、それらへの主観的な関心から切り離された客観的な実体ではなく、あるいはまた、いかなる抽象的・言語的な「定義」なのでもない。そうではなくて、どれもが、人間の存在するその仕方なのである。私が存在する仕方は色々あるが、その一つは、世界を意識しているという在り方である。世界が実際にどのように在るかはこの際あまり重要でない。私にとって世界の内に在るとはどういうことかが非常に重要なのである。ハイデッガーは、それを分析してみると、在るということの意味が明らかになってくるような存在の様式を実存論的と呼ぶ。こうした実存論的なものの性格を描写した多くの論述のなかで、ハイデッガーは次のようなことを指摘している。カントの範疇と同じく、それらは経験からの抽象の結果ではなく、むしろ、経験の内に前提されており、経験を可能ならしめるものである。したがって、それらは論理的にすべての経験に先立つものでありア・プリオリなのである、と。

私が、いかにして私が世界に気づくことが可能であるかと問うた時、私が実際に経験しているこの現実的な世界を考えてみても答えは出てこない。なぜなら、私がいかにして何物かが可能であるかを問うている時には、私はそれの現実的な性格を尋ねているのではなく、それの超越論的前提とでも言うべきものを問うているのだからである。カントが、原因と結果は科学的説明の内に前提されており、したがって科学を可能ならしめているものであると言ったとき、彼は哲学上の根本問題を述べていたのである。もしも原因と結果の明証を経験的観察の内に求めようとするならば、デイヴィッド・ヒュームが美事に示してみせたように、探究はむなしく終るほかない。カントが、因果律はア・プリオリであると言っているのは正しい。それは、科学自体を可能ならしめている条件なのである。同様にして、自分自身の存在を認識していることに気づくものは、このような自己への直面を可能にしている認識の様式は何なのかを問わねばならない。このような認識の説明は、どうあろうともかならずア・プリオリの性格をそなえていなければならない。さもなければ、それは認識の事実を説明することができないであろう。事実の説明は、事実の結果ではあり得ない。それは、まさに、論理的に事実に先行しなければならないのである。このようなわけで、ハイデッガーの実存論的分析とは、自己の存在の認識を可能とするア・プリオリな諸条件の分析なのである。

『存在と時間』の目次は、何がこうした実存論的カテゴリーなのかを告げている。しかし、実存論的分析におけるそれらの諸概念を調べても、それだけでは不十分である。なぜならば、ハイデッガーによれば、実存論的分析の完全な探究は、「非日常的」な、「本来的な」視点からなしとげられるものだからである。真に基本的な存在論をうちたてるに必要な、より高度な存在論的水準を得るためには、実存論的分析の全体を、それも新たな視点から、分析し解釈し直さなければならない。そしてその新たな視点は、第一の分析の結果出てくるものであって、それがさらに、探究する者——そして、この場合はまた探究される者——は、時間によって限界づけられ、時間によって自らの広がりを得ている、という事実につながっていくのである。この第二の、より高度な分析が、「現存在と時間性」と題される、既刊の『存在と時間』の第二の部分のテーマである。第二の分析においては、自己というものがさらに一層中心的な問題となり、死とか罪とかいった、自己自身を反省的に意識する人間特有の諸性格が、時間性の影響のもとに分析されている。そしてこの時間性という言葉が、ハイデッガーのこの本の後半で、延々と論ぜられることになるのである。

基礎的存在論（注7）

（注7）ハイデッガーの著作において、「存在論」と、「形而上学」という用語の位置ははっきり定まっていない。『存在と時間』や『カントと形而上学の問題』においては、「形而上学」という言葉はある種の敬意をうけて扱われており、あたかもこの言葉がハイデッガー自身の探究の形態につながるものであるかのようでさえある。またこれら初期の作品においては、彼は自分自身の探究の形態を表わすものとして、「存在論」という言葉を好み、さらにはより限定された「基礎的存在論」という言葉を好んでいる。この初期の使い方においては、基礎的存在論は一種の一般的形而上学（metaphysica generalis）——すなわち他のすべての形而上学的探究の基礎にある存在への一般的探究、あるいはその根拠——とみなされていた。しかし、伝統的な形而上学や存在論に対するハイデッガーの抵抗はしだいしだいに強調されるようになり、ついには「形而上学」という言葉で代表される探究の形態は、ハイデッガーのもっとも強く反対するところとなった。形而上学は誤りの源となり、もっぱら対象と実体にのみかかわりあうことによって、存在の探究という真の哲学の目的を覆いかくしているといわれることになった。その結果、のちにハイデッガーは、彼自身の探究の形態を表わすものとしては「存在論」という言葉を使わないようになる。というのも、この言葉はあまりにも長い間伝統的形而上学をさすものとされてきたからである。しかしながら『存在と時間』においては、この言葉はまだ、ハイデッガー自身の思想を表わすという働きを失ってはいない。そして「形而上学」という言葉でさえも、まだ彼の攻撃の対象とはなっていないのである。

自己の分析は、第一には実存論的分析のレヴェルにおいて、次には時間的次元と自己の限界のレヴェルにおいての、二段がまえの分析によっているが、この分析は、単に、様々ある哲学的問題の一つとしてなされているにすぎないのではない。それどころか、自己の分析は、自己の存在しうる、ありとあらゆる在り方を必然的に含み、したがって哲学上のあらゆる問題を含んでいるわけで、だからこの探究はハイデッガーにとっては、全哲学の基礎なのである。それゆえハイデッガーは彼の全学説を「基礎的存在論」と呼ぶが、これは、実存し、考える自己、哲学する自己、おのれの存在様式が哲学全体を構築する基礎としての在り方であるような自己というものの存在の学、ということである。

ハイデッガーの『存在と時間』におけるねらいをもっとも正しく反映しているのは、この基礎的存在論が全哲学の基礎だという主張である。彼の新カント主義の否定は、ここにおいてもっともよく表わされている。というのは、新カント派は哲学の目的はこれみな科学の可能性とその用語を検討するにあると論じており、ハイデッガーはこれに反してそのような哲学的見解は「まどわし」であると考えるからである。(注8) それがまどわしであるというのは、そうした見解は、生命、道徳、自由、死の意味といった、人間の関心事に対する、豊かで重要な問いをすべて等閑に付してしまうからである。結局、こうした問題は哲学へのもっとも根源的な促しであって、こうした問題を副次的なものとして、あるいは「無意味」なものとさえみなしてなおざりにするというのは、そもそも人間はなぜ哲学するのかという隠れた問題を押しつぶすことなのである。

(注8) スイスのダヴォスにおけるエルンスト・カッシーラーとの対談で、ハイデッガーは新カント派を、

哲学を科学的方法の本性に関する探究のみに限ることによって、哲学をゆがめたと非難した。このダヴォスにおけるカッシーラーとの討論は口頭であったが、その会議に出席した一学生の手によってメモがとってあった。このメモがその後、グイド・シュネーベルガーによって『ハイデッガー文献補遺』のうちで公けにされた（*Ergänzungen zur einer Heidegger-bibliographie*, Bern Suhr, 1960）。ハイデッガーもカッシーラーも、一度もこのメモを否定することがなかったし、この内に語られていることの内には、何ら両哲学者の思想全体と喰い違ったところがない。そのことから、これは学者達の間で、全面的にではないにしろ、尊重するにたる正統的なものと認められている。

すべての哲学の基盤とすることのできるような基礎的な原理を探し求めるということは、思想の歴史において決して目新しいことではない。たとえばアリストテレスは、「第一哲学」は「存在としての存在」(注9)の学でなければならないと論じた。たしかに、のちに「形而上学」の名で知られるようになったものは、単に哲学的探究の一分野にすぎないようなものではなく、究極的には哲学の他のすべての分野の基盤となっている源泉なのである。この二十世紀においても、哲学することのまっただ中へ飛びこもうとする似たような試みを我々は見ることができて、例えばバートランド・ラッセルの『哲学の本質としての論理』(注10)がある。

（注9）アリストテレスの『形而上学』巻Aおよび巻Γ参照。

「形而上学」という言葉は、もちろんアリストテレス自身が使ったわけではなく、彼は自分のこの作品についてただ「第一の」あるいは「始源的」哲学とのみ語っている。これは自然学（Physica）の「後につづく」（meta）作品である。

（注10）「外界に関する我々の知識」（*Our Knowledge of the External World*, Allen and Unwin, 1929）第二講。

これら二つの論を、ハイデッガーがいずれも拒否していること、あるいはそう言明していないにしても拒否するであろうことは、おそらく指摘するまでもあるまい。ここでは、彼の拒否する理由をことごとく検討する余地はない。が、次のことは指摘しておく方がよいであろう。それは、ハイデッガーにとっては、論理学さえもが、観念や命題の純粋に形式的な関係に注目するという論理学者の性向を前提している以上、いかにして自己がこのような性向を身につけうるかということの分析の方が基礎的なものである、ということである。[注11]同様に、アリストテレス主義に対する（おそらくアリストテレス自身に対してではないのだが[注12]）反論としては、対象的事物の本質の分析をもって「第一哲学」を作り上げていると見なすことはできない、なぜなら対象的事物はすでに心によって範疇づけられてしまっているのだから、ということが言える。ハイデッガーの言うところに従えば、「第一哲学」を展開すべき唯一の方法は、そうした範疇づけの源泉としての自己を分析することである。あるいはまた、この自己は、単に知るところの自己ではあり得ない、というのは、知るということは、自己の存在する種々の可能なあり方の内のただ一つにすぎないからである。むしろ自己は、自分の存在する在り方の全体性をかえりみなければならない。その時、哲学的探究の種々の分野の方法をつかさどるべき原理が、この実存する自己の超越論的探究から生まれ出てくるに違いない。そしてそれが、基礎的原理なのである。

(注11) ハイデッガーは、「本来の (Primordial・primär)」という言葉を、「第一番目の」という、まさに文字通りの意味で使っている。そのことによって彼は、本来的であるものは何物も他から由来することはできず、したがって究極的なものである、という意味をこめている。

(注12) 私がここにこう断ったのは、現代のアリストテレス解釈者の内には異なった見解をとる人々もいるからである。しかしハイデッガーは、当時ドイツの大学で優勢だったアリストテレスの解釈をしりぞけていた。彼自身は、この独創的なギリシャの思想家について、もっととらわれない解釈をしているものと思われる。

このようにして、『存在と時間』における課題とは、超越論的自我の現象学的分析を通じて基礎的な学をつくり上げることである、ということになった。

こうした考察からはまた、非常に困難なというほどではないが、やはりある種の問題が生じる。多くの批評家や読者達がもっとも執拗にとなえつづけている不満として、ひとつには、ハイデッガーは「存在」について語ると約束しておきながら、その代りに哲学的人間学——つまり人間や人格の分析にかかりきりではないか、ということが言われる。たしかに、ハイデッガーが存在の意味への問い（Seinsfrage：「在る」とはどういうことなのかを問うこと）を至上のものと考えている等ということを読みかじっていると、トマス派のスコラ学かライプニッツのモナドロジーのような論議を期待してしまうものである。ところがその代りに読者が見出すのは人間の深い分析であり、人が世界の内におのれを見出す仕方であり、自己自身のかくれたる弱さをかばおうとする仕方であり、また、自分の内なる力の中心へと跳び入る仕方なのである。こうした分析は、ふつう哲学史上、形而上学的な興味を持たない人々のすることだった。そのようなことに興味をもつのは、ニーチェとかパスカルとかいった、いわばお義理で「哲学者」と呼ばれているような人々だったのである。しかしながらハイデッガーは、彼が哲学的人間学者ではないことを断固として主張する。彼は、「人間学」を展開しようとする気など全くないことを断言する。彼の分析は、彼自身の見るところによれば、在るということの意味——「存在」の分析なのである。多くの鋭い批評家達も、これにはとまどっている。いったいどうしてハイデッガーは、人間の自己や世界への係わりを描き出すことに全精力を傾けていながら、存在の意味の問いを考察しているなどと主張しうるのだろうか？　と。極端なところでは、ハイデッガーの「現象学」における想像を絶した洞察を讃えたうえで、ハイデッガーの「唯一の誤り」は自分の著作を存在論的であると称したことであった、と主張する者さえある。

ハイデッガーの著作について、著者の主張するところと我々の目にうつるところとの表面上の矛盾を解こうと思うならば、ハイデッガーの表現とそれに対する我々の理解の双方の限界について、ある程度寛容にかまえることが必要である。ハイデッガーにとっては『存在と時間』でなされているような人間の分析は存在論である。それは、存在の意味への問いを学ぶ正しいやり方なのである。それが我々の耳に奇異にひびくとしても、我々は、ハイデッガーがそれを奇異にひびくよう意図しているのだということを忘れてはならない。なぜならハイデッガーは、まさに「哲学」それ自体の意味に真剣に挑んでいるのだからである。我々自身の存在のそのあり方を、理性によって批判的に分析することによって、ハイデッガーは、「純粋哲学」を好んで、世にありふれた実存的諸問題を嫌う者と、他方専門的な哲学者の「へそを見つめてばかりいる瞑想」を嫌う「生きた人格」との間の断絶に橋渡ししているのである。しかしながら、それだからといって彼は「哲学は日々の糧を提供しなければならぬ」と論じようというわけではない。ハイデッガーにとっては、哲学はそれ自体が報酬であり、それ自体の存在意義そのものであるのだから。しかしまた、そのことによって哲学が実存と切り離されるわけでもない。したがって、哲学以外の何かが哲学を正当づけうるなどということを信じないハイデッガーは、思想の正当性が行為の内にあるとするようなプラグマティストでもなければ、一方、思想の内にのみ偉大なものがあると思っているような瞑想家、人間存在における価値や選択は理性的探究と何ら関わりのない単なる感情の問題だと説くような静観者でもないのである。

ハイデッガーの人間存在の分析が存在への問いの基礎となることを理解する唯一の方法は、「存在」という言葉を彼の思考の展開の内に読み取っていくことである。この言葉はドイツ語では、「在る」の不定形の Sein である。Seinsfrage とは、在るというのはどういう意味なのかという問いであることになる。（これから私は、「存在への問い」という表現を、「在るというのはどういう意味なのかという問い」という意味で使っていくことにする。）ところで、在るということの意味に思いをめぐらすことのできるのは人間だけである。したがって「在る」とか「在ること」とかは人間存在の自己反省的な意識を通じてのみ分析され実現されうることになる。このようにして、実存論的分析はそれ自体が存在論の一部なのである。

一方、もし人間についての研究が存在論の構造を明らかにするものならば、存在論の探究もまた人間の何たるかについて思いめぐらすところ大であるはずである。後の著作『何が思索を命ずるか？』において、ハイデッガーはそのことを次のように語っている。

> 人間の本性についての哲学的な――つまり熟慮に満ちた教説はどれでも、それ自体をとってみれば、存在者の存在に関する教説（すなわち、存在者にとって、在るとはどういうことかということ）である。また、存在にかんする教説はどれも、それ自体において、人

間の本性の教えである。[注13]

(注13) マルティン・ハイデッガー『何が思索を命ずるか?』(*Was heisst Denken?* Max Niemeyer Verlag Tübingen, 1954) 七三頁。

ハイデッガーは存在の探究――在るということの意味――と人間の探究とを分離することを拒否する。この点が重要である。それは、人間から始めて存在で終るということですらなく、また、存在の分析から始めて人間の分析で終るということでもない。同じ著書で、ハイデッガーは次のように続けている。

思索の道とは、形而上学的思索においてすらも、人間の本性に端を発しそこから存在に至るというものではなく、また逆に存在から人間へと戻って来るというものでもない。むしろ、すべて思索の道はすでに、存在と人間本性との全体的な関係のうちをたどっているのであって、さもなくばそれは全く思索ではないのである。[注14]

(注14) マルティン・ハイデッガー『何が思索を命ずるか?』前掲書、七三頁。

このようにして、「ハイデッガーの『存在と時間』は本当に存在に関する学説なのか、それとも単に人間の研究なのか?」という疑問を示す批評家に対しては、ハイデッガーはその二つに何ら違いはないと考えており、また、一方なしに他方はあり得ないと考えている、と答えうるのである。

ところで、このような探究は、人間について実に多くのことを明らかにしてくれる。我々がいかなるものであるかということを描き出してくれる。しかし、忘れてならないのはそこに見えてくる人間とは、つねに自己自身の実存に関わりあっているかぎりでの人間だということである。もしハイデッガーが正しいとするなら、人間がいかにして自己自身の実存の可能性に関わっているかを考えずして、人間を分析することは不可能である。そして、ハイデッガーにならって人間研究と存在研究とを同じものと考えるならば、『存在と時間』を読むことは、我々が、我々自身の実存を意識する人間として本当はいかなるものであるのかということについて、多くのことを明らかにしてくれるであろう。

しかしながらまた、ハイデッガーの描く人間は、彼の哲学そのものと同様、現代の奥深くでおこっている変化を反映している。それは、自己が真正でありうるか否かの責任を自らに背負い、自己自身の可能性に鋭く目ざめた人間の姿である。それはまた、非本来性によって、機械による無力化によって、自己の有限性に対する無理解によって、精神を逼塞させられる恐れのある人間でもある。ハイデッガーの言う人間とは、ドストエフスキーや、トマス・マンや、ヘルマン・ヘッセや、フリードリッヒ・ニーチェや、さらにはジャン・ポール・サルトルらの作品に見出されるような人間である。それは、今日の若い人々が親近感をもつような人間であり、科学万能主義者のそつのない計算術などではその本質をつかむことはできないような人間である。しかしそれは、感情や、「大義」へと身を投じることを自らの基盤とするような人間でもない。ハイデッガーの語る人間は、そのもっとも深くもっとも重要な特性が、深遠でかつ鍛錬された理性をもってする哲学的（単に「心理的」ではない）探究によって顕わにされうるような、そうした人間なのである。このようにして、『存在と時間』の探究はまさに、人間の何たるか――つまりそれが自己自身の存在のあり方を気づかう存在者であるということを知ることの一部をなしているのである。したがって、実存論的分析を読んでいくにあたって、それが本質的には人間の分析であると共に存在の意味への問いでもあるという事実を、我々は決して見失なわないようにしなければならない。

第二章　ハイデッガーの序説〔第一節―第八節〕

無題の第一頁

『存在と時間』のドイツ語版の第一頁に、ハイデッガーは、前書きにも序説にも属さない、無題の一頁をもうけている。それは、一見構成上の混乱のようにも見えるが、実はこの本において非常に重要な部分なのである。これについては次の三つの点があげられる。

一、『存在と時間』の論文全体が、プラトンの対話篇そのままの引用をもって始められているということは、それ自体意味深いことである。ハイデッガーが『ソフィステース』からの引用をした意図というものは色々に解釈することができるが、いずれにしても、『存在と時間』を単に『ソフィステース』中でなされている存在の分析をおし拡げ、解釈し直しただけのものとする気でなかったことは明らかである。一つには、ハイデッガーはプラトンの ὄν にドイツ語の seiend（ある）という語をあてて訳しているが、ハイデッガーの著作の探究主題は seiend ではなくて Sein（存在）なのだ、ということがある。(注1)

さらに、後の作品においては、[注2]ハイデッガーは、自分自身の存在観がギリシャの思想家達とは多くの点で全く異なっているのだということを、はっきりと指摘している。

(注1) これら二つの用語については、後にくわしく論じる。もっと適切な所でこれらの用語を論じる便宜上、ここでは原語のままを用いた。

(注2) 殊に『プラトンの真理論』および『真理の本質について』参照(邦訳は理想社版「選集」、創文社版「全集」)。

そうは言っても、たとえばアリストテレスやカントなどではなくてプラトンの引用を使っているということには、やはり何らかの意味があるのであって、一つその理由としてあげられるのは、他のすべての偉大な哲学者のうちにあってプラトン独りが、人間個人の問題を抽象的形而上学の思索の広大な領域にくみ入れた、ということであろう。と言うのも対話篇を読んだ人なら誰もが知っているように、プラトンのイデアの説は、愛、死、正義といった直接に実存的な問題から出てきたものだからである。ハイデッガーもまた、彼自身の存在論的描写と、日常生活の直接的、実存的な意識との間にそのような統一を造り上げようと望んでいるのだと言えよう。おそらく、『存在と時間』におけるハイデッガーほど、自らの形而上学基礎として個人的人間の関心を重く見た思想家は、プラトン以後いなかったのではあるまいか?

二、プラトンから引用してくることによって、ハイデッガーは、彼が注目をうながしている問題は、西欧思想の伝統に根ざすものであることを強調している。肯定的にせよ否定的にせよ、ハイデッガーの思想の特異性ばかりが強調されてきて、ハイデッガーが自分の探究について自ら認めている伝統的な性格は、しばしば見のがされがちである。確かに、ハイデッガーは自分の研究は単なる過去の批判といったものを超えていると思っているには違いないが、やはり存在の意味の探究ということは、西欧思想にもっとも深く根づいたものの一つなのである。ハイデッガーの存在の意味の分析も、彼が他の思想家を認め、それに負うことによって成長してきたのである。

三、しかしながら最も重要なことは、この無題の頁において、『存在と時間』という企て全体の主要目的が、存在への問いの重要性をさとらせることにある、ということが強調されていることである。ちょうどプラトンの対話篇でも言われているように、存在の意味が探りにくいのは、そこに問題が在るなどということがめったに気づかれないからである。漠然たる非反省的な存在了解が、「在る」ということの意味の真の理解を生み出すものでもあり、しかもまた、それを妨げているものでもあるという事実こそ、まさに、実存論的分析全体の主題なのである。プラトンにとっては——そしてハイデッガーにとっても、非反省的で、漠然として居て思索的に検討されずに止まる生活は、生きるに値しないものである。そしてそれゆえ、プラトンの語る言葉の詭弁的複雑さにもかかわらず、この存在を調べるということを自らの課題として負う者は、単なるソフィストと呼ばれるよりも、自ら哲学者《フィロソファー》と称するにふさわしいのである。

第一の序説

ハイデッガーは序説を二つにしており、その第一では存在への問いの意味をしらべ、その第二で彼のとる手続き、方法を説明している。この二つは非常に異なっているので、我々はこれらを別々に考察すべきであろう。

偉大な哲学書では、往々にして、序説がその思想の全体系の核心を含んでいて、序説や前書きを理解することが即ち著書全体を理解することとほぼ等しいといった場合がある。その良い例が、カントの『純粋理性批判』やヘーゲルの『精神現象学』の序説であるが、ハイデッガーの『存在と時間』についてもまた同じことがあてはまる。第一の序説において、ハイデッガーは彼の思想の大胆かつ広域な輪郭を述べているので、これを読むのは困難で骨の折れることである。この序説にこめられた意味の重大さを考えて、我々はこれを注意深く論評しなければならない。この第一の序説は、本文を調べている時にも、つねにふり返って読み直す必要がある。

第一の序説において、ハイデッガーは何にもまして、ある一つの独自な難問を問うている。彼はその問いを Seinsfrage すなわち「存在への問い」、あるいはもっと親しく訳せば「在るとは何を意味するかの問い」ともなろうが、そのように呼ぶ。そこで我々は、一体そのような問いを問うことに意味があるのだろうか？ と問うことができるであろう。

何事かを知るためには存在していなければならないということは真であるが（つまり、もし私が存在していなかったなら、私は何事も知ることができないのだから）、一方、私が何事かを知りうるには私自身の存在についてはっきりと気付いていなければならないということは真ではない。実際、人間の経験はほとんどが逆のことを示している。普通の認識経験においては、知られるものというのは常に一種の対象、物、事物の関係などである。自己を見出すような意識というのは、非常に高度の意識であって、それは、真に自己を見出すには、知られるものはただ対象であると考えるような普通の知り方をのり越えて、存在がくまなく現われているありさまに注目しなければならないからである。

かと言って、ある種の実証主義者達のように、次のように論じるのは誤っている。彼等は、我々の知識の大部分は感覚によって経験され得る対象の知識であり、それは対象言語によって語られると言う。そのかぎりでは正しいのだが、つづいて、それゆえすべての知識や言語はそうした類のものであると言う時、それは誤りなのである。

しかしながら、存在への問いの場合ですら、言語が対応し、それを明らかにするようなある原初的な出来事というものはなければならないのであって、それが我々自身の体験なのである。したがってハイデッガーの問い求めているのは、我々は自分自身の体験におけるあの漠然たる気付きをいかにして明確にしうるか？　ということになる。彼によれば、この問いに何か意味のある答えをしようと努めるにあたっての最大の障害は、心の内にもともとひそんだ、自己をすぐさま対象とみなそうとする傾向である。なぜなら、我々の問うている問いは存在することのその在り方の問いであって、存在しているのは何かという問いではないのだから。我々は、在るものがいかなる物であるのかを問うているのではなく、在るということはそもそもどういうことかを問うているのである。

このことは、あるいくつかの原語を訳すにあたって、非常に注意を要する問題をひきおこす。ハイデッガーの思想においてもっとも重要な、対になった用語に、Sein と seiend（または Das Seiende）があるが、Sein は「在る」to be という動詞の不定詞であり、seiend はその現在分詞である。マッケリーとロビンソンは、Sein を Being（Bを大文字にして）、Das Seiende を existent と訳を定めている。これらの用語の正しい意味を心にとめて注意深く読んでいる読者にとっては、この程度の訳でも十分であろう。しかし、この訳はまだまだ完璧なものではないということは強調しておかねばなるまい——もっとも私はどんな翻訳にも完璧ということはあり得ないと思ってはいるのだが。

Sein は to be という動詞の不定詞なのであって、そのまま to be と訳すべきである。

マッケリー、ロビンソン訳においても、読者が Being と出てくる度に頭の中で to be と置き換えて読めば、文体のなめらかさは害なわれるが、もとの意味にはずっと近付くことができるであろう。そのように置き換えてみる例として、次のようなハイデッガーの原文をたどってみよう。"Die Frage nach dem Sinn von Sein." というこの一句を、マッケリー、ロビンソン訳では the question of the meaning of Being（存在の意味の問い）と訳している。しかし、これは the question of what it means to be（在るとは何を意味するかの問い）と読解すべきではあるまいか。

問題になるのは、英語の Being という言葉が不定詞と同じ意味にも、また同時に名詞としても使われうるということである。たとえば、Being with her is a delight（彼女と共にいることは喜ばしい）という文章は To be with her is a delight と置き換えることができるが、The sloth is an unsavory being（ナマケモノは食ってもうまくないものである）という文章中の Being は不定詞で置き換えることができない。つまり私が言いたいのは、不定詞に置き換えうる場合には必ず、不定詞に置き換えて読むべきだということである。この本では私は、to be と Being（いつも大文字で）とを交互に混ぜて使い、読者がBeing を to be という意味に読みとる習慣がつくようにとつとめたつもりである。

Das Seiende はマッケリー、ロビンソン訳では existent であり、たしかにこれでよいのだが、ただこう訳すと Sein との語源的なつながりが見失われるおそれはある。もしも

Sein の訳に to be が使われていれば、Das Seiende には自然と being があてはまることになって都合が良かったであろうが。

これら二つの用語の訳にこれほど気を使うというのも、ハイデッガーがこれら二つの区別に非常に重大な意味を認めているからなのである。何かを問うときには、問いの対象をある実体（Das Seiende）と考えるのがふつうであって、読者がまず最初にとりかからねばならないもっとも重要な課題は、実体に関する問いと、在ることの意味に関する問いとの違いを、はっきりと心に刻んでおくことである。この区別が明確になっていないと、ハイデッガーの著作全体がわけの解らないままになってしまう。そして次に、読者に課せられた第二の課題は、在るということの意味への問いが「至上の」ものであり、それゆえ哲学全体の基礎、根本的原理をなしているのはなぜかを理解することである。

存在的問いと存在論的問い

在るということの意味に関する問いは「存在論的」と呼ばれ、一方存在者に関する問いは「存在的」と呼ばれる。存在的な問いにおいて用いられる用語は「カテゴリー（範疇）」と呼ばれ、一方、存在論的な問いにおける用語は「実存論的カテゴリー」と呼ばれる。ハイデッガーはこれらの問いの型を区別するのに彼独自の術語を創り出しているので、次のような表にするのが解りやすいであろう。

問いの対象……………………存在（Sein）　　　　　存在者（Das Seiende）
問いの型………………………存在論的　　　　　　　存在的
問いの用語……………………実存論的カテゴリー　　カテゴリー
問いにおける出来事の在り様……factical 事実的　　　factual 実際的
問いにおける自覚の型………existential 実存論的　existentiell 実存的

この表からも見られるように、科学的探究はどれも、存在者に関するもので、存在的であり、カテゴリーを使用し、そして実際的なものである。一方、在るということの意味に関する哲学的問いはどれも存在論的であり、実存論的カテゴリーを使用しており、事実的である。これら様々な用語の意味は、これから色々論じていくに従って明らかとなるだろう。

こうした入念な術語のあみを張りめぐらすというのも、存在について問うのに普通の「存在的」な仕方でしたのでは決してうまくいかないのだということを強く印象づけるために他ならない。そのことを例証して、ハイデッガーは、もしも存在が存在的な仕方で分析されるならば、存在の意味への問い全体がつまらない無意味なものとなってしまうことを、はっきりと指摘している。実際ハイデッガーは、プラトン、アリストテレス以後の哲学がとってきた態度の結果、存在への問いが無視されるに至ったのだと主張する。そしてこのように存在への問いが無視されるのは、存在を存在論的にではなく、存在的に考え、存在する個々の事物を研究して、それらの事物が何であり、いかに在るかを研究しないことから来ているのである。

　このように存在を存在的に考えようとする仕方の内で、大きく分けて三つの「前提」が生まれ育って来た。ハイデッガーはこれら三つの前提を分析している。その分析はきわめて重要なものである。というのは、それによって、彼が存在的分析を根本的にしりぞける理由が明らかになるからである。存在の存在的な問いのその三大前提とは、次の三つである。

一、「存在」とは、すべての概念の内でもっとも普遍的かつ空虚な概念であること。
二、それは定義できないこと。
三、それは自明であること。

　これら三つの前提の内でもっとも問題となるのは第二の点であって、もしも「存在」が定義できないものであるなら、ハイデッガーのねらい全体が危うくさえなるといえるのである。これら三前提を調べて、ハイデッガーは次のように指摘する。

一、「存在」がもっとも普遍的な概念だからと言って、それだけで「存在」がそれ以上探究され得ないということにはならない。もしも「存在」が単に「もっとも一般的な概念」であって、もっとも抽象的な一般化以上の意味を持たないとでもいうのであったなら、その概念をそれ以上調べても無意味であろうし、そんなことは実際不可能でもあろう。しかしハイデッガーは、アリストテレスさえもが「存在」ということにたしかに至上の意味が在ることに気づいていたことを指摘する。そして、「存在」がもっとも一般的な概念となったのも、まさにこの意味ゆえだったのである。なお、この意味がどのようなものであるかということは、本書で後に分析する。

二、「存在」が定義しえないものだという第二の前提については、ハイデッガーはそこで非常に重大な主張を行なっている。この前提によれば、「存在」が定義しえないものであるのは、何かを定義するにはより広い種および類をもってせねばならず、「存在」よりも広い類概念はないところから帰結するのだという。この論議は、もしも意味というものが、ある言葉をより広い言葉のもとに置くことにのみ基づくのであったとしたならば、全く正しいのである。しかし、ハイデッガーがしりぞけるのは、まさにこのようにして意味というものを基づけるやり方なのである。

論理学を習い始めた学生なら誰でも知っているように、伝統的な定義の仕方では「人間」という言葉はまずより広い類概念である「動物」のもとに位置づけられ、さらに種差である「理性的な」という言葉に修飾されるのである。しかし、もし我々が「動物」ということの意味を問うならば、我々はさらに別の、より広い類概念をもち出さねばならない。そしてそのように続けてゆく内に、ついにはもっとも広い類概念である「存在」に至るのである。そこで「存在」よりも広い概念がないので、我々はもはやこの言葉をそれ以上の類概念によって定義することができないといい切ってしまうことになると、ここに一つ問題が生ずる。もしもこのもっとも広い言葉が意味を持たないとしたら、どうしてそれが何か他の言葉の類概念として役に立つことができようか？　しかしまた、もしそれが意味をもつものならば、その意味はいかにして知られ、定義されうるであろうか？　という問題である。

ハイデッガーは端的に、このもっとも広い言葉が意味を持つ――実際また、持たねばならぬことは明らかである――と主張する。しかしそのことはまさに、その意味が古典的定義以外の方法によって発見されなければならないということでもある。これは良い点をついていて、類種概念によって意味を定義づけようとする方法が、原則からして不完全なものであることが、ここで示されているのである。似たような論議はプラトンの『テアイテトス』（二〇三―二〇九）の内にも見られるのである。しかしもちろん、我々が存在の意味を違った方法で探さねばならないというばかりではなく、より重要な点は、以上の帰結として、存在それ自身は存在者ではないことが示されている、ということである。

存在は存在者ではない。このことは、あまりにもあたり前すぎて見すごされてしまいがちである。しかしながら、このことこそはこれから展開される分析にとっての、重要な中心点なのである。私がさきに挙げたあの訳語によれば、その意味がいっそう明らかになる。つまり to be（在る）はそれ自体、物でもなければ存在者でもないのである。to be などという物はない。私が、在るということの意味を問うている時、私は物について問うているのではないのである。しかしこのことから、単に問いが存在者に関するものでないからといって、それが意味を持たないということになるだろうか？ それが正しいとしたら、それは「意味」という言葉が事物的対象にのみ使われる時だけであろうし、そのような主張をするのは問題点を回避してしまうことになる。しかも、そこからさらにより重大な問題が起ってくる。すなわち、一体いかにして存在への問いが問われうるのかという問題である。が、これに直接こたえる前に、ハイデッガーは存在の存在的理解の第三の前提について簡単な考察をしている。

三、存在の存在的理解の第三の前提は、存在が「自明」であるということである。これを反駁するには二つの方法がある。一つは、実際には存在の理解が自明なものではないことの指摘であり、第二のやり方は「自明」という言葉が真の哲学的基準とはなり得ないとすることである。およそ、この自明の原理についてどのような確固たる哲学論議をうちたてようとしても、その努力は無駄なものに帰することになるというのは、もしも何かが自明であればそれは問われるようなことがないはずで、ここで存在の意味が問われているということはそれが自明ではないからに違いないのである。もしも、「自明」なる概念がもっと洗練されれば哲学的論議にたえうるものになるのだと言って反対する人がいたとしても、それならば今度は、ただそれ自体で無邪気にもち出された自明の原理に代って、その洗練されたものの方が哲学的批判をくぐらねばならないことになろう。

さて、ここでより重要な問題に戻ろう。我々が存在の意味を調べようというのに類概念を使うことができないのだとすれば、我々はいかにして先に進めるのだろうか？　あるいはもっとはっきりとした別の言い方をすれば、我々は存在の意味を問うことによって問題を避けてしまってはいまいか？　我々は存在が意味をもつということを前提してしまっているのではあるまいか？　ここでのハイデッガーの立場は、プラトンの対話篇『メノン』における立場に似ている。『メノン』のなかでソクラテスが友人に、そもそもいかにして問うことが可能であるのかと尋ねられたのが思い出されよう。すなわち、もしも私が問うべきことについて知っているのであったなら問う必要はないのであり、一方もしも問うべきことについて知らないのであったなら、自分の求めているものが何であるかもわからないのだから、全く問うということができないわけである。これに対するハイデッガーの答えは、プラトンの答えと似ていなくもない。私は、自分の問いの対象について何事かを漠然と知っていることはいる。ただ私はそのぼんやりと気づいていることをもっと明確にしようとして問うのである。もしもそのことに注意を向けるなら、私は自分が自己自身の存在に注目していることを悟るだろうが、しかしその存在の意味を完全に把握しているわけではないことも悟るであろう。しかしまた同時に、自己の存在に注目しているという以上、私はその存在が確かに意味をもっているのだということにも気付いているのである。漠然とにしろ、知られるものなら意味をもっているはずである。そこで、問いを問うことの内には、何かしら問われているもの、問いかけられているもの、問いによって得られるもの、があるはずだということになる。すべての問いに共通したこうした事情を分析することによって、ハイデッガーは、存在への問いが真正な問いであることを指摘する。問われているのは存在である。問いかけられているのは人間という特殊な存在者である。そして、問いによって得られるのは存在の意味なのである。

なぜハイデッガーが人間存在を探究の対象として選ぶのかということを知るには、かの非常に重要な用語である Dasein という言葉について考察しなければならない。マッケリーとロビンソンは、賢明にもこの言葉を訳さないままにしている。もともと、ふつう日常のドイツ語では、この言葉は人間存在を指している。そしてこの意味は、ハイデッガーも全く捨ててしまっているわけではない。が彼は、同時にその語源を強調する。この言葉は「ここ」を意味する da と、「在る」を意味する sein という二つの部分から成り立っている。このようにして語源にしたがってこの語を訳すと「ここ(here)に在ること」となる。ドイツ語の da は「そこ（there）」とも訳せることから、訳者によっては、「そこ（there）に在ること」という表現を使っている。しかしながら da という言葉は dort という語と区別されねばならない。dort は、「ここではなくてあの場所において」という意味での「あそこ（there）」という語なのである。もともと da という言葉は Da kommt er.（ほら彼が来ました）といった簡単なドイツ語の文章に使われる言葉であって、これは英語に訳せば Here he comes. とも言え、There he comes. とも言うことができないわけではない。しかしながら私は、here よりも there を強調して訳すのは歪曲のきらいがあるのではないかと言いたいのである。（注3）

（注3）Da の訳語として「There」ではなく「here」を使うのを嫌うことにも、理由がなくはない。この言葉は、結局のところ hier（ちょうど here にあたるドイツ語）と全く同じわけではない。この言葉がいかに広い意味をもつかということは、「here and there」という簡単な英文が、ドイツ語に訳すと「hier und da」と「da und dort」ともなることによっても示されるであろう。はじめの訳では da は there を意味し、あとの訳では da は here を意味するのである。

私が there よりも here と訳す方をとったのは、ハイデッガーがこの言葉に「直接にまわりを取りまくものの内に」という意味をもたせていると考えるからである。マッケリーとロビンソンの使った there という訳語には、こうした直接性が欠けている。

この語源に照らしてみて、同様に私は、Dasein を「人間」と訳すのも誤りであると考える。なぜならば、「人間」というのは、現実の実体・存在者のその類・種に関してのべた言葉であって、「人間」について問うことは、存在的な問いに首をつっこむことになろうから。ハイデッガーが Dasein という言葉で言い表わそうとしているのは、自己自身の存在について問うことのできる存在者のことであり、実は、このように自己の存在を問うということが Dasein を Dasein たらしめているのである。いずれにしても、『存在と時間』というこの研究は Dasein の「定義」にふりむけられていると言えるところが大なのであるから、ここでお手軽な定義をするようなことは止めておくことにしよう。

Dasein に関して一番大切なのは、それが、自己自身が存在しているということに関して驚き怪しみうるということである。後にわかるように、存在の意味が意義をもつのは、自己自身の存在について問う者にとってだけなのである。この理由によって、そもそも存在への問いそのものが可能であるのは、Dasein が自己の存在をかえりみることができるからに他ならない、ということになる。このような問いを調べることは、科学的（存在的）知識を手本にしては原理的に不可能なのである。

ところでこの章で問題となる重要な疑問は、なぜハイデッガーは彼のたてた問いを説明することにあれほどの時間をかけ、努力をはらわなければならないのか？ ということである。なぜ彼は、ただちにそれを論駁しがたいものと宣言して片づけてしまわないのだろうか？ それに答えるには、実際に多くの哲学者達――その内には、ハイデッガーと同輩の新カント主義者達もいるわけだが——が、こうした問いの有効性、将来性に疑いをさしはさんでいるということを知らねばならない。一方英国やアメリカにおいては、実証主義者達が主なる敵対者となっているのだが、これらの新カント主義者と実証主義者は、この問題でハイデッガーを攻撃するにあたっては、少なくとも一時的に、同じ論拠によっていた。彼等の論議は、せんじつめれば次のようなことになる。つまり、ハイデッガーは存在それ自身が実体ではないことを認めている。もしも実体でないとすれば、それは存在してはいない。存在していなければ知られることもない。そして知られ得ないのであれば、その意味についての問いなどは、たかだか詩的であるだけで、悪くすれば無意味なものだと言うのである。

　この反論に対するハイデッガーの答えは、ただ実体のみが存在すると言われ、従って知られうるものであるとされる、まさにその点が問題なのであり、そのことを前提とすることは前件肯定の誤りなのだと指摘することであろう。「存在」が個物のみに適用されると主張するのは狭義の実体的形而上学の犯した誤りである。

　我々が探究するのは、なにか個々の物の意味ではなく——人間という物の意味でさえなく——在るということの意味である。では、我々はどうやって存在が意味を持っていることを知るのだろうか？　それは、私が自分の存在の意味を尋ねるということがかならずしも非論理的とは言えないということから知られるのである。言い換えれば、ハイデッガーは、ひとの人生、存在そのものが、その意味は何かといって問われうるという、そうしたはっきりした直接的な人間のありようから出発しているのである。(我々は、存在の意味について問うているところであって、存在そのものを問うているところなのではないことは覚えておかねばならない。) 詩人・芸術家、あるいはまたもっともつつましやかなふつうの人でさえ、これが真正なる問いであることを認めるであろう。そして、ハイデッガーにその出発点を与えるのは、この事実である。さらにハイデッガーは、そのような問いが実際にはどのようにして起るのかを示さねばならない。そして彼が言うには、それはちょうどプラトンが『メノン』で説明したように、ぼんやりと気づかれていることを明るみに引き出すこととしておこるのだという。もしも実証主義者や新カント主義者が、このような分析には対象がないと言って非難するならば、ハイデッガーもそれは認めるであろう。我々は何ら対象を研究しているのではなく、一つの過程を研究しているのだからである。では、そのような過程が実際におこるのだということは、どうやって解るのだろうか？それは、我々自身が過程であるから——我々の人生、我々の存在の過程だからである。こうした過程について問うことは意味のあることであって、有効でもある。ハイデッガーが次のような一節をイタリックで強調しているのは、当を得たことと言えよう「……存在というものについて普通の人々が漠然と了解しているということは事実である。」

結局のところどういうことになるのだろうか？　まとめてみると二つの点があげられる。

(一)「存在」は実体としては分析され得ず、範疇――実体にかかわる――による存在的分析は原理的に不充分である。

(二) しかし一方、存在の意味を問うということは意味のあることで、それは別の型の――存在論的な問いというものがあることによる。この存在論的な方法で、Dasein は自己自身を存在するものとしてかえり観る。

こうしたやり方の方法論的考察は第二の序文でなされている。しかし、それに向うまえに、第一の序文の最後の問題が残っている。

J・グレン・グレイ氏は、Dasein のもともとの意味は「開け」なのだということを私に指摘してくれたが、そうすると da を here とする私の訳は、「Here I am, open to Possibilities!（可能性へと開かれて私はここにいる！）」という意味に読みとらるべきであろう。

なぜ存在論は基礎的であるのか

これまでのところは、存在論的な問い方と存在的な問い方の違いを明らかにすることにつとめてきたのだが、ここで我々は、第一の序文における二つめの問題に注意をむけなければならない。その問題とは、かの存在論的問いがすべての哲学の基礎となり根本となるのだという主張のことである。

ハイデッガーは、存在への問いのもつ優先的、基礎的な性格は、存在論的にも存在的にも示されるものと見ている。存在への問いが存在論的に優先するというのは、すべての科学やすべての問いの形は「存在の了解」を前提としているという事実による。また存在的に優先するというのは、Dasein が存在の問いを問題としている、つまりそれを Dasein——自己意識をもったあらゆる人間——にかかわる何事かと考えているという事実をさすのである。

これら二つのことは何を意味するのだろうか？　これらを順に考察していくことにして、まず「なぜ存在への問いが存在論的に先立つものであるのか？」という問題に注目しよう。

たしかに、生物学者や物理学者が、科学の究極の意義や性格といったことを何ら考えずとも、それぞれの分野ですばらしい進歩をなしとげることができるというのは本当である。しかしそれだからといって、これらの科学はある形而上学的原理を前提としていないことはないのである。たとえば自然内部の一貫性とか因果律とかが、物理学や生物学では前提されているのである。

さて、カントの『純粋理性批判』における批判的分析とか、アーネスト・ネーゲルの『科学の構造』(*Structure of Science*, New York : Harcourt, Brace & World, 1961) における批判的分析などが示しているのは、探究的精神と言うものが各種科学の原則や範疇の何たるかを発見することができるということである。しかしまた、人間の精神というものは、カントやネーゲルが批判的思索をするということ自身についても、それがいかにして可能かと問うことができる。たとえば、「批判はいかにして可能か？」という問いを考えるにはどんなことが関連してくるだろうか、と考えてみよう。

存在的科学の活動自体も、科学のア・プリオリな可能条件についての問いも、いずれも一人の人間のある行動なのであるから、究極の最終的な問いというものは、その人間が存在すると言われうるさまざまの在り方にかかわってくるはずである。たとえば論理学は究極的には、形式的な概念と命題の関係にのみ注目するという論理学者の性向を前提としている。さらに言えば、論理学は、論理学者が豊かな蓋然的知を乏しいがしかし確実な知のためにすてておかえりみないということを前提としている、なぜならば、人間が存在するその在り方のうちには、自分の知識のうちのいくらかについては確実さを求めるということが含まれてあるからである。一体論理学は、ア・プリオリでかつ必然的な推論の確実性が保証されなければ価値のないものなのだろうか？　そうは思えない。とすれば、論理学を発展させようとしている人々の興味自体が、ある程度は、論理学の方向を決定づけているのである。

生物学者や物理学者は、こうした還元をすることなしに自らの科学を遂行することができる。しかし哲学というものはその哲学自体の原理や前提に気をくばるべきものであるはずなので、したがって哲学はこうした還元をせざるを得ないことになる。科学自体もまた科学に関する哲学もともにある存在者のある種の在り方なのであって、現存在はそうした在り方を通じてこれら様々の活動を遂行するのである。しかしそうしたことが出来るという現存在の能力そのものは、これら個々の活動に先立っており、そして実際それらを大幅に規定してもいるのである。したがって存在論的に言えば、在ることの意味の分析は、存在する個々の事物に関するすべての他の問いについての我々の理解に先立っており、それに影響をおよぼしているのである。

たとえば、「科学とは何ぞや？」と問う代りに、「科学的であるとはどういうことか？」と問うてみてはどうだろうか？　はじめのほうの問いでは、ある機能がうまくはたされていくのに必要なア・プリオリの条件やカテゴリーが問題となっている。ところが、もう一方の問いでは、こうしたカテゴリーに注目するということが自己にとってどういう意味をもつのかということが問題になっているのであって、そこではこれらのカテゴリーを利用しようとするこの自己の性向が第一のものとなっているのである。カテゴリーそのものは批判の余地を残しているが、知識体系の内部においてもっぱら整合的に証明しうることについてのみ心を向けようとする自己の性向というものは疑問の余地がない。こうした意味で、科学的であるということの意味は何なのかという問いは、科学とは何ぞやという問いに先立つのである。

このように存在への問いが優先しているということは、単に科学に関してのみあてはまることなのではない。すべての探求は、倫理とか価値とかいった「非科学的」なことにかかわっている場合でさえも、みな同じように始源的、基本的な構造にもとづいている。科学者であることがいかにして可能か、という風に問おうが、道徳的であることはいかにして可能かと問おうが、基本的な問題はつねに、そもそも、在るというのはどういうことなのかということなのである。

ハイデッガーは決して心理学をもち出そうとしているわけではないということは、はっきりと理解しておいてもらわなければならない。科学的であったり道徳的であったりするというのはどういうことか？　と問うているときには、その心理的状態や、動機や、環境の決定要因などについての説明を求めているわけではない。そうした事情は存在的な事情であって、それ自体が基礎的存在論による分析を前提しているのである。問題は、道徳的だと見なすべき存在の様態は何か、ということなのである。

存在への問いがまさに基礎的な問いであるということ自身については、それが実際にありとあらゆる探求活動において有効な問いのように見えるということが指摘されてあるだけで、ハイデッガーはそのことを少しも取り立てて論じてはいない。しかしこれの本当の証明はこの分析の結果を待たなければならない。ハイデッガーがしてみせたように、存在への問いがすべての探求のうらに一種の前提としてひそむことを指摘することは、全く当を得たことでもあるし重要なことでもあるのだが、この問いがそうした探求の基盤をなすものかどうかということはただ個々人のそれぞれの場合に関してのみ論議しうることなのである。以下につづく分析においてハイデッガーは、人間の関心のいくつかの主要な領域について、この種の論を展開している。彼がそれぞれの科学ひとつひとつについていちいちそうした分析を遂行するということは期待すべくもないが、しかしそれでも彼の分析は存在への問いがすべての哲学にとって基礎的な問いであるという主張に重味を与えるには十分なものである。

ハイデッガーは（存在への問いの）第二の優先性についても語っている。それは存在的な優先である。存在への問いの存在的な分析は我々にとっては存在論的な記述よりも易しいのであるが、それは我々のふつうの探求の仕方が存在的であることを考えれば全く自然なことである。人間は自分の存在に関心をもっている。このことは、現存在は自分の「在ること」に気付いている（つまり、現存在は、在ることの意味を知っている）ということなのであって、実際人間はある程度までは明白に知ってさえいるのである。「存在の了解はそれ自体現存在の存在規定性である。」（上四八頁）とハイデッガーが言うとき、それはどういう意味なのかと言えば、現存在が在ると言われ得る一つの条件はそれが、在るということの意味を理解していることだ、ということなのである。

だがそれはどういうことを意味しているのか、そしてそれを証明するものは何なのだろうか？　実際のところ人々は少なくともある範囲では在るということの意味を了解している。そして「了解する」ということ自体が現存在の存在の仕方なのだから、こうした了解はつねに自己反省的である。詩人や小説家や他の芸術家達が自分自身の体験を描写するときには、しばしば存在の問題についての自分自身の洞察を述べることになるという。それは本当だろうか？　実際、知的であって感受性のある人ならばほとんど誰でも一度や二度は、存在の意味について正しい概念を手に入れようと必死でもがいた経験があるはずのものである。時おり人生が全く無意味だと感じられるのは、そのこと自体、そもそも存在することの意味を問うていることの証明なのだと、ハイデッガーは後期の作品で指摘している。(注4)

（注4）特に『形而上学とは何か』（邦訳は理想社版「選集」、創文社版「全集」）。

『存在と時間』という書物が多くの読者をひきつけるのも、こうした存在の本質への熟慮があるからだと言える。それは死とか罪とか良心とかいう気がかりの領域を、哲学の根本規定の発する源とするのである。したがってハイデッガーは人が死に面したり良心の声を聴いたりする仕方に目を向けるのであるが、それは倫理とか道徳をうちたてようとするためでなくて、まさに、現存在にとって存在するとはどういうことなのかという構造を照らし出さんがため、そしてその構造から哲学的探求の大殿堂を構築せんがためなのである。

我々自身が存在への問いに関わっている存在者なのであるから、こうした分析における探求の対象は別して手近にあることになる。意識のある限り、自分自身の意識というものが考察や探求の対象としていつでも使えるのである。つまり自己は自己自身へと注意を向けさえすれば自己自身を認めることができるのである。そして自分自身に自分が気付くことは自己以外のものに気付くのとは全く違ったたぐいのことであるという事実に心をとめるかぎり、探求は「超越論的」記述の線にそってすすむようになる。こうしてみると、現存在をこそ探求すべきものとして選んだのは全く自然なことであるのがわかる。そして現存在を選ぶことのこの「自然さ」が存在への問いの存在的な優越をつくり出しているのである。

あまりにも単純化してしまう危険を冒して言えば、つぎのようにまとめることができよう——自分自身を存在するものとして考えることは現存在としての自分自身に気付くことである。そして(1)現存在はそれが存在するゆえに存在的に優先している。(2)現存在はその存在について問いかけられるがゆえに存在論的に優先する。(3)現存在は根源的かつ存在論的に優先するが、それはその存在の問いがすべての他の探求の基礎となるからなのである。

ここでいくつかの用語をさらに明確にしておかなければならない。「実存論的分析」という言葉をハイデッガーは現存在の存在様式の予備的な分析という意味で言っている。(注5)この予備的な分析は人間が在ると言われうる数々の在り方の単なる行きあたりばったりの列挙ではない。この分析はこれら様々の人間存在の顕れのうちにある共通の意味が見出されることをあばき出す。ここから浮かび出してくるのは次のような問いである——「我々がこれこれの在り方をしているというのはどんな意味をもつことなのか？」ではなく「そもそも、在るとはいかなることか、と尋ねうるか？」——現存在の存在のこの究極の意味がひとたび発見されれば、存在の意味をより深い、存在論的な基盤のうえで探ることが可能となる（第二部）。こうしたわけで、第一の分析である「実存論的分析」は予備的たるに留まる。しかしこの分析が予備的な性格をもつからと言って根源的な規定から分けへだてられているというわけではない。実際の根源的規定をなしているものは一体何なのであるかということについては、何人かの誤った説がある。人によっては「根源的存在論そのもの」は未発行の「神秘的なる」第一部第三巻をまって知られるのだとさえ極言している。こういう誤りは避けねばならない。根源的存在論とは存在する自己の超越論的な分析のことであり、それがすべての哲学的探求に究極的基盤を与えているのである。そしてその超越論的記述の一部が現存在の存在する仕方の実存論的分析なのである。これは現存在の存在を構成するものしか我々に理解させてくれないという意味では単に準備的なものであると言える。この分析はこの段階ではこれ以上先へは進めない。我々が現存在の真のあり方が時間性であるという理解を我がものにしてはじめて、分析の第二段階が可能となるのである。この第二段階が第二部なのである。現存在の存在だけでなく、存在そのものが有限なものとして示されることになっていた第三の段階は出版されないでしまった。しかしだからと言ってこの幻の第三巻になにか偉大なる「秘められた情報の宝庫」がかくされているわけではない。残念ながら、たしかにこの欠けている第三巻には「神秘的な」ものがあって、それが最初の二巻に不当な影響を与えている。ハイデッガーがそれを発行しなかったのはたしかに惜しいことだが、しかしだからといって現に発行されたものの方を軽んずるという法はない。

（注5）特に『カントと形而上学の問題』の最終章。

ここで最後に言っておきたいが、人間なるものは単なる非人称的な現存在などよりもはるかに豊かなものであると異をとなえるのは的はずれである。ハイデッガーは自分の分析は人間学ではないのだということを強調する。我々は「ひと」を探るが、その人が自分の存在に気付いているということに関する側面を探るのである。「現存在」は「ひと」のことではない。「ひと」の概念は広すぎもし、また狭すぎもする。つまり人には現存在以外の要素が多くあるし、一方「現存在」ということの意味には単なる人間の何たるかの理解をこえるものがある。人の為すことのうちには、必ずしも自らの存在をあばき出さない事も沢山ある。たとえば私が晩餐を消化するとき、私は自分の存在についての理解を深めているわけではない。しかしながら、もし私の消化系統がおかしくなって、調子を整えるための重曹剤が来るのを待って苦しんでいる間に、苦痛とは人間であることの意味の一つなのである等と考察したりすることがあれば、そのときにはたぶん私の消化作用が「実存的」であることになろう。（実存的というのは現存在を表わす用語である。）しかしふつうには、消化作用はせいぜいのところ私の身体を表わすカテゴリーである。

私がこんなことを言うのも、多くの人々がハイデッガーは人間をただ存在の問題を抽象的に瞑想するだけの者に「おとしめて」しまったと告発しかねまじきいきおいだからである。こうした告発はハイデッガーが明言する目的と課題を全く誤解しているから起ることなので、ハイデッガーの言う目的とは人が何であるかではなくて、人にとってあるとは何かを見出すことなのである。

しかしそれにしても、あることの意味をさぐるなどということは本当に可能なのだろうか？　この問いをさぐるのに役立つべきどんな「方法」があるのだろうか？　これに答えるために、我々はハイデッガーの第二の序説を見ることにしよう。

第二の序説〔第五節―第八節〕

第二の序説においては三つの論点が展開されている。㈠いかにして現存在の分析が存在の意味をあばきうるか。(二)哲学史の再解釈の必要性――いわゆる存在論の歴史の解体。(三)ハイデッガーの現象学に関する論議。

最初の二点はハイデッガーの作品においてかなり明白で、ごく簡略な注釈しか必要ないが、ハイデッガーの現象学論については相当の研究と分析が必要とされる。

現存在の分析〔第五節〕

現存在の意味をつくりあげているものは何かということに関して一種の教条主義に陥らないために、実存論的分析は日常性における現存在の記述から始まらなければならないとハイデッガーは言う。「日常性」という言葉には別に軽蔑的な意味あいが含められているわけではないので、これはただそのようなものであると言っているだけなのである。基本的には、これは日々の生活の非反省的な様相のことであって、もっとも深遠な人々の生活にもそれはあるのである。我々は「日常的」自己に心をとめることによって、ある程度は経験そのものに自らを語り出させることにすらなるのである。この意味においては、ここではハイデッガーも「経験論者」だと言える。ハイデッガーは、自分の分析を現存在の存在の単なる一「側面」にしてしまうような、狭量でまた「温室育ちの」基準によって現存在をはかることを避けようとする。結局のところこの分析の主眼は在ることの意味を知ることなのであり、たしかに我々の存在のもっともよくある様相のひとつは「日常」と呼ばるべきあり方なのである。

存在への問いが漠然たる自覚という事実に始まり分析がすすむにつれて明確かつ主題的な記述となっていくということをハイデッガーは語っていたのであるが、この日常性から始まるというすすめ方はまさにそれと見合っている。もしも存在を自覚することが実際に漠たる事実であるのならば、我々が分析を始めねばならないのは正にその事実のところからである。そしてその事実は我々の日常的自己に発するのである。存在の自覚はただ哲学的な少数の者のみにさずけられた神秘的かつ玄妙な「識見」などではない。またそれは一種の肉体訓練によって我々自身を「真実の幸福な瞬間」にいたらせるというような心理的体験でもない。存在の意味に気付くということは、自分の左のくるぶしを意識するのと同じくらいのありふれたことである。我々はそれを見たり考えたりするときにはそれに気付いていているけれども、そうでないときには忘れているだけである。日常性というものは、存在への問いの資料を提供するものとしては議論の余地がなく、実際必要とされているものでさえあるのである。超越されるべきものは日常的な視野である。しかし日常的な視野から存在論的な洞察の視野へとこえ出て行くには、我々はまず日常的な視野全体をくまなく調べなければならない。より広い視野へと高まりゆく過程で、非本質的で特殊なことがらを強調したりしないためにもそれは必要なことなのである。さらに付け加えて言えば、存在論的な問いは日常性そのものを新しい光のもとに据え、日常性が存在論的視野のうちにおいてはたす役割に注意を向けさせることであろう。

日常的自己が自分自身を眺める一つの仕方は、自己を世界の内に見ることである。ここで考えなければならないのは、自分自身を世界の内に見ると言うけれども、それでは世界というものを、我々自身がその一部分でしかない（そして単に部分としてのみ規定される）ような最初から存在している現実ととらねばならないのだろうか、ということである。それとも世界というものを我々の存在の一つのあり方ととらえ、そこでは我々の存在がまず先立つのであり、世界はただそれの働きにすぎないのだと考えるべきなのであろうか。我々が世界の内に居るという日常的な理解は決して間違ってはいない。但しその世界というものを解釈する見方はのりこえられねばならないのである。それにしてもこのように日常なるものをざっと見ただけで、我々の分析をどこから始めねばならないかがおよそ解るであろう。つまりこの分析において描き出される最初の「実存論的カテゴリー」は「世界内存在」であるということが思いおこされるのである。

ハイデッガーはこの第二の序説でほんのつかの間ながら、この作品の題において「存在」と肩をならべているあの言葉にふれている。自らの問いの結果を先取りして、ハイデッガーは現存在の存在が時間だというのはどういうことなのかを示している。現存在の存在としての時間ということは序説ではそれとして展開されていないので、ここでもまたそれについての論議は後にゆずることとする。しかし次のように言っておくことは役に立つかも知れない。人間は様々な仕方で在ると言われうるがこのような在り方そのものの理解は人間の有限性によって制限づけられているのである。非時間的といわれる論理学上の真理でさえも、時間的なものによって規定されたある種の力または精神によって理解されるという意味では時間的なのである。したがってハイデッガーにとって、時間の内に在ることの意味を把握することとは現存在にとってそもそも、在ることとは何かということを把握することなのである。このことの意義はのちに第八章において十分に明らかにされることであろう。

存在論の歴史の「解体」〔第六節〕

ハイデッガーの思想のもっとも顕著な特色の一つは、哲学史を解釈するそのやり方である。ハイデッガーは自分の解釈のことを「解体」などと言っているが、それは哲学の歴史を破壊したり廃棄したりしてしまおうと言っているのではない。後期の作品ではむしろ哲学史の「克服」という言葉を使っている。

ハイデッガーはカント、プラトン、ニーチェといった人々の思想を分析するのだが、彼はこうした古典として残る哲学者達の作品を全く伝統にこだわらず独創的に読み解いてみせる。(注6)もとの計画によれば『存在と時間』の第二部は在ることの意味についての思索(存在への問い)の歴史の再解釈をあつかうはずであった。しかし第二部は発行されずじまいであったので、読者としては、いくつか個々に出版された数々の思索者に関する論議で満足する他はない。

(注6) これらの哲学者達に対するハイデッガーの解釈は、つぎのような著書に見ることができる。『プラトンの真理論』、『ニーチェ』、『カントと形而上学の問題』、『物への問い』、『有についてのカントのテーゼ』(邦訳は理想社版「選集」、創文社版「全集」ほか)。

こうした思索者達についてのハイデッガーの解釈の分析は本来別のところですべきことなので、ここでは特に何らかの解釈にかかずり合うことはすまい。しかしこうした解釈のうらにひそむ考え方について、またなぜこの解体ということが著述のもともとの計画に本来含まれたものであったかについては触れないわけにはいかない。

ハイデッガーはその「解体」で、ある哲学者の書いたことを「説明」するわけではない。それは彼はその思想家が著作のうちで「実際に語った」ことだけに興味があるのではない。それは哲学史の教師の仕事であって、それはそれとして立派な教育的作業ではある。しかし哲学者としては、ハイデッガーは思索の歴史に「暴力を働く」必要があると感じている。つまり、ハイデッガーは自分自身の問題をもって近付き、その問題を導き手として、彼自身の問いを各々の思想家につきつけ、過去の哲学者達が実際に言ったことを再解釈し、そしてさらにそれらの人々の思想の「精神的な力」を量るということをするのである。こういうやり方で彼は過去の思想家達を、存在の意味という彼自身の問題についての対話へとひきずり込もうとするのである。しかしこれは不公平なやり方ではなかろうか？　もしもハイデッガーが自分の解釈は実際に過去の思索者達が考えて書いたことを映し出しているのだと言うのならば、それは全く公平ではなく、読むに耐えぬものであろう。しかしハイデッガーはそれは自分のしていることでないと強調している。したがって我々は単なる歴史的な正確さをものさしとして彼をはかることはできないのである。

　しかしそうした解体の価値とは何であろうか？　ハイデッガーの主張によれば、多くの偉大な思索者達は存在について語り出したかったにもかかわらず、この言葉の伝統的な意味に妨げられて、それの代りに「存在するもの」について語ってしまったのである。しかし過去の思索者達は存在について語り損ねたとはいえ、その人々はまさにその時代のもっとも偉大な思索者であったがゆえに、それにもかかわらず存在の概念をおしすすめ豊かにするようなことを暗々裡に語っているのである。ハイデッガーは自分の仕事を、伝統がそれらの思索者の考えを凍りつけてしまった、その氷をいわば「氷解させる」ことなのだと言っている。

そういうわけでハイデッガーが偉大な思索者達にむかう態度はいつでも謎である。まず第一に彼は、その思索者が在ること（Sein）と、在るところのもの（Seienden）との差異に気付いていないという大きな誤りを指摘する。そして一方ではその思想家が言っていることは存在への問いにとって適切なものであることを示す。したがってハイデッガーがもっとも批判的に検討している思索者――たとえばカントとかプラトンとかニーチェとか――ほど実際には彼と近い哲学的見解をもつ者ということになるのである。

そうしてみると、ハイデッガーが「暴力を働くこと」と言っているものは、過去の思想家が言ったことを存在への問いという現在の関心へと結びつける解釈者の実力のことなのである。彼の『カントと形而上学の問題』という本が実に良い例であるが、あれを素直に読んでみれば、ハイデッガーは美事にカントをして存在の問題について語らしめ、しかも明白なカントの特色と精神とを失っていないことが、誰の目にも明らかである。

ハイデッガーがあのように苦々しく「伝統」について語っていることは不幸にして、しばしばあたっている。伝統には凍りつき、それによって真に創造的な思索者の創造力を破壊する強力な傾向がある（ひょっとすると「伝統」とは劣った精神のつくり出すものだからであろうか）とハイデッガーは嘆く。ある哲学者にとっていわゆる何々学派というものはもっとも激しい反対者よりもはるかにしばしば、そしてはるかに大きな害と不名誉をもたらすものである。そういう場合ふつうどんなことが起るかと言うと、偉大な哲学者の洞察が発見した範疇や原理が滑かに油をさした機械の歯車仕掛のようなものになって、大小にかかわらずすべての問題への答を朗かにつむぎ出すのである。

もしハイデッガーがカント、プラトン、ニーチェといった人々から、今だかつていかなる伝統も知りえなかったような存在への問いへの洞察をひねり出すことができているなら、それらの人々がハイデッガーの見出したようなことを「本当に言うつもりだった」かどうかは大して重要なことではなくなる。明らかにハイデッガーは哲学者の「言葉を変え」たりはしない。ただ前には明らかでなかった意味を生み出すようにさせるだけである。そしてそれらの言葉がそういう意味を生み出すことができるならば、単に非伝統的だからという理由で、過去の思索者達はハイデッガーが言うとおりのことを言っていないと言い切るわけにはいかないのではあるまいか。さらに重要なこととして言っておかねばならないのは、過去の哲学者達が暗々裡に存在への問いを扱ってきたその仕方はその問題に関する我々自身の理解に影響を及ぼしていて、したがってそれは現存在がいかにしてそれ自身の存在を了解しているかという探求のまさしく一部になっているのである。現存在の存在は一部はそれの歴史であって、（つまり現存在にとって、在るということの意味は一つには歴史の内にあるということである）この歴史が現存在の理解それ自体に影響を及ぼしているのである。

したがってハイデッガーは哲学の歴史を尊重しないどころか、今だかつてなかったといえるほど尊んでいるのである。哲学史とは廃れた意見を化石のように陳列するものではなくて、我々の現在の哲学的見通しにとって欠くべからざる一要素である、とハイデッガーは主張する。彼の言う解体とは否定的な意味合いのものではないのである。そしてまた、ハイデッガーが過去の哲学者から引き出してきたことについてすべてをう呑みにできない場合でも、彼が解釈するその思想家について、新たな目が開かれる思いをせずに終るということはまずないであろう。いつでも、ハイデッガーの解釈がひょっとしたら正しいのではなかろうかという可能性をはらいのけることはできないのである。

ハイデッガーの現象学〔第七節〕

「現象学」という用語はもともとカントのたてた現象界と叡知界との区別からきているのだが、それ自身興味深い歴史をもっている。この語はヘーゲルによって、人間精神の発展をさぐる過程を表わすものとして使われた。というのは、ヘーゲルはカントの言うような二つの世界の全き二元性を認めなかったからである。この用語はまたフッサールが使って、「形相的還元」という独自の方法論のことを指している。ハイデッガーも同じくこの言葉を自分の方法論を表わすものとして使っている。しかしながらカント、ヘーゲル、フッサール、ハイデッガーではそれぞれその言葉の用法が非常に異なっているので、ここではこれら先人の用法をできるかぎり無視してハイデッガーの使い方のみを考えるのが最善と思う。実際、今あげたような哲学史上の先達のことを考えると、ハイデッガーが彼自身の方法を表わすのにこの言葉を使ったということは彼の著作を読む者にとって不運なことだったかも知れない。困ったことには、多くの現象学者達はハイデッガーの「解釈学的現象学」は用語矛盾であると批判するのである。近代現象学の父たるエドムント・フッサールの伝統においては、この方法の目的はすべてこれ、「体系」とか解釈とかによって少しもくもらされない精神の明晰さをうることとつまりいわばことがらそれ自体に語らせることだ、とそういう人々は主張するのである。それはまた幾分かは正しくもある主張だといえる。こうした現象主義のモットーは「ことがらそれ自体へ！（Zu den Sachen selbst!）」である。それなのにハイデッガーの現象学は解釈学的であって、つまり解釈的だというわけである。この解釈学《ヘルメノイテイク》という言葉はギリシャ語の「解釈する」という意味の動詞ἑρμηνεύειν から来ている。英語ではよく聖書の注釈を指して使われる言葉である。ここで問題が出てくるのである。つまり、ハイデッガーの方法論が解釈的であり、現象学とは（文字通りに取っては可笑しなことになるが、真面目な意味で）事柄それ自体に語らせるということなのならば、たしかに解釈学的現象学は成り立たなくなる。

もちろんこのような事実があるからといっても、それはただハイデッガーがフッサール学徒ではないという証拠になるだけのようなものではあるが、ハイデッガーが自分の方法をさして「現象学」という言葉を使ってよかったものかどうかという疑問は残る。しかしそれにしても、ヘーゲルは「現象学」という言葉を著書の題に使っているが、誰もヘーゲルがフッサール学徒だと論じようとはしない。いずれにしても、「現象学者」と呼びうるや否やの論はそれ自体としては瑣末なことなのである。

しかしながら瑣末ならざるもっと深い事柄がひそんでいる。ハイデッガーや他の解釈学者達は自分達の方法論をあらわす言葉の両方に忠実であろうとする。つまり一方では事がらそれ自体に語らせ、同時に他方では解釈をほどこされぬ事実などというものはない――少なくとも解釈学的方法のおよぶかぎりでは――と主張するのである。このようなことは矛盾とまではゆかずともあるジレンマを含んでいるように思われるので、それをもう少し詳しく見てみることが必要であろう。

哲学者によっては――たとえばヘーゲルとかプラトンという人々については、方法と学説とを分離することができないとよく言われる。これはハイデッガーのように、その方法が超越論的な自己の構造をあばきたててゆく思索家の場合には、特にそうなのである。解釈学的現象学の構造を調べるにあたっては、この方法がただ実存への問いにのみ適用されるものであることを心にとめておく必要がある。(これは他の問いにも適用されうるかも知れぬが、さしあたってそれは重要なことではない。）いずれにしても、解釈学的現象学が自然科学の立てるような問いに適用されえないことには相応の立派な理由があってのことなのである。

たしかに一方では、ハイデッガーは、存在の意味への問いは直接的な実存の自覚を解釈する現象学から発する方法によってのみおし推められると信じており、存在への問いに形而上学的かつ体系的な方法を適用することは実存への問いの特異な性格を見のがすことになると考えている。

したがって実存への問いが特異なものである以上、その方法もまた特異なものとなるわけである。しかしもしも実存への問いが解釈学的現象学かそれと似たような弁証法にのみ開かれているものであり解釈学的現象学は存在への問いのみに適用されうるものであるとすれば、他の探求となにか一致するところを見つけようと頑張っても無駄だということになろう。

いったいどのようにしてこの方法は存在の意味への問いを明らかにするのであろうか？解釈学的方法はいかにして実存について我々に語らしめることができるのだろうか？

私の存在するその数々の在り方のうちから、私が在ることの意味の問いへの答を捜し求めようとする。ここで私の人生に或る意味をむりやり押しつけてしまうことははなはだ容易である。たとえば敬虔なる僧が宗教的信条にうちこみ、熱烈な愛国者が国家に身を捧げ、情熱的なサディストがその心理学的態度に没頭するように。しかし問題になっているのは道徳をどれか一つ選ぶことでもなければ、ある行動様式を選ぶことでさえない。私は私の人生においていかなる行動形態をとるべきか、ではなくて、実存することの意味について私自身が理解しかつ語りうること、これは一体どういうことか、が問題なのである。

私は存在する。そしてこの実存は数々の仕方、形において自らを明言する。もしも存在する在り方について考えるうちに、あるパターンや意味といったものを認めることができるとしたなら、それは現象学の第一の鉄則に忠実であるということになろう。つまり、事実それ自体に語らせるということである。しかしこれは問題を含むのである。多くの人が事実はそれ自体では決して語ることができないものだと言っている。たとえば、天気予報官はただ空から事実を読むのではない。彼は学説の基礎にもとづいて事実を解釈するのである。カントの言葉をもじって言うならば、事実なき学説は空虚であり、学説なき事実は盲なのである。

こうしてみると、一つの冷厳な二者択一しかないように思われる。つまり、事実がたしかにそれ自体で語ることを認めるほうに賭けて、その場合には解釈学の有効性を否定するか、あるいは事実はそれ自体では決して意味を持たないから常に事実を解釈しなければならないことを認めて現象学の有効性を否定するかのどちらかを採らねばならない。このジレンマから抜け出す道はあろうか？　このジレンマから抜け出す唯一の道があるとしたらば、それは事実がその意味から原理上切りはなされ得ないような場合だけであろう。次のようなことを考えてみれば科学の場合はそうでないことが解る。たとえば物理学において、発火現象はそれを説明する様々な仮説には無関心である。フロギストン説でもほのおの説明がつけば、酸化説でもまた説明がつく。両方の説が事実を説明している以上、ある説が他の説よりすぐれているとされるのは、その説が事実をうまく説明できるからではない。ある説の優秀性は、他の説との整合性、精密さ、他の現象への広い適用性、整然としていること、オッカムのカミソリ等（訳注　オッカムのカミソリ…空虚な言葉や概念によって思考をいたずらに複雑化することをいましめる原理。英語圏の哲学者達のよく口にする原理である。）といった理論的な要素を考慮して定められる。したがって明らかに、解釈学は科学の構造にはあてはまらない。しかしそれがあてはまるものはあるのだろうか？　科学の例のように意味と事実が分離しうるのではなくて、意味と事実が分離しえない場合はあるのだろうか？　人の存在する在り方こそ事実と意味との間に相異がないものだとハイデッガーは感じているのである。『存在と時間』において彼は、「現象学としてのみ存在論は可能だ」と主張する。しかしそれをうら返して「存在論のみとして現象学は可能だ」と言うこともできたのではあるまいか。この後の言い方を聞いたならば、もちろんフッサールは非常に厭な顔をしたことであろうが。

だが私が自己自身の構造を調べようとする場合には、事実それ自体とその意味との区別がないというのは本当だろうか？　解り易いように一つの例をとって考えてみよう。

私が恐れている時には、私の恐れの意味は完全に明白には気付かれないかも知れない。しかしそれにもかかわらず、私の恐れているということが意味をもっていることは本当である。もしもそれが意味をもっていないならば、私は全く恐れてはいないことになろう。このようにして、存在論的に言えば、私の実存における出来事は決して意味なしではありえないのである。しかし片や科学的な記述では我々は事実と事実を説明する学説とを区別することができる。しかし「恐れるということ」が、恐れている者にとって意味をもつことに気付かずに恐れることは考えることもできないのである。こういうふうに、恐れは火が意味をもつとは違う形で意味をもつ。解釈学的な問いとは「実存的事実」のもつ暗々裡の意味が明白になるような、そういう問いなのである。

しかし「人工的な」学説を「押しつけ」まいとするならば、どんな風にして恐れるということの意味を明確にしていくのだろうか？　それは、例えば恐れという特殊な実存的事実の意味を、それが自分の実存全体といかにかかわるかを示すことによって明らかにするのである。言いかえれば、恐れというものがそもそも、在るということの意味とどう結びつくかを計りつくすことによって、恐れるということの意味を示すのである。しかしそもそも、在ることの意味はどうやって知ることができるのか？　たとえば恐れのような実存の特殊な在り方を全体として分析することによってである。

明らかにこれは循環である。存在の意味という全体を理解する為には、これこれの個別的な在り方の内で在ることの意味を知らねばならぬ。ところが一方で個別的な在り方における存在の意味を知るには、そもそも、在るということの意味を知っていることが必要である。

しかし、それが悪しき循環でないかぎりは、理性は必ずしも循環を否定して受けつけないわけではない。ふつうの経験からも、納得しうるような循環論法の例を挙げることができる。

外国語を習うにあたって、言葉の勘の良くない人でさえもよく経験するのは、ある言葉がただ文章の前後関係だけから解ってしまうということである。実際、語学教育の新しい方法には言語の前後関係による構造を格別重視しているものもある。

ところがこのことが、学ぶ者によっては不満のたねなので、言葉を知るためにはまず文章を知らなくてはならない、と見たところもっともな愚痴をこぼすのである。これに答えるには、ただそれを肯定に変えさえすればよい。つまり、言葉の意味から文章が解り、文章から言葉の意味が解るのだと。これは一寸詭弁のようにも見える。しかし馬鹿馬鹿しい詭弁と見えてもこれは本当のことなのである。

外国語を習うやり方をこう言い表わして納得がゆくのは、一つの言葉を第一段階で習う時と第二段階において習うときでは、同じ言葉でも習い方が違うからである。たとえば、英語が母国語の者が独語を習い始めようというときにはまず辞書か単語表で基本的な独語をいくつか調べるわけであるが、しかしながらこれらの独語の言葉は実際には独語でも何でもない。それは単なる英語の意味を別の音声に置きかえただけのものであって、本当の意味では英語の言葉である。つまりそれの文章における意義は英語の全体に依っているのである。しかしながら学ぶ者が習練をつんでこれらの言葉を自由にできるようになってくると、それは段々ほんものの独語の言葉になってゆく。つまりその言葉の文章内における意義を独語の全体から引き出せるようになるのである。もっと具体的な例をあげれば、独語の初心者がショーペンハウエルの本を手にとって、題名にある Vorstellung とはどういう意味かと考えるのでもよい。たぶん辞書を引いてみることになろうが、そうすると「前に置くこと」というような意味が見つかる。そして「意志と前に置くこととしての世界」とはまた不可思議な題をつけたものよと思うにしても、その傑作がどういうものかということについて、それなりの理解をこしらえ上げることであろう。しかしこの初心者氏が一生懸命勉強して、Vorstellung という言葉の用法にも慣れ、それを実際自分でも使うようになるに従って、この言葉の理解はだんだんしっかりしたものになっていくはずである。そして今度は、その言葉の意味は解っているけれども、その独語の単語を母国語に訳しもどせないのに気付いてびっくりするかも知れない。つまりそれが、最初の時と違って言葉の意味が英語から生まれているのではないことの明らかな徴候なのである。

こういうわけで、言葉を習うということは実存論的でもあり、解釈学的でもあるのである。それは全体から部分へとすすみ、それからまた部分から全体へと帰って来る。言葉を学ぶ者は英語という全体から単語という「部分」へすすみ、そしてそれから独語という新たな全体へとすすむわけである。

ハイデッガーは我々が実存を自覚し、より深く知るのもそれと似た仕方においてなのだと主張する。おぼろな、分析をうけていない、全き実存の全体から、我々は部分（恐れというような個々の実存的事実）へとすすみ、そしてそういう数々の「部分」から新たな全体――実存の存在論的理解――へとすすむのである。しかもこれは理性的な、非恣意的な活動である。これは知を得る規律正しい方法であり、その過程を方法論的に批判、検証することが可能なのである。

その基礎は弁証法の基礎と同じであって、つまり思考にとって究極的で、不可欠な条件へとさかのぼることである。これは存在論的に表現された自叙伝ではない、というのもこれは自己を普遍的で検証可能な基準によって語っているからである。こういう次第で、このような（解釈学的現象学の）問いは可能なのである。

このような解釈学的方法をとることによって、ハイデッガーはあの二つの原則――㈠事実それ自体に語らせること。と㈡解釈ぬきのむき出しの事実などというものはないこと。――にともに忠実なまま、存在の分析をやりとげることができるのである。

解釈学的分析という方法をはっきりと心に銘じておけば、ハイデッガーの現象学の意味も比較的簡単に説明することができる。ハイデッガーが、この言葉を造り上げているギリシャ語を入念かつ詳細に「訳して」言うところによれば、現象学というものは「自らを示すものを自ら見えるようにすること、それもそれがそれ自身をみずから示すまさにその仕方で見えるようにすること。」なのである。そしてひとたびこのことがいかにして（つまり解釈学的にということなのだが）行われるかということに気付くや、ハイデッガーの言う意味での現象学がどういうものであるかは明らかとなる。

「現象学」という言葉でハイデッガーが言っているのは、我々の存在している様々な在り方の意味を、日常的存在の曖昧な言葉から実存論で用いられるはっきりとわかりやすい言葉へと訳し移す分析、それもそうした意味が日常生活において自らを誇示しているその様を損ねることなく訳すことのできる分析のことである！　プラトンこのかた、理論的なものと実践的なものをかくまで近しく合一した思索家はいない。ときおりハイデッガーに批判的な者のうちから、ハイデッガーは存在を抽象し本質と化してしまったと主張する声が聞かれるが、それは、抽象的なものだけが理解されうるとでも考えないかぎり正しくない。抽象以外のやり方でも理解が果されうるならば、存在の分析を目指すからといって必ずしも存在を抽象する要はないであろう。

ここで最も重要なポイントは、存在の意味が特別な道すなわち解釈学的方法を経てのみ知られうるということである。そしてこの点に関して、非常に重要な疑問がありうるのである。すなわち、このような方法がそもそも哲学的に意味をもつものなのか？　やはりそれはせいぜい一種の自伝でしかありえないのではないか？　との問いである。

ハイデッガーの存在論に対してこのような反対を唱える者に、ウィリアム・アールその他の人々が居る。『存在と時間』に関する様々の批判にはいちいち検討してみるまでもないものが多いのであるが、このアールの反駁などは考察してみるのが有益であろう。というのも、これはハイデッガー哲学の目的全体をかえってくっきりと浮び出させるような或る立場を表わしているからである。つまりアールの反駁はハイデッガーが深く忌み嫌うような原則を基礎としていて、だからこそかえってこういう反駁を考察してみれば、ハイデッガーのやり方全体を理解するのにも役立ち、ハイデッガーが『存在と時間』によって哲学的思索の全く新しい道を創始した、と多くの人々の言う理由を理解するのにも役立とうというものなのである。

ウィリアム・アールが発表している小論文(注7)の要点は、基礎的存在論者は「実際には存在論的告白をしている」のであり、したがって「そういう人々の書いたものは存在論的自伝である」、ということである。アールの論ずるところによれば、ヘーゲルとキルケゴールのように方向を異にする思想家を考えに入れたとしても、西欧哲学は「普遍性によって損なわれている」という。哲学の全目的は人間にとって共通、普遍の何事かを発見することであり、そうした原理によって倫理的、形而上学的体系をうちたてることである。「しかし、普遍的なもの、共通なもの、すべての物や純粋理性としてのすべての理性的な精神にとって真であるようなものは、正《まさ》しくもっとも希薄なるもの、もっとも規定に欠けるもの、高められているわけでも展開されているわけでもなく、何か具体的なるものの単なる可能性でしかないものなのである。」つづけてアールは、『カラマーゾフの兄弟』のなかで価値があるのは、他の小説と共通なものではなくて、それに固有なところでありとりわけて他ならぬこの作品を偉大な小説の一つとしているものなのだと言う。簡単に言ってしまえば、アールの主張は、ハイデッガーの著作は単に彼個人の実存の深遠なる表現であって、人間の実存一般を語っているのではない、そしてそれらの著作の価値は、我々にこのような仕方でも存在し得ると教えてくれるところにあるのだ、ということなのである。しかしアールはまた、我々ひとりびとりにとって恐しく重大なこの我々自身の実存というものは、一般的な確固とした原理などでは到底描き、あばき出すことはできないのだと言い張りもするのである。

（注7）「現象学と実存主義（Phenomenology and Existentialism）」Journal of Philosophy．一九六〇年一月号。

アール自身、これがハイデッガー自らの主張とは異なることを認めている。ハイデッガーはすべての現存在に普遍的に属することを語っているつもりであって、ハイデッガー自身の単に個人的な現存在にのみ属することを語っているつもりではないことは明らかである。したがってアールの論議はむしろ別のより一層重大な反駁をハイデッガーに向ける結果になっている。つまり、人間の実存について一般的に語ることは本当にできるのだろうか？　という問いかけである。論理的関係といった抽象的な性質に関してはたしかに普遍的に語ることができるが、具体的でそして興味の深い様々な特性はすべて個々の、個人的かつ単独の人間のものであって、普遍的な人類のものではないのである。

一方このようなアールの反駁に対して、ハイデッガーのこの書物には色々とやり返す材料がそろっている。ハイデッガーの思想について指摘されているこの重要な特質についてはもう一度ここではっきりと考えてみなければならない。

まず第一に、非常に重要な意味において、アールは現実にはなにもハイデッガーに対して反駁してはいない、ということが指摘できる。彼はただその問題を予告したのにすぎない。と言うのも、アールは、存在の意味への問いを普遍的な場面にもち出すこと、またその問いの内に普遍的原理を見出すことができないと言っているだけである。ハイデッガーはできると言う。したがって考えるべきことは、いずれの主張が正しいのか？　ということなのである。あまりむき出しにでなく言えば、哲学的な議論としてどちらの主張がより明晰だとされうるか、ということである。

私はここでハイデッガーの側に立って二つの点について考えてみたいと思う。一つは、アールの意見を批判して消極的な意味でのハイデッガー弁護を果すことになるが、彼にこう尋ねたいのである。もしも実存の意味が個人的なものであるならば、それを調べることにいかなる哲学的な価値があるのであろうか？ そこに個人的な心理学的価値はたしかにあろうが、しかしそれでは心理学者か小説家になってしまうので、哲学者のすることとは言えないであろう。

ソクラテスの昔には、哲学の目的が次のような金言によって語られていた。「人生の意味を知らずして生きたところで価値もなし」と。さてどんな基準によってひとは人生の「意味を調べる」のだろうか？ ソクラテスとその忠実な弟子のプラトンによれば、人間の実存を意味あるものにするための手段となるのは理性であった。ところが理性は普遍的なものである。それでもアールは、我々の実存の意味の分析に普遍的理性が何の効果も持たぬと主張するのであろうか？ もしそうならば、ソクラテスの探求はすべて誤りであり無効なのであろうか？ ハイデッガーは我々がそれを選ぶことも選ばないこともできるような一つの深遠なる存在可能性を与えてくれたのだとアールは言う。しかしどのような基準によって選ぶことができるのだろうか？ ハイデッガーの語ることの内には、単に心理学的、存在的に意味があるだけではなく、我々が真であり有効であると認めざるをえない何かがありはしないか？ 言い換えれば、もっとも不毛な相対主義を認めないかぎりは、実存の意味についての言葉には何らかの普遍的有効性があるものである。そう言ったからといってもちろん、ハイデッガーの言がすべて正しいと言うつもりはない。ただこのハイデッガーの企てそのものを面白くて興味をそそりはするが真実を与えない心理学的自伝という無意味な地位から救い出そうというのみである。

しかしこれは消極的な議論である。もっとずっと難しくはあるが、またはるかに大切であるのは粗さがしにつとめる議論ではなくて、思索的な力によって理性の殿堂を築き、そこからより広い見はらしが望めるようにするような、そういう論議なのである。

アールの論が見すごしている偉大な真理、つまり理性の働きは論理的、科学的分析の認識には限られない、ということを最初に指摘したのはカントであった。『純粋理性批判』の第一節を読めばいやでも気付かざるを得ないことであるが、理性は、超越論的なはたらきによっておのれ自身を反省することができ、この反省を通じてまさにおのれの自由の基礎をきずくばかりか、おのれ自身に対してもつべき畏敬の念をも生み出すので、これは倫理的判断の原理をもなすことになるのだ、とカントは言っている。私はここで、アールにしろ誰にしろカントの超越論的哲学を受け入れなければならない等と言っているのではない。ただ確かにカントは、理性というもの——人々のわけもつ絆を気付かせるあの共通の基盤——が決して「もっとも希薄」であったり「もっとも無規定なもの」だったりするにとどまるのではないことを示している。

こういうことを言うのも『存在と時間』の目的と衝撃力のすべてが、理性は解釈学的分析を通じて、本当に存在の意味を了解することができるのだということを示すところに在るからである。そこで使われる方法が科学のそれと似かよっていないのは、全く当然のことである。しかしだからといって、そのような方法が顕すのは、単に個人的な一個の現存在のみに特有のものだというわけではない。それが顕すのは自己自身の実存をかえりみるすべての個人にあてはまる洞察であり原理なのである。

そうでないと考えるのはあまり正気の沙汰とも思われない。実存における重要な様相、次元の多くは他の人々とも共通なのだということが確かに認められるのである。アールは、『カラマーゾフの兄弟』が尊重に価するのはそれの独自性のためだと言う。しかし同じようにして、実際にはこの作品の洞察や感受性の普遍性が読者をわきたたせ、この作品を欧米文化の真に偉大な作品の一つにしているのだと言うこともできる。ドストエフスキーのように感受性に富んだ深い作家はたしかに稀である。しかしだからといってその分、彼の語ることが普遍的でないことにはならない。実際ほんとうに、人がこの書物をこうも持ち上げるのは、正にそれがすべての人々に共通な人間精神の資質、特質について語っているからなのだと思われる。

これは哲学を学ぶ者なら誰でも、ある時点で問わざるを得ない問いである——私の理性は私の実存の意味を告げることができるのだろうか？　あの、すべての人間が共有し、それを通じて人々と話を交すことのできる私の意識作用たる理性が？　さもなくば私は、個人的で特殊で、究極的には伝達不可能なあの私の意識のもとにとどまるのであろうか？もちろんハイデッガーは理性が存在の意味を告げることは可能だと考える。しかし彼は単に自分の信念を表明するにとどまらない。『存在と時間』のうちでも非常に重要な数節（たとえば三二節）において、ハイデッガーは存在の意味への問いを尋ねるにあたっての理性の働き方を分析している。このことはしばしば見過されていることなのであるが、ハイデッガーの全哲学の最も重要な点であるとも言えるのである。なぜならば、そのことがなかったらば、いかにして単に心理学的ではなくて哲学的な実存了解の分析が可能であるかということを、ハイデッガーは説明し得ないであろうから。

かくしてハイデッガーは、存在することの意味を哲学的に分析することが可能だと考える。それをどう展開しているかについては、『存在と時間』の各節およびこの解説の理性について述べているところ（一八四頁以下）を見ていただきたい。しかしながら、数学が可能であることを示すには実際に数学の計算をしてみせるのがもっとも印象的で確信を与えるのであるように、本当に実存の意味を普遍的な意義をもって分析できることを示すには、それを現にしてみせることである。したがって、我々もそろそろ実存論的分析それ自体をみてみることにしよう。

第三章　実存論的分析論Ⅰ　世界〔第九節―第二七節〕

課題の性格〔第九節―第一一節〕

第一部第一章の主な目的は、現存在の存在の分析と世界や世界内の事物の分析とがいかに違うか、またなぜ違うのかを指摘することであった。このことについては存在的問いと存在論的問いの相違に関する考察のところですでに簡略ながら論じておいたのであるが、この節においては、ハイデッガーは問いの対象としての現存在の特異な性格を強調して、その相異を一層きわ出たせている。この章の三つの節はいずれも問いの特異な性格をあばくことに向けられており、第九節はなぜ現存在についての問いが存在論的でなければならないのかを簡単に論じている。また、第一〇節はその問いが、人間学、心理学、生物学といった現存在に関する存在的な問いといかに根本的に違っているかを示しており、第一一節は実存論的分析論が原始的な段階の現存在の分析とはなり得ないことを示している。この章の大部分は、注意深く読むならばさほど難しいものではないが、それでも二、三注釈があった方が良いであろう。

本質（注1）と実存〔第九節〕

（注1）ここでは「本質」(essence)という言葉をWesenの訳語として使っておいたが、ハイデッガー自身はこの訳語に不満を表明しており、これでは実質上の意味が一致しているというよりはただ用語として対応しているにすぎないと指摘している。ドイツ語にはwesenという動詞があって、主に詩語なのであるが、「何々する」(to do)とか「何々である」(to be)という意味をもっているのである。そういうことも考えて「本性」(Nature)という訳もないではないが、ここではあえて「本質」(essence)という訳語をとった。（もちろん「在ること」(Being)としたのでは、Seinの訳語とまぎらわしくて駄目である。）したがって読者は、Das Wesen des Daseins liegt in seiner Existenz. という言葉は、「何ものかが現存在としてある(wesen)ためには、それは実存をもたねばならない」というほどの意味であると心に留めておいていただきたい。

「現存在の本質はその実存に在る」というかの有名な（さほど有名ではないかも知れないが）文句があるのはこの章である。この一文はわけても酷い誤解をこうむってきた言葉であって、ここは是非とも明確にさせておかなくてはならない。この文は、同じ節の内にあってやはり重要な、同じように誤解されているいま一つの主張と対になっているのであるが、それは現存在という存在者の存在は常に私のものとして考えられなければならない、という主張である。これら二つの主張は、なぜ現存在の分析が原理的に言って存在的――つまり科学的であり得ないのか、なぜ存在論的かつ解釈学的なものでなければならないのかを理解するにあたって、かなり重要である。

現存在の本質がその実存にあると言うのは、スコラ学者達が神の本質はその存在にありと主張したのとははっきりと違った意味においてである。スコラ学者にとっては神は必然的なものであって、そういう彼等の主張が存在論的な論議を支えていたのであったが、ハイデッガーは決して現存在が必然的なものであるというような無茶な主張をしようとしているのではない。これからも見ていくとおり、ハイデッガーは、人間の有限性が人間の自由にとって本質的な要素であるとしているのである。

しかしながら、神の本質は存在にあるとするスコラ学派の主張と、現存在の本質はその実存にありとするハイデッガーの主張との間にみられる類似性をおしつめてみるのも、おそらく無駄なことではあるまい。前者における主張は、神が存在するということがまさに神の意味であって、従って存在しない神を考えることなど不可能だ、というものである。つまりもし私が神を存在しないものとして考えようとするならば、それは存在するものであるという神の意味に抵触することになるのである。ハイデッガーの場合にも結論こそ全く違ってはいるが議論のすすめ方は同じようなものである。ここでは現存在の意味そのものが、自己の存在をかえりみるものということであって、したがって何らかの存在するあり方から切りはなして現存在を考えることはできないということになる。スコラ学派において「必然なる神」という言葉が一種の重複であるのとちょうど同じように、ハイデッガーにおける「現存在であること」という言葉もまた同語反覆と言えるのである。

私は、在るということの意味を、十分にではないが、知ってはいる。そして私がそれを知っているかぎりにおいて、私は現存在なのである。このことは重要な意味を含んでいるのであって、それはつまりハイデッガーの用語としての「実存」(Existenz)はスコラ用語の「現実存在」(existentia)とは意味が違うのだということである。現実存在《エクスイステンチア》という言葉の伝統的な意味は、宇宙の内において起る何ごとか、世界の内において人が出会い、遭遇する何物か、ということである。しかしハイデッガーは、このようなたぐいの存在するものの性格としては、「手前の」(Vorhanden)という用語をつかう。この Vorhanden についてはこの後の一二八頁以降でもう少し詳しく論ずるが、さしあたっての論議には、existentia とは実体的にあるものの存在のことであり、Existenz は現存在のみにあてはまるものであるということを指摘しておけば足りよう。

ところでこの言葉について我々は、スコラ学派の用語から区別するばかりではなく、実存主義者達の言う意味からも区別しておく必要がある。ハイデッガーは自分の主張とジャン・ポール・サルトルの言うこととの間に、いかなる類似を認めることもきっぱりと拒否している。[注2] ハイデッガーの言うところによれば、サルトルが人間の実存はその本質に先立つと言うときには、彼はただ過去の形而上学上の命題をつかって、それをひっくり返しにしただけなのである。その結果はやはり同じ形而上学的主張であって、それは根源的な存在論とは何のかかわりもないのだ、と言う。

（注2）『「ヒューマニズム」について』ちくま学芸文庫版五二頁参照。

ハイデッガーがかくのごとくあからさまにサルトルと自分の見解を峻別するのであってみれば、それを受け入れないわけにはいかないようである。ハイデッガー自身が彼の主張に関してのスコラ的な解釈も実存主義的な解釈も共に断ち切ってしまっている以上、我々はその意味をどこか他所に求めなければならない。

それでは、ハイデッガーが現存在の実存がその本質だと言うのはどういう意味においてなのであろうか？ Existenz という言葉の語源を調べてみることも助けとなろう。この言葉はラテン語の existere から来ており、それはもともと「立ち出でる」という意味である。後期の作品においてハイデッガーは、この語源に注意をひくために、この言葉を連字符で分けて Ek-sistenz と書いてさえいる。つまりここで重要なのは、現存在のみが世界における自己の存在から身を引いて、あるいは「立ち出で」ていることができる、ということなのである。実際、自己自身の存在に気付き、それに思いをめぐらせるという現存在の能力こそが、現存在に独特の特質なのであって、したがってそれがその本質だと言えるのである。そういうわけで、Existenz は現存在が生存しているとか機能をはたらかせているとかいうことを言っているのではなく、それが自分の在ることに気付いているということを言っているのである。

そこで、現存在の本質はその実存にありというこの言葉は、主として基礎的存在論の役割との関係において重要性をもつことになる。基礎的存在論は、そもそもいったいいかにして自己自身をかえりみるなどということが可能であるかを探るものであるからして、いかなる形而上学においてもあらかじめ前提されていると言えるのである。形而上学は我々が何であるかについて語る。が、基礎的存在論はいかにしてそのような立言が可能であるかを探るのである。かくしてハイデッガーは人間とは何であるか（自由であるとか恐るべきものであるとか怠け者であるとか不条理であるとか）語る実存主義者達（殊にサルトル）とははっきりと袂を分かつのであって、そもそも我々が形而上学的なことを考えうるのは我々の存在のいかなるア・プリオリな在り方によるのかを尋ねるのである。

さてここで、ハイデッガーは「形而上学」なる言葉の意味を不当に解釈しているという非難があるかも知れない。つまり、形而上学は現にハイデッガーが「基礎的存在論」と呼ぶものを含んでいるのであるから、原理的に言って存在論が形而上学に先行することはできないというのである。しかしこれは全く単なる用語上の議論にすぎないので、ハイデッガー自身がまさにその理由から、「基礎的存在論」なる用語を結局捨てるに至っているのである。(注3) 我々が注目しなければならないのは、問いの働きと目的であって、それの名前ではない。

（注3）『形而上学とは何か』参照。

一口に言って、用語や文句が多く似かよっているにもかかわらず、ハイデッガーはスコラ学派とも実存主義者とも結びつくべき者ではない。ハイデッガーは人間が恐れや不安や倦怠を特色とする等と言っているのではなく、ただ彼は、人はたしかに存在について問い、調べることができ、そして自らをかえりみるという人間理性のこの働きこそもっとも驚嘆すべきものであると言おうとしているのである。ハイデッガーが恐れとか不安とかいった気分について語っているからといって、それが陰気でニヒリスティックな人間観をつくり上げているなどということはない。それは単に、実際に人間を襲う気分というだけのことであり、そしてそのかぎりにおいて、人間の実存をあらわすものとして分析されうるのである。したがって、喜びとか歓喜とかいった気分も又、同じように扱われうるのである。(注4)

（注4）たしかに、ハイデッガーはこうした方向で喜びや歓喜の分析をしているわけではないが、『形而上学とは何か』において、そうした分析もありうることを認めている。

現存在の「私性《わたくし》」〔第九節〕

さて、人間が自己自身を内省するというこのことを強調していくと、第九節にある次のような重要な主張がむすびついてくる。つまり、分析されるべき存在者は、つねにその都度「私のもの」であるということである。これは主観主義であろうか、あるいはまた独我論とさえ言えようか？

ここで、さきに解釈学について論じたときの話を思い出してみれば、なぜハイデッガーが、研究されるべき存在者は「そのつど私のものである」と言ったかということが明らかとなる。これは独我論などというものでは全然ない。むしろ、私自身の実存の内省的、自己省察的反省から見出される原理というものは、私が理性的本性をもつものである以上、普遍的なものであり、したがって他のすべての現存在にあてはまるものなのである。だから、現存在がつねに私のものであるということの意味は、まずさし当っては、問いの対象となるものがいつでも手に入りうるということであり、分析の手続が解釈学的自己省察でなければならないことを示しているのみである。

しかし、現存在がそのつど私のものであるという言葉には、より深い、重大な意味がこめられていて、そしてその意味深長さは翻訳ではほとんど全く伝えることができないのである。私のものであるということは私自身のものであるということであり、「自身」という言葉はドイツ語では eigen という。そしてこの eigen という言葉から eigentlich という言葉が引き出されてくる。これをマッケリーとロビンソンは authentic（本来的）と訳している。

この「本来的」という言葉はハイデッガーにおいては特別の意味をもって使われているのであって、「私自身性」ということと、絶対に切りはなして考えることができないのである。この言葉が究極のところ意味しているのは、自己自身の実存に気付いているような在り方における現存在の存在様相であり、逆にその反対語の「非本来的」とは自己自身の実存に気付いていないような在り方のことである。もしここで eigen と eigentlich という言葉の間の密接な語源的関係をしっかりと心に留めておかないと、この論議はあまり効かないのであるが、語源的なことに注目しさえすれば、非常に力強い効果をもつものなのである。

ハイデッガーが「本来的」と言うのはその人自身の自己に気付くことであり、「非本来的」とは他人が見るように自己を見ること、あるいは自分の自己を、その実存に先立つ意味や本質をもつものとして、従ってその実存とは「別な」もののごとくに見ることである。このようにしてハイデッガーは、実存論的分析の劈頭に、現存在がそのつど私のものであるということをかかげることによって、その後の「本来的存在者」への展開の基礎を敷いているのである。

現存在が私のものであると主張しているからというので、『存在と時間』におけるハイデッガーの分析を単なる自伝的なものと見なしてしまう人々がいる。このことに関しては前の章で述べておいたが、以下のようなことを考えてみるのも無駄ではあるまい。私が3と5という数を足すとき、算術の定義と手続きとを認めるかぎり、私の理性は8という答えにおちつかざるを得ないと告げる。私は答えの正しさを認めざるを得なくさせられているのであるから、レストランで食事を注文したり、結婚する女を選んだりするような具合には自由がきかないのだとも言える。しかしながら、普遍的に有効な体系をうちたてるのに使う理性的原理が公共的なものであり、本質的に言って伝達可能なものであるからといって、その事実によって、考えるということをしているのはやはり私であるという事実がくつがえされるものではない。私がピタゴラスの定理を考えるのは私自身の理性によってであると言うのが正しいのか、あるいは普遍的な（私のではない）理性の使用によってと言った方が適切ではなかろうかと尋ねることはできる。しかし、そうした幾何学的問題に心を向けているときも、論理の普遍性が私の推論のもつ「私のものであること」という性格を損なうものではないと考えられるのである。

結局のところ、推論の必然性に気付くのは私なのである。そしてこのことが正しいとすれば、ハイデッガーの言っていることを受け容れるに異議はないと思われる。つまり、基礎的存在論において探究される存在者は常に私のものではあるが、それだからといって基礎的存在論が自伝的なものであったり当人のみの特殊なものであったりするわけではない、ということである。

ハイデッガーはまた、この章で、在るか在らぬかが現存在にとっては問題であるという重要な特色のことにふれている。それはつまり、現存在にとっては、在ることが重要であるということである。このことは最初にちらと読んだだけでは些細なことに思われて、その重要性が見過ごされがちである。もしも誰かに「あなたにとってあなたが存在しているということは問題になりますか?」と尋ねられたとしたならば、まず何と馬鹿気た質問だとあきれるに違いない。もしその質問が単にその人が生きることをどれほど大切と考えているかと尋ねているのであったり、あるいは婉曲な脅迫だというのでであれば、それは答える人の生死に対する心理的態度によって簡単に決まる問題である。しかし明らかに、ハイデッガーが言おうとしているのはそんなことではない。彼が主張しているのは、自己の存在は真率なる関心と問いの的であり得て、また実際にそうであるということなのである。それはまた、自己への関心がもっとも低い段階にあって、ただ苦痛を避け快を求めるというだけである場合にも、私の存在のあり方とその重要性が私にとっての関心事である、ということでもある。あるいはまた、極度の倦怠や無気力というものもこの説に対する反証とはならない。なぜならば、関心を失った実存形態をえらぶということも、少なくとも私が倦き倦きして関心を失ってしまったその実存への関わりを示しているからである。

実存への関心というこの存在論的な特色については以下にもっと詳しく論ぜられているのであるが、ここではこの事は、いかにして問いが可能であるかを示すという大事な役割を与えられている。現存在というかたちで私の実存が私にとって問題となっているから、実存について問うことが可能なのである。従って実存の問題は哲学的幻想によってもたらされた人為的な問題などではなく、人間が現に自己の実存をかえりみてそこに思いをめぐらしているという、非常に明白なる事実に基づいているのである。

実存のア・プリオリな構造〔第九節〕

ハイデッガーは「実存性の構造はア・プリオリに存する」と語る。ア・プリオリな知識の探究ということがデカルト以来の哲学者にとってもっとも重要な問題の一つであったことを考えると、まことにこの言葉は重大である。これはハイデッガーの全哲学の根底にひそむ問題だとも言えるのである。

ア・プリオリな知識とは一体何であろうか？　この用語でおなじみのカントによれば、ア・プリオリな知識とはすべての経験に先立って知られる知識のことであり、またまさに経験を可能とするものなのである。例えば、原因、実体などといったような範疇はア・プリオリであるとカントは言う。そうしたものは、経験自体がそれなしではあり得ないようなものであるゆえに、経験から導き出されたものではありえない。数学も論理学もともにア・プリオリである。なぜならば、これらの原理はいずれもその真偽を証するに経験を必要としないからである。（もっとも数学は、総合的であるために、時間・空間といった純粋にア・プリオリな直観形式を必要とするが。）

その他多くの思索者にとっては、ア・プリオリなる言葉は単に、考えたり推論したりして導き出される知識一般を指しているにすぎなかった。ア・プリオリなものが重要なのはそれが普遍的な妥当性を保証しているからであって、そのために必要とされてきたのである。そこからして、懐疑的・批判的な哲学者達は、論理学や数学における純粋に分析的な機能は別として、一体に知識をア・プリオリなものと認めたがらないのである。

ア・プリオリな知識がいかに貴いものと考えられているかをかんがみれば、自己の実存の構造そのものがすでにア・プリオリであるという主張はたしかに重大な挑戦であると言えよう。この主張はいかにして正当なものと認められるであろうか？

純粋に科学的な認識過程においていかにア・プリオリなものが働いているかをいま少し

詳しく批判的に見てみるのも役に立つことであろう。たとえば、因果関係という範疇はア・プリオリであるというカントの立場を考えてみよう。ここで言われているのは、自然現象を因果関係によってとらえることは精神の必然かつ自然な態度であって、それあってこそ人は、さもなくばばらばらな経験のデータをむすびつけられる、ということである。つまりたとえば、戸の外で突然、爆発音が聞こえたとすると、人はまず「一体どうしたわけだ？」と尋ねるであろう。そもそも多くの出来事については、何が特にその原因であるかを正しく見極めることは非常に難しいが、「一体どうしたわけだ？」という問いに「ただそうなっただけさ。」と答えるのでは受け入れられないにちがいあるまい。もしも誰かが私に、戸の外の爆発は「ただそうなった」だけであって原因も何もないのだと言おうとしてみても、私はその答えを受け入れるわけにはいくまい。もしもその答えを受け入れるならば私は、自分の精神が様々の経験を結びつける本質的な仕方を放棄したということになるのである。つまり、世界に対する私の自然かつ必然的な態度、性向というものが、この世に起る出来事の間に因果関係を想定せざるを得ないように出来ているのである。従って、因果関係はいかなる経験にも先立つ解釈の傾向であり、私の心が必然的に動く動き方なのである。そしてそれなしでは私に現われる世界を理解することが不可能なのである。

　さてここで次のように問うてみよう。人がおのれの実存する自己に気がつきうるのは、精神にあらかじめいかなる条件や態度が備わっているからなのか、それは思考のいかなる必然的道すじによるのであるかと。因果関係の必然性が経験を理解しうるものにしているのであるとすれば、自己に気付くために必要であるのは何なのであろうか？

ハイデッガーは自己を観るのに必要なあり方を実存論的カテゴリーと呼んでいる（五三頁の表参照）。範疇と同様、実存論的カテゴリーはア・プリオリであり、さらにまた範疇と同様、実存論的カテゴリーは精神の必然的な働きである。範疇は、精神が精神以外の事物に秩序を与える必然的な仕方であったが、実存論的カテゴリーは精神が自らを見る必然的なあり方なのである。

しかし、こうした実存論的カテゴリーはいかにして分析可能なのであろうか？　我々はいかにしてそれを知るに至るのであろうか？　カントが彼の言う範疇をひき出してきたのは、伝統的な論理学の構造からであった。が、範疇と違って実存論的カテゴリーは、自己の外なる事物にではなく自己に適用されるものであるからこれを理性のふるいにかける方法、またはその分析の過程というものは、解釈学的現象学とも言うべき内面的、自己省察的な行為であらざるを得ない（第二章を参照）。ここでも、いかにしてそれがなしとげられるかの詳細については、了解の過程の分析をするときまでおあずけということにしなければならない（一五九頁以下参照）。

他の学問分野との比較〔第一〇節〕

アメリカ人の読者にとってはこの節は意外に思われるかも知れない。ハイデッガーはここで、基礎的存在論は人間学、生物学、心理学などによっては成し遂げられないと論じておりながら、その説明においては、デカルト、ベルグソン、ディルタイ、フッサールといった思索者達のことを語っているのであるが、そのわけは、「人間学」(anthropology)という言葉がドイツとアメリカでは同じ物を指していないからなのである。アメリカで教えられているような科学的、経験的な人間学は、古いドイツの学問分野にはほとんど見当らないものである。ドイツにおける人間学とは、単に文化を研究するものでもなければ、慣習の比較や生理学上のタイプの観察によって科学的データを集めるものでもない。ドイツの学問分野では、それはもっと文字通り「人間の学」であって、科学的研究というよりは哲学的研究の一分野なのである。

ハイデッガーが論駁している対象も、アメリカの大学に見られるような諸科学ではなくて、自我とか主体とか人格とかいった概念に哲学的思考の基礎をおいているような哲学者達である。この章における最大の論点は、デカルトとかベルグソンといった思想家達は人間独自の特色を記すにあたって、何ら人間存在の伝統的形而上学上の身分に疑問をつきつけなかった、ということである。たとえば、人は考えるものであると論じたり、アリストテレスにならって人は理性的な動物であると言ったりすることは、一つの実体的存在者に、考えるだとか理性的なだとかいった何か「特別の」属性をつけ加えることでしかない。ハイデッガーが説くのは、人は物とは違った仕方で在るのだということである。哲学的人間学者であるマックス・シェーラーはひとりこのことに気付きそうなところまでいったのであるが、ハイデッガーによればシェーラーもまた、いかにして現存在が基礎的存在論を決定しているかということの十分な意味を悟るに至っていないのであった。

ハイデッガーのデカルトに関する考察についても簡単にふれておかねばならないであろう。かの有名なコギト・エルゴ・スムによって、存在する自己の分析に先鞭をつけたのがデカルトであったということはハイデッガーも認めている。どんな学生でも承知のごとく、デカルトは自己自身の意識は否定し難く疑い得ぬものであると論じている。しかしデカルトは「我思う、ゆえに我在り」と言うにあたって、それが疑い得ぬ事実であり、従ってそれが知識の基礎であることを強調した。さらにデカルトは、自分はどのようなものであるかとの問いを立てて、自分は本質的には考えるものであると断言するに至ったのである。

これに対してハイデッガーは、コギトとは「我思う」と「我在り」という二つの動詞を含んでいるのだと論ずる。私とは「考えるもの」であると言えるのと同様、私は「在るものだ」と言うこともできるわけである。つまり、私の存在が疑い得ぬものであることによって、私が何かを確実に知りうることが保証されるのと同様、私が何かを知っているという事実が私の存在することを告げてもいるのだ、ということなのである。私はただ単に考えるものであるばかりでなく、自分の「ものたること」に気付いているものでもあるのである。

デカルトはコギトを認識論に利用したのであるが、それは同時に存在論としても利用さるべきはずのものであった。ハイデッガーがずばりと問うているのは、コギトが有効なるものだとして、さてそれは一体いかにして可能なのか？　ということなのである。

いかにしてコギトは可能であるか——ごく大まかな言い方をするならば、この問いは『存在と時間』におけるハイデッガーの全課題をくり返して言っているようなものである。私は私の在ることを知っている。さて問題は、私が在ることを知っているという、このことは何を意味するのか？　ということなのである。そしてこれこそがデカルトが看過し、その後の者達も見過ごしてしまった根本的な問いなのだとハイデッガーは言うのである。

未開の現存在〔第一一節〕

米国の学生達におなじみの科学的人間学は、前節よりもむしろこの節に関連している。

現存在にとって、在ることとは何かということに興味をもっている者には、人間を未開の状態において調べることが、何か必要な証明を与えてくれないとも限らない。ハイデッガーも、未開民族の研究が人類における各人のあり方を学ぶためにかなり役立つかも知れぬと認めている。しかし何と言ってもそれは基礎的存在論の本質をなすものではない。我々はいかにして自己の自覚が可能であるかを問うているところである——いかにして自己が世界の内に産みおとされたことを超越し、自己自身をかえり見うるか、ということを。こうした探究がなしとげられぬ内は、いくら未開民族のことを調べてみても、この問いを照らす光とはなり得ないであろう。実存するのはあくまでも我々自身の自己なのであって、この実存こそが分析されなければならないのである。

この三節に関する本書の分析は、実存論的分析論をその形態、構造、目的に関して考察することに限られてきた。今までのところはただその分析に関連して語ってきたにすぎない。しかし次章からはその分析そのものを始めようと思う。

世界の内に在ること〔第一二節・第一三節〕

この分析論にあらわれる最初のア・プリオリな実存論的カテゴリーは世界-内-存在、

あるいはむしろ世界の内に在ることである。ハイデッガーが実存論的カテゴリーの一般的な特色を扱っている第二章はかなり短いものではあるが、その重要性を見損なってはならない。実存論的分析論に関するこれら二つの章にも以下の章にも、自己の本性というものに対するハイデッガーの鋭い感受性と洞察とを見てとることができる。

これらの章に関しては特に言えることであるが、本書は『存在と時間』を読む代りをつとめることが目的ではない。この解説書はハイデッガーの作品とつき合わせながら読まれるべきものであり、それによって難解な部分がいくらかでもはっきりすればと考えているのである。

ハイデッガーが分析する一連の実存論的カテゴリーのなかで最初のものが世界‐内‐存在である。この分析の順序は大切であって、ハイデッガーは現存在がその実存に気付くようになっていく一連のあり方を行きあたりばったりに並べたてているのではない。それどころか、まさにこれらの実存論的カテゴリーを述べる順序は、世界が自らを我々に現わす仕方に漠然と気付くことから出発して、現存在にそれ自身の実存をもっとも明らかにあばく特別な実存論的カテゴリーたる配慮（Sorge）に至るまでの発展を反映しているのである。

したがってハイデッガーは実存論的な概念のうちでも最も広いものから始める。つまり、私自身が何物かの内に在るのに気付くという単純なる事実――それが世界である。しかしながらこの「世界」という言葉は、ここでは必ずしも、一個の天体又は球としての地球が無限の宇宙を永遠にへめぐっているといった、近代の科学者の見るような世界のことを意味してはいない。この実存論的な意味での「世界」はむしろ、世界の果てとは村や領地の果てのことであるような未開人の心にさえも見られるような自己反省的な意識の内にあるものなのである。この意味で、これは実存に関する概念の内でも最も漠としたものである。つまりそれは、自己の居る場所というほどのことなのである。

さらに分析がくわしく特殊になっていくにつれて、ハイデッガーの論点は、「有用性」というような形で意味をもつ世界の様々のあり方や様相から、恐れ、運命づけられた実存、可能性の自覚などのようにより内面的でかつ個人的な実存の様相へと移っていくのが見られる。

それにしても、ハイデッガーがこれらの分析を展開していく周到なやり方を見失なってはならない。先にも述べたごとく、ハイデッガーの第一歩は、いかにして現存在に世界がその意味を表わしうるかを、可能なかぎり広義の言葉で考えるということであった。そこから彼は、世界の内に見出されるもの、すなわち世界内部の事物、世界内部の他の現存在、そしてついには世界内部の自己という方向に沿って周到に分析論をすすめていくのである。まず彼は世界の内における自己なるものに到達する。(これをハイデッガーは、Da〔ここ〕-sein という語源にもとづいて、世界の内における「ここ」の自覚と呼ぶ。)そこからまたふたたび広きから狭きへと展開する線にそってすすむわけなのであるが、まず彼は自己の意識の本来的なると非本来的なるとの区別を述べる。さらに世界の内に我々の産みおとされてあることの決定づけられた性格とその自由である性格との区別について述べる。そして最後にハイデッガーは、現存在自身の独自な実存の仕方をもっとも赤裸に表わす実存論的カテゴリーである配慮というものをあばいて見せるのである。

この分析論を一読すると、様々な実存論的カテゴリーの選択が片寄っていて、おのずとハイデッガーの私見のもとに現存在を照らすような傾向になっている、と感じられるかも知れない。いったいハイデッガーは実存論的カテゴリーの全領域を考察したのであろうか？　そうは思われない。たとえば、愛とか喜びとかいったものは確かに実存論的カテゴリーであると思えるが、彼はそういったものについて語っていない。しかし、実はハイデッガーは実存論的カテゴリーのうちでも、もっとも広い領域をもっていて他のものを含んでいるようなものを選択しているのである。つまり愛というものも、他のすべての実存論的カテゴリーと同じく、たしかに配慮の一種類なのではある。

世界‐内‐存在という、すべての内でもっとも一般的な実存論的カテゴリーから、配慮というもっとも独自のものへと歩みを進めるなかで、ハイデッガーは実存論的カテゴリーの基本的な構造を示してきた。それが多少骨組みだけのものに見えても、それは他の者がさらに進んだ分析によって肉付けすればよいことである。

しかしいずれにしても、この章が明らかな出発点であることは疑い得ない。なぜといって、いかにして世界が現存在にその姿を現わすかということ以外に、一体どこから始めるであろうか？

基本的に言って、ハイデッガーはこの章で二つの課題に取り組んでいる。㈠世界‐の内に‐在ることとの意味の存在論的意義を描写すること、㈡この実存論的カテゴリーが真実ア・プリオリなものであることを示し、またこの先天性がひきおこすものは何かということを示すこと――この二つである。私はこれら二つの課題をこの順序で考えて行こうと思う。

㈠この章は、次に続く章において更に展開されることとの、輪郭を粗描したにとどまるといったものだが、ここでハイデッガーが主として強調しているのは、世界‐内‐存在は存在的にではなく存在論的に見られなければならないということである。このことを示すために、ハイデッガーは「の内に」という前置詞に集中しているこの言葉の意義を強調する。世界‐の内にという言葉が存在的にはア・プリオリな意味を持たないことは確かである。なぜならば存在的には世界は経験によって発見されるものなのであるから。これにひきかえハイデッガーが存在論的な意味で「の内に」と言うときには、それは我々が世界に対して抱いている親しさの感情を支えているもの、世界を「我が家」となしているもののことである。したがって、科学的に言えば私が地球なる天体（世界）に居ることはア・プリオリではなくて、ただ経験によってのみ知られることなのだけれども、一方現存在として、私が住み、宿り、我が家と呼ぶべき世界を持たねばならぬということはア・プリオリなのである。それでは、この「内に在ること」とは、単なる物理学的な時空の位置づけでないとすれば、どのような意味なのだろうか？

ハイデッガーが存在論的な意味で「内 - 存在」と言っているのは、我々がかかわり、気づかい、関心を抱くべき物を所有することができるというア・プリオリな「能力」のことである。英語の人間、human being という言葉の語源を余りとらわれずに見てみるのも役に立とう。human という言葉はラテン語の humus（大地）から来ている。すると human being とはこの大地に属するような仕方で存在しているもの——つまり人間とはここに家を持てる者という意味での「地人」とでも言うべきものである。それは何かに属するのである。

こう言ったからとて、人が疎外感をもったり、あたかもこの世における異邦人のごとく感じたりすることがあり得ないというのではない。なぜならば、異邦人であるということこそ、故郷を見出し得ずにそれがどこにあるかも分からなくとも、どこかに故郷たるべき場所はあるはずである、ということを示しているからである。ハイデッガーは「住まう」ということを言う。我々は水がコップに「滞在する」とか「住む」とか言うことはないので、ただ現存在のみが住むことができる。

この実存論的カテゴリーにひめられた真の意味は、私を取り巻くもの（Umwelt—環境世界）はただそこにあるのではなく、それが私に働きかけ、私がまたそれらに働きかけるのだ、ということである。私は、自分自身を単なる時空の内の所在点として在るものと見ることはできない。したがって、そうした所在を規定しうるだけのいわゆるカテゴリーでは、私の「世界の‐内に‐在ること」は説明しつくせないのである。その上さらに、いかにして私が我が家にいるように感じたりよそよそしく感じたりしうるかのア・プリオリな説明が要るのである。

㈡しかしながら、この章では、これに次ぐべきより入念な「世界‐内‐存在」の描写を、極めて簡単に覗き見したといったものが与えられているにすぎない。そしてこの手短な粗描は、実存論的カテゴリーがア・プリオリであるという主張にはどういう意味があるのか、またそれがひきおこすのはどういうことかを示すためのものである。

いったいどのような理由によって、こうした存在論的な意味における「世界‐内‐存在」がア・プリオリであるという主張がなされるのであろうか？　以下のようなことを考えてみよう。我々は、人間として、事物ともまた他の人間とも関係を持っている。それは我々が意識している関係であり、我々自身を変化させるような関係でもある。この意味では、無生物は関係を結ぶということをしない。そこで次のように問うてみる。つまり、そうした関係を結びうる能力とは何か？　と。まずそもそも我々の内に関係づけを可能とするような能力が何かあらかじめあるのでなければならない。このあらかじめある能力がア・プリオリな実存論的カテゴリーとしてこの世界‐内‐存在なのである。

世界‐内‐存在は知の究極的前提である。（これは存在論を認識論に先立てることであって、新カント学派や実証主義者達の憤激を呼ぶものではある。）認識論の基礎は、知るものと知られるものとの二つである。しかし知るものと知られるもの（または主観と客観）の区別に先立って、主観が知るものと関係を結びうるという事実がある。そしてそのことはまさに主観―客観の区別が、関係づけというすでに認められた基盤を前提し、それに基づいているということである。つまり主観は、その内で客観の生ずるような世界を持っているということなのである。

知はその者の関わり合う世界や環境から孤立しておこるものではない。私がただ何かを「知る」だけということはないので、一寸したことを知って嬉しくもなれば悲しくもなる。そしてまた「純粋な事実」と思われるような情報といえども、実は私の「客観的」たろうとする要求を満足させているのである。

ハイデッガーは、世界が「客観的対象物」で成り立っていて、しかるのちにそれが「主観」に知られるのだという風に見るのは、極く自然な誤りであることを指摘している。この誤りは、我々が発展するにつれて、存在的な世界が少しずつ発見されていくことによるのである。さらに言えば、我々の言語は少なくもその未開の段階においては対象言語である。しかしながら、そのことに気をとられるあまり、そもそも我々が世界について学ぶこと、そもそも語ることを可能としているものが何かあるに違いないということを忘れてはならないのである。

ハイデッガーの言うことが正しくて、世界-内-存在は現存在のア・プリオリな実存論的カテゴリーであるとすれば、いくつかの哲学的「問題」は「解決済」であるということになる。例えば、身心問題とか外界の現実性の問題などは、現存在の世界-内-存在の必然的な特色から出てきた誤れる抽象にすぎない。ハイデッガーはこうした問題で頭を悩ませたりしないが、それはそもそも彼にとってはそうしたことは問題でさえないからである。いったん実存論的カテゴリーの構造のア・プリオリ性を認めてしまえば、外界の事物の性格といった存在的な考察は、基礎的存在論をくつがえすようなものとは決してなり得ないのである。

いずれにしても、ハイデッガーのこの第二章は先のもっと詳しい分析のほんの大づかみな描写といったものなので、私もハイデッガーに従うことにして、この節にひめられた様々の豊富な問題の解説は後まわしにし、それぞれハイデッガーがそれを展開している節で論じようと思う。ただ、ここで一つ明確になったのは、今や現存在の分析がどこから始まらねばならぬかが解ったということである。つまり、我々がア・プリオリにその「内に」居るこの「世界」とは何か？　ということからである。

世界性〔第一四節―第一八節〕

『存在と時間』の第二章においては、世界‐内‐存在がア・プリオリな実存論的カテゴリーであるということが指摘された。しかしこの世界が何で成り立っているかということについては大体において消極的にしか語られていない。そこで第三章の課題はこのア・プリオリな実存論的カテゴリーの積極的な性格を述べることである。ハイデッガーはこの実存論的カテゴリーの描写を三節にわたってくり拡げているので、ここではその順序にしたがって考えてゆくことにする。

しかしながら、世界‐の内に‐在ることという実存論的カテゴリーの様相について、何も私が全部喋ることはないので、非常に豊かでかつ多様性にとんだハイデッガーの描写は、それだけで充分理解可能なものである。したがって私は、ハイデッガーの思考の基本的な構造の理解に欠かせぬと思われるポイントを強調するだけにとどめた。

環境としての世界〔第一五節・第一六節〕

我々と世界との原初的関係はまずそれを使うことである。つまり、世界は我々にとって使えるもの——「手元にある」(zuhanden) ものである。世界を機能や有用性とは無縁の事物から成り立っている、すなわち世界を「事物的」(手前にある)(vorhanden) だと見るのは、世界に対する原初的関係ではなくて派生的関係である。たとえば私がかんぬきをしめる時には、それの物理的な、あるいは「形而上学的な」諸性質など考える間もなく使っているのだ、とハイデッガーは指摘する。

科学が我々に与える世界像は、様々の事物がそこから生まれてくる一種の貯蔵所といった世界の姿である。そうした事物は「ただ」そこに在るだけである。つまりそれらは科学者によって、その働き、価値、有用性から独立に眺められているのである。もちろん、こうした態度は科学には必要なものである。私も一人の科学者として振舞うばあいには、事物に対して単にそれが事物である限りで興味を持つのである。しかし、世界のこうした眺め方は最初に得られるものではない。時とするとそうした科学的な活動に必要な「科学的客観性」の水準をうるためには非常な訓練と修養をつまなければならないこともある。しかし、科学者がそうした修練に先立ってもともと世界を無差別的に見ていたわけではないし、また実際、科学者としての態度と並行して、日常生活においては科学者といえども世界をそのように見てはいないのである。世界の内の事物を事物として見るというのは、世界に関わる仕方としては高度に様式化された、全く二次的なものである。科学者自身が実験室に入ってビーカーや試験管を手にする時に、彼はビーカーや試験管を科学的対象として考えているわけではない。彼はそれを使うのである。その試験管の中にある科学物質の科学的特徴には注目しても、試験管そのものや、それをつかむ試験管ばさみや、その下のブンゼン・バーナーといったものは皆、必ずしもそれについてことさら考えるといったことなしに使っているのである。そしてこういう風に世界の内の事物を使うということが世界との原初的な関わり方なのである。

ハイデッガーは、世界を何か使うべきものとして見る態度を手元存在的（道具的）と名づける。私が世界を物として考えずに、ただ使う時、私は世界を道具的に見ているのである。これに対して、物を物と見、世界の内に在る何物かと見るのは、世界を手前存在的（事物的）に見ることである。ハイデッガーによれば、世界をもっぱら事物的にしか見ないことは誤りである。根本的な誤解が生ずるのは、哲学者や批判的思索家達が、こうした見方による方法論や「客観性」のみが世界の合理的な記述をなしうるといった主張をする時なのである。世界がこうした事物的な仕方でしか自らを表わさないという見解をとることによって、現存在たる人間の存在もまた、事物的世界の内の一つの事物にすぎないということになる。

ハイデッガーがここで言っているのは、世界を事物的に見ることは、現存在の世界に対する関係のもち方の内の単なる一つにすぎない、ということなのである。なぜならば、客観的であるという科学的態度もまた、要するに態度に他ならないからである。一つの態度として、それは精神のとる他のもろもろの態度と共に席をわかち合うものなのである。世界の内の事物を事物的に見る精神態度は、科学にとっては疑いもなく最上の態度である。しかしそれは必ずしも哲学にとって最上の態度ではない。そしてその上それはまず生きてある者としての人間が自分の世界と関わる態度、仕方としても、最初のものではないことをハイデッガーは指摘するのである。

心理学者が人の行為をすべて環境要因によって説明したり、社会学者が生活のパターンを常態、および常態からの規則的なずれといった法則によって説明したりするのを聞くと、何となくしっくりうなずけないという感じのすることが多いものである。こうした感じは、ハイデッガーによれば、科学的探究の基盤が我々の存在の仕方全体を尽くすものでないところに原因しているのである。

しかしながら、ハイデッガーが事物的描写を我々の「世界」の単なる一部にすぎぬと限定したのは正しいとしても、次のような疑問は残る。つまり、それだからといって、昔ながらの形而上学で分析されてきたようなこれに関連した問題に影響があるのだろうか？私が掛金をなによりもまず戸を開けるのに使おうと使うまいと、掛金の「しくみ」についての問いはやはり問題になるのではあるまいか？——その問題が現実的であろうと想像上のものであろうと。また実質的なものであろうと見かけだけのものであろうと。それにまた、私がまず第一義的に「使用者」の役割において世界と関係するということが観察されても、それは人間に関する他の事実とならぶ単に面白い一事実にすぎず、事物の形而上学的な性格を変えるなどというものではないのではなかろうか？

しかしこれに対して、もしハイデッガーが我々と世界との関係について正しいことを言っているとすれば、実に様々の理由から、彼の洞察が非常に重要な結果をもたらすと言えるのである。まず第一に、宇宙をもっぱら事物的にのみ考えることが派生的であって第一のものでないとすれば、原理的に言って、自己なるものはこうした事物的な考え方では十分に説明できないということになる。さらに、事物的な考え方で対象的世界を描写する仕方が、すべてのありうべき世界観を尽くしているのでないとすれば（事物的な考え方が二次的であるならば当然、それがすべてを尽くしているということはあり得ないが）、そうした探究の持つ方法論は存在論的真理が明かされるべき方法論とはなり得ないはずである。そして最後に、世界を事物的に見る見方をそのぎりぎりまで押しつめていっても、それは哲学の要求する課題にとってははるかに狭いものなのだと言えることである。

ハイデッガーが真理や意味について、なにもプラグマティックな説を主張しているのでないことは強調しておかねばならない。世界を道具的と見ることが原初的なものとしてとり上げられているからといって、何かを使うことが何かを事物として概念的に考えることよりも存在論的だと言っているわけではない。何かを使うことと何かを事物として考えることとは、精神の全く異なった二種の活動であって、人間の世界への意識をそのどちらか一つだけに限ることはできないのである。この分析論は、世界を事物から成り立つと見る見方を、いくつかの世界を見る見方の内の一つにすぎないと言っているのであるが、そういう形でそれを認めている以上、世界の事物的な見方を決して軽視しているわけではないと言えよう。

実際、ハイデッガーがここに上げているだけでも、少なくも三段階の世界の見方が考えられる。㈠、世界の道具としての使用。つまり世界を手元存在的（道具的）に見ること。㈡、物を独立して存在する事物と見て、世界や事物を「対象化」すること、すなわち世界を手前存在的（事物的）に見ること。㈢、世界を自己の実存論的カテゴリーと見て、その中では事物存在的様相も道具存在的様相も、ただ互に異なった、それだけでは不充分な見方にすぎないとすること。

以下に続く節においては見方のタイプも広がって、例えば私が自分の同胞という世界を「見る」時には、彼等を使うべき物とも事物的対象とも見ていないので、それは私自身を共存在者として見るという、全く新しい見方なのである。

「見る」という様態の定義

ハイデッガーは、こうした様々の「見」方の違いを重視する。つまり、私が事物的対象の世界を見ているときには他の現存在という世界を見ているときと、見ていることそのものが違っている。そしてまたそのどちらの見方も、私が自分自身を見る時のその「見ること」とは違っているのである。

ハイデッガーはこれら三つの「見る」見方を次のように名付け分けている。まず私が世界を環境として見ている時には、私は「配視」(Umsicht) している。他の現存在という世界を見ている時には「顧慮」(Rücksicht) している。そして私自身を見るときには「透視」(Durchsicht) しているのである。訳したのではドイツ語でははっきりと出ている意味合いが伝わらないのであるが、どの言葉にも sicht (視る) という語が入っていて文字通りに訳せば、Umsicht は「見回し」、Rücksicht は「かえり見ること」、Durchsicht は「見とおすこと」とでもなろうか。

このような周到な命名も、存在論的に言って現存在が世界と様々に異なった係わり方をするということを強調せんがためなのである。私が科学的調査の対象物——たとえば原形質のプレパラート標本を顕微鏡で「眺めている」時と、顧慮的な仕方で友人の笑顔を「眺めている」時とでは、明らかに全く違ったことをしていると言える。友人の笑顔というものは、科学的対象物に少々の感情が付加されたといったものでは決してない。そしてまた、私が友人の笑顔を眺めるのは、そこにさらに感情が付け加わっていると言ってみたところで、プレパラート標本をのぞくのと同じ仕方でではない。

しかしながら、厄介な根強い疑問が残る。事物存在的と道具存在的との区別は、あたかも単に心理学的、心的状態の区別でしかないかのごとくではなかろうか？　たしかに、主観の側の傾向や態度が客観的事物の形而上学的特質を左右するものではないという論難はありうる。

が、たしかにそうだろうか？　ハイデッガーの言う、世界の見方としての事物存在的と道具存在的の区別や、それに続く分析論の存在論的主張全体は、知識を主観―客観の図式で考えるようになっていった歴史的展開との関連においてはじめて理解しうるものなのである。あえてペダンティックに見えるのもいとわず、ハイデッガーの分析の背景になっていると見られる哲学史的展望を、ここで少し粗描してみようと思う。

いわゆる近代哲学のはじまりにおいて、合理主義の伝統をひらいたのはルネ・デカルトであるが、そのもっとも重要な特徴は、精神が理性によって客観的現実なるものを把握しうるとしたことであった。デカルトの（延長としての）実体もライプニッツのモナドもその点に関しては同じことであって、それらは現実に宇宙を構成しているものであり、また、直接に知性によって知られるのだとされた。感覚を通じて知られる見かけ、すなわち「偶有性」は、こうした哲学者によれば必ずしも「実在的」ではなかったが、思惟を通じて知られるものは実在的でなければならなかった。

こうした合理主義的見解は間もなく経験主義の伝統によって、軽重様々の反駁を受けることとなる。ロックはまだ実体を「何だか解らないもの」として認めていたが、ついにはヒュームが現われて決定的に実体を否定し去り、孤立無援の理性にとっては実在を把握する基盤など全くないのだとした。

しかしヒュームの極端な懐疑主義もまた、合理主義者達の一部が提唱していた単純な実在主義におとらず受け入れ難いものに思われた。精神は物自体を知ることができるとするデカルトの見解を受け入れるのは行きすぎだとしても、ヒュームのように精神は何も知ることができないとするのも、明らかに逆の行きすぎであった。これを前向きに総合したのがカントの分析であって、彼は、理性が直接には物自体を把握しえないという点ではヒュームの否定を生かしながら、理性および精神は現象のア・プリオリな構造を理解できるのだとしたのである。

カントの批判は、問題全体に新しい光を投げかけた。

デカルトの見解によれば、対象の実在性は、理性によって完全に把握されるものであるにもかかわらず、主観の側からは何物もうけつけないのであった。いわゆる客観的対象物が、知られるべく存在するもののすべてであり、主観の作用は知られる対象の性格には決して影響しないのだった。これに対してロックの探究は第一性質と第二性質の区別というものを取り出しはしたものの、命題の真偽の基準は、客観的で実在的な外界との一致にあると考えられていた。

しかしカントによれば、知られるに至ったものは、なかばは対象物によって、なかばは精神によって与えられるのであった。かくして感覚のレヴェルでは、知られるものは空間的事物であって、その空間性は直観のア・プリオリな形式として精神により与えられる。一方科学においては知られるものは概念的事物であって、その概念はア・プリオリな範疇を通じて精神より与えられる。

カントの分析において非常に重要なのは、主観の作用と、感覚を通した対象物によって与えられたデータとの統合によってのみ知識という事態が可能だということである。したがってこのことは、知識は常にある程度、知る者によって影響をうけ、特徴づけられるということである。それでは、もし主観の存在論的―形而上学的在り方が知る作用の一部をなすならば、その在り方を調べることによって、いわゆる客観的知識の事態が明らかにされるはずである。

こうしてみると、カント自身は二元論を放棄するつもりはなかったにもかかわらず、カントの内にすでに、知の作用を主観―客観によって基礎づける伝統的な考え方がくつがえされるもとがひそんでいたことがわかるのである。もっとも、カント自身は二元論を捨てるつもりはなかったと言っても、「客観」という言葉が物自体をではなく、外界現象として知られるものを指すことを示した以上、それは結局、主観自体の構造がまさに客観に影響しているのだと示したことになるわけである。実際、そのように定義されることによって、主観の構造は客観を可能なる客観としてたてることになったのである。

してみれば、デカルトの言う実体も現実的なものとして直接に把握されているのではなく、むしろその実体とは我々の心的作用の範疇であると言うべきであろう。世界という外界現象を眺めるにあたって、精神は必然的に実体という様相において事物を「見る」のだとカントは言う。カントにとっても、他の仕方でア・プリオリな知識を説明することは不可能だったのである。

しかし、カントの言うことが正しいとして、実体と因果関係とは精神が事物を見る必然的な見方であるとしても、事物を対象と見ず、したがって範疇をも使わないような精神の活動があるかどうかを尋ねることはできないものだろうか？　これはまた、ハイデッガーの出発点でもあった。彼は、いかにして世界を知りうるのかということについて、カントのような一本槍をしりぞける。ハイデッガーといえども、精神が世界を対象的事物から成りたったものとして眺めるときに因果関係や実体という範疇を使うことは否定しないであろう。しかし人が世界を対象的事物から成り立つと見なければならないというア・プリオリな証明はどこにもない。それは人が世界へと関わる仕方のうちでも二次的の限られた仕方にすぎない。ハイデッガーによれば、人はもっぱら図式論にのっとった認識的な仕方で世界と関わるのではなく、実はそうした世界との関わり方は第一義的なものでさえないのである。

それにしても、世界を事物存在的に見る場合（これが大まかに言ってカントの見方にあたる）でさえも、データを理解しうるものとするためには私は自分の概念をそこに押しつけるのであるから、他の様態においても私自身の性格が世界に反映しているはずである。そしてそういう理由によって、世界‐の内に‐在ることの意味の探究が、私の居る世界の「形而上学的」な描写のどれよりも先立たなければならないのである。

ハイデッガーとデカルト〔第一八節B—第二四節〕

ここまで来れば、なぜハイデッガーがデカルトの世界観を受け入れがたいものと見たかは明らかであろう。デカルトの見方は、現存在が唯一の仕方で世界と関わっているということを前提としており、その関係の基礎さえも充分に吟味していないのである。それというのもデカルトの方法論そのものが、人の世界の見方をせばめて、それを単なる事物的存在として見るところまでもってゆこうというものだからで、そこまで見方がせばめられてしまっては、世界を存在論的に見るに必要な見通しが失なわれてしまう。そしてそれに続いて世界を実体から成り立つものと解釈するようになることはさけ難い。そしてまた、カントはたしかに、客観的知識において主観のはたす本質的な役割をみとめていたとは言え、彼もまた、そのように見られた「世界」はただ世界の見方の一つの形だということ、実際それは第一の形でもないのだということには気付かなかった。

ここで問題点を整理してみれば、次のような疑問の形であらわせよう。つまり、もしも世界に対する精神の本質的な関係は世界についてのデータを解釈する概念を生み出すという働きなのではないとすれば、その関係はいったいどのようなものなのだろうか？　ハイデッガーは現存在の世界への関係は配慮（Sorge）という関係なのだと論じ、世界－内－存在の様々なあり方は配慮の色々な仕方なのだと言う。

しかしこのような立場を主張する前に、彼はまず配慮の基盤となる個人の実存論的カテゴリーを描き出してみせなければならない。たしかに、私が世界や私自身を気づかう一つ一つのやり方は、世界を独立した実体から成るものとして扱うことであって、たとえば私がある現象を科学的視点から調査するような場合がそうである。しかし、この特殊な世界の見方が、世界の全体的な見方の確固とした理解とむすびついていない限り、たとえばカント以前の実体の形而上学に見られるような基本的な存在論的誤りをさけることができない。というのは、もっぱら存在論的な見方、科学的な見方に基づいているような世界の見方では、世界の内の事物としては定義しかねるけれどもまさに真正な世界の様相というものを必然的に見すごしてしまうからである。

現存在と空間〔第二二節—第二四節〕

空間の内に在るということは現存在の特色である。しかし現存在のこの「空間性」というものは客観的、科学的な空間でもなければ、カントの見るような純粋の「主観的」空間でもない。言ってみれば、それは現存在が同じ物をある時は「近く」ある時は「遠く」に見ることの内で経験されるような空間なのである。

ハイデッガーは日常のありふれた観察の結果を取りあげて、そのことの存在論的意義をあばきたてる。日常のありふれた場面の特色をみてみると、形式的かつ客観的な空間は「感じられた」空間と一致しないということがわかる。たとえばハイデッガーは、歩道の上を我々の方に歩いてくる友人と歩道自体に対する我々の「近さ」の比較を例に上げている。客観的に言えば歩道は友人よりも我々に近い。しかし我々は歩道に対する近さを全く感じないのである。

さて、こうした観察はそれ自体においては決して深遠なるものではない。しかしその意味するところは遠大であって、それは、我々の関心の世界に関わっている空間は「事物」の抽象的空間に対して第一義的であることを示している。そしてこのことはまた言いかえれば、現存在の空間性ということは、現存在が空間の内に在るか、あるいは空間が現存在の内に在るかという問題ですらなくて、端的に、空間の内に在るということが現存在が世界の内に在る場合の必然的な在り方なのだ、ということなのである。

ここに語られていることの主眼は、空間的意識のあり方はそれが「感じられた」ものにせよ「考えられた」ものにせよ無世界的な主観を前提にしたものではなく、すでに世界の内に在る「主観」を前提としているのだ、ということにつきる。そうしてみれば、計測された空間、科学の空間というものは、ア・プリオリな原初の空間の一変種にすぎない。カントは空間がア・プリオリなものであるところまでは示したけれども、ハイデッガーのように空間-内-存在は世界-内-存在の一部であると言うところまではいかなかった。カントの言う、ア・プリオリな空間を直観の形式として持つ主観なるものは無世界的であった。

ところでハイデッガーは、世界の事物を道具的存在として使う在り方は、道具や設備を使えるものとしているア・プリオリな関係——すなわち近さというものを前提としているのだと言う。もしも道具的存在としての世界についてハイデッガーの言っていることが正しければ、世界の事物が役立つものであり我々に近くあるということを説明するようなものが何かあるはずであるが、実はそれが現存在の空間性なのである。したがって空間を「主観」と呼ぶことはもはや不適当であり、それはむしろ世界における実存のあり方と言うべきなのである。

現存在の空間性やそれに続く実存論的カテゴリーの大部分についてのハイデッガーの叙述は現象学的に多彩なものであって、ほとんど解説の必要がないほどである。重要なのはそれが存在論的な問いにおよぼす効果であるが、大部分に関しては、こうした実存論的カテゴリーと存在への問いとの関係はさほどの解説を要しない。描写をする場合にはハイデッガーの言葉はふつうそれほど難しいものではないからである。

しかしながら、人間的実存のどんな様態を洞察するにしても、その様態を存在への問いに照らして解釈するのが正しい見方であるとハイデッガーが考えていることは心に留めておかねばならない。もし誰か、実存の様々な様態に関するハイデッガーの心理的洞察はそれとしては深遠な、貴重なものであるが存在論的基盤を欠いている、などと非難するような人があるならばハイデッガーの分析がそれとして成功している理由は、まさにそうした実存論的カテゴリーを存在への問いに照らしながら解釈していることにあるのだと反論することができるであろう。ハイデッガーの現象学をその存在論と切りはなすことは、実際不可能なのである。そしてハイデッガーが実存の様態について言っていることが大部分正しいと認めるならば、そのような実存論的カテゴリーを解釈して見ればたしかに存在への問いが明るみに出されうるのだということも同時に認めるべきであろう。

ここでの主なねらいは、いかにしてハイデッガーが世界を存在者のあり方——すなわち「存在の仕方」として解釈しているかを示すことにある。世界への最初の関わりは、それを道具として使うことにあったわけであるが、世界を道具として使うということはア・プリオリな一種の空間を前提している。ハイデッガーは、世界を道具存在的にではなく事物存在的に見るような抽象的様態の世界‐内‐存在の第一義性を否定する。もしハイデッガーの言うことが正しければ、デカルトやライプニッツの実体の形而上学のような形而上学説はことごとく、そもそもの発端からして不充分であり不完全であるという宿命を背負っているのである。そればかりでなく、知識をもっぱら主観—客観によって説明することに基づいているような世界の描写は、すべてそうなのである。したがって、いかにして人が世界の内に実存するか——世界の内に在るとはどういうことなのか——の描写こそが、形而上学に基礎、基盤を与える存在論的分析の第一歩なのである。そしてこのゆえに、ハイデッガーは彼の分析を基礎的存在論と名づけるのである。

現存在は「誰」なのか〔第二五節—第二七節〕

第三章の世界‐内‐存在に関する論議から、第四章の自己の問題への移行は、単に一つの実存論的カテゴリーから別の実存論的カテゴリーへと話題をうつしたといったことではない。我々は第三章から第四章へとうつるにつれて、ハイデッガーの解釈の核心に近づきつつあるのである。第四章はハイデッガーの現存在分析の究極的な姿から言って、一層重要であり、また一層面白い章である。しかし同時に、この章は非常にはるかな見通しを含んでいるので、容易には近付き難く、また充分に理解しつくしにくい章でもある。この章で言われていることは大部分、以下に続く節と関連があるので、ハイデッガーが究極的にはどこを目指しているかを簡単に見てみることが役立とう。

第四章では、非本来的な世人的自己と本来的自己との違いは何かということについて基本的な記述がされている。この区別は道徳とか「価値」の次元で解釈されるべきものではない。と言うのも、この目的は存在の意味をあばくための基盤を与えるところにあるのであって、それが結局は『存在と時間』全体の課題なのだからである。

それにしても、いかにして自己の探究はその目的——すなわち存在の意味への問いに光を投げかけること——をはたしうるのであろうか？　自己の様々の様態や在り方についてのハイデッガーの記述を調べる前に、そうした記述が全体の問題といかなる関連をもっているかを考察してみる方が良いであろう。

感受性に富んだ人々を驚嘆させることの一つに、自己意識というこの単純な事実がある。よくよく考えてみれば、そもそも人が意識をもっているということ自体が、時とするとありそうもないことに思えてくる。一体いかなるわけで私には意識などという恩恵が（あるいは厄介物が）与えられているのだろうか？　そしてまた、私の意識という事実が意味しているものは何だろうか？　私がそもそも存在しており意識をもっているということを知り、これに気付くということは、私の存在の意義をきわ立たせるということである。つまり問題は、私が存在しているということは大切なことなのか、意義のあることなのか？　ということなのである。

およそ何事かの意義が問題となっているとき、それを明らかにするためには、もしその事がなかったらどんな違いがおこる(注5)かと問うてみるのも一つの方法である。たとえば、ある法令の意義を知るには、そうした法令がなかったならばどうであろうと考えてみるだけで事足りる。富や健康の意義に気付くためには、それがなければそれぞれどんな具合になるだろうと考えるだけですむ。

（注5）「違いがあると言えるためには、それによって違いが生ずるのでなければならない。」という言い方を、アメリカのプラグマティスト連中はよくする。ハイデッガーの分析論の実存範疇の内には、ジェイムスやはてはデューイの説を思わせるものさえある。しかしながら似ているのは表面だけのことであ

って、こうした分析論にこめられた存在論的意義は、プラグマティスト達には望むべくもない。

さてここで実存の意義について問い尋ねてみるとする。存在しないというのはどんなことなのだろうか？　ある意味ではもちろんこんな質問は馬鹿気ている。私が存在しなければそもそも何かを知るということも不可能なのであるから、存在しないとどんな風かなどと知ることは決してできない。しかしそれにもかかわらずこの問いが全く無意味なものではないというのは、それが人の心に、自分の存在が必然的なものではないのだという、深い不安にみちた自覚をよびさますからである。人の存在は危ういものである。私は自分が存在しないとどんなかということを知ることはできなくて、それは無意味な想定ではあるが、しかし私は、私が存在しないことが可能であることを知っている。重要なのは、存在しないこと自体ではなくて、非存在の可能性に気づくことなのである。したがって、自分が存在しなくなることもあるのだという事実に気付くと気付かぬとではどんな違いがあるのか？　という問いならば妥当なものであるわけである。たしかに、私の非存在の可能性に気付くことは（たとえばもう少し用心深くなるというようなかたちで）私の生き方に意義をおよぼすのであるから。

しかしここにまた新たな問いが生じる。私が自分の非存在の可能性に気付かずにいることは一体ありうるのだろうか？　気付かずにいるように見えているときにも、私はただこの恐るべき可能性の自覚を押し殺しているだけなのだろうか？　この問いに答えるためには、はっきりと非存在の可能性を自覚していないような自己の様態をしらべなければならない。とにかく、非存在の可能性を自覚していないということは、たしかに、存在の意義を包みかくすということなのである。

それがためにハイデッガーはまさにその、自己の自覚を押し殺し、包み隠すような様態から分析を始めるのである。そしてこの非本来的な世人的自己に対するものとしては、在ることの意義に気付いているような在り方である本来的自己を対照させている。後の章でじきに指摘されることであるが、存在することの意義は、どのような個々人の在り方の内においても、非存在の可能性を思い知ることにある。したがって存在への問いを了解するということは可能性一般に気付くということをも意味するのである。

可能性というものに気付くことが自由と真理の両方の基盤となる。しかしそれだけではない。人が現実の在り方以外にも可能性というものを持っているという事実によって、なぜすべての存在可能性の内からこの現にある在り方をすることになったかという問題が提示されることになる。そうしたことがなぜ決ったかという説明は、自己自身の存在様態からしてでなければできないものであって、そして私が存在の意義に気付いていなければ、私は世人の意見によって現実的なものの内側に閉じこめられていることになる。あるいはそうでない場合には私自身が自分自身の存在を断固として決めたことを意味するのである。

（「自分自身の eigen」という言葉が語源的に言って「本来的 eigentlich」のもとになっているのだということを忘れてはならない。）この本来的な様態においては、現存在は自分の非存在の可能性に気付いている。ついでこのことが現存在の有限性をあばく。そしてこの有限性こそが、現存在の時間性のそしてひいては時というものの自覚の存在論的基礎を与えるものなのである。

このようにして、以下にハイデッガーが展開していこうとする論旨をざっと見てみると、自己に関する今ここでの論述の重要性が大きく浮かび上ってくる。

ハイデッガーの方法が論理的というよりは現象学的であるということは指摘できるかも知れない。彼は、いきなり自由だとか時間だとかの考察から始めて、そこから本来的、非本来的の様態を還元するというような仕方はとらずに、我々の自己了解の様態についての現象学的、日常的理解から出発し、その分析を通じて存在論的基盤を展開させるのである。自己についての分析を裸の孤立した「自我」とか純粋意識などから出発させることはできないというのが、ハイデッガーの分析における一つの重要な主張である。ハイデッガーが言うには、まず始めに与えられた「自我」または自己は、つねに、すでに世界の一部なのである。そして実際、その世界の内には他の人々が同じようにして与えられているのである。

この見解は充分に考えてみる値打のある重要性をもっている。というのは、もしハイデツガーの論述が正しいならば、「他人の心」もまた自己自身の「心」と同様に原初的に与えられているわけで、いわゆる「他人の心」の問題というものはなくなるからである。そしてさらには、全く独立した精神、孤立した主観を目指すような自己の分析は、根拠がないものだということになる。デカルト流の形而上学における高度に抽象的でかつ純粋に合理的な「自我」は虚構なのである。フッサールの「括弧づけ」も、またデカルトの「懐疑」も、所与の全体がすでに世界に巻き込まれている意識、自己である以上、原理的に言って成功するはずのないものなのである。

しかし同時に、自己が、世界の-内に在る-自己であり、他者と-共に在る-自己であると言っても、自己をはっきりと区別し、独自の次元をもったものとして扱うことが出来ないということではない。ハイデッガーによれば、人は本来的な自己——つまり自分自身の自己を観るに至ることができる。しかしここでの自己という区別だては、孤独で孤立した自己と他者という区別ではない。むしろこの場合の区別というのは、他者と共にあることがその性格の一つでもあるような本来的自己と、非本来的な世人的自己との区別である。

もちろん、自己の限界を明らかにするということはいかなる哲学者にとっても重要なことである。そうした限界をはっきりと見きわめておかなければ、ある現象過程や行為における、単なる主観的な影響と、外的、客観的な性質とを区別した方法論がうちたてられないことになる。

ハイデッガーも自己というものが区別され、明らかにされねばならないということを否定するのではない。ただその区別と解明の仕方が、客観的世界から切りはなされた虚構の無世界的主観といった仕方であってはならないと言うのである。ハイデッガーは本来的自己とはすでに世界の内に在り、すでに他者との関わりをもっている自己であると明言することによって、自己を全く裸の抽象性の内に「純粋」な姿で描くという根強い伝統をくつがえしたのである。

ハイデッガーは自己は決して他者なしではありえないと主張する。非本来的な自己と本来的な自己の様態の差は、後者が孤立していて前者が世界に巻き込まれているというような差ではなくて、ただこの二様の在り方においては自己が他者と交わる仕方が違うだけなのである。つまり非本来的な在り方においては人は自己を見失うが、本来的な在り方においては自己にも他者にも気付いている、という違いなのである。しかし、本来的—非本来的の差異を述べ始める前にまず、この差異のおこりを『存在と時間』の内にあとづけるべきであろう。

現存在の世界との原初的関係は手元にある道具的なものとの交渉として語られてきたわけであるが、それをたどってくる内に、世界を道具として使うということが、その内に他の現存在との原初的関係を含んでいることに気が付く。というのは、私が世界を道具として扱っている時には、私は世界の一部が道具として他の現存在にも「役立って」いることを認めているからである。ハイデッガーが言うには、畑中をぶらぶら散歩するような時でさえも私は他者と原初的に世界をわけ合っている。たとえば穀物を踏みつけないようにするということで、私はそれが百姓という他の現存在の役に立っていることを認めているのである。このように百姓の権利や土地の使用を思いやること自体は、ハイデッガーが実存論的カテゴリーとして「共に‐在ること」あるいは「共存在」(mit-sein) と呼んでいるものではない。共存在とは百姓の権利へのそのような思いやりを可能にしているア・プリオリな次元のことである。百姓の権利を尊重する為には、私はまずそうする能力を持ち、そうすることができるのでなければならない。そうした能力は、私と共に世界の内にある百姓への思いやりの具体的な行為に先立つものである。

したがって、他の人間と何の関係もないような非常な孤独の経験があると言って反論してみても、有効な反論ではない。ハイデッガーは人が他人と関わる実際の経験の話をしているわけではなく、そうした経験を可能とするようなあらかじめの能力のことを語っているのである。ちょうど、カントの言う因果や実体の範疇が経験を抽象した結果得られたものではなくて経験の前提となるものだったのと同様、ハイデッガーの実存論的カテゴリーもまた経験の抽象の結果ではない。現存在が世界を道具として使っていることに気付きうるのは、現存在として私が本質的に共存在的であるからにほかならないのである。

共‐存在(あるいは共に‐在ること)が現存在のア・プリオリな実存論的カテゴリーで

あるということの意味は、他の現存在とそれぞれ独自の仕方で関わる可能性をもっていないかぎりは自己自身ですらあり得ない、ということである。したがってそもそも現存在であるということが共‐存在であるということなのである。しかしまたこのことはさらに、他者が完全に外的なものではないことをも意味している——すなわち、他者と共にあるということはすべての自己にとっての可能性である。したがって共‐存在は、非‐自己的な特色なのではなく、自己というものそのものの実存論的カテゴリーなのである。

　信じられないような話ではあるが、ハイデッガーのこうした分析は他の人間達を単なる「道具におとしめた」と批判するような意見がある。たしかに、我々が他の現存在を認めるに到るのは、現存在が世界を道具として使うことの分析を通じてであり、その場合同じようにやはり世界を利用している者として他の現存在を認めるにいたるのである。つまり、道具としての世界は「……のために」に在る。何のために？　私のためだけにではない。したがってこの道具が役に立つ誰か他の現存在もいるに違いない、というわけである。

　このようにして他の現存在というものが考えられるのであって、それはそれ自体が一つの道具としてではなく、何か道具がそのために役立つようなものとして考えられているのである。このことから当然、現存在として、他の現存在への私のあり方、私の存在論的な関わり方は、道具としての世界への関わり方とは基本的に違ってくることになる。そして、こうした関係のア・プリオリな可能性が共‐存在と呼ばれるものなのである。

原文の一一四頁から一一五頁（上二五一頁以下）にかけて、ハイデッガーは驚くべき問いをたてている。「誰」が日常的現存在なのか？　それは「私自身」ではないのではあるまいか？　と彼は問う。この問いはただでさえ人をまごつかせるような問いであるが、ハイデッガーがこれに対して肯定の答えを出すであろうと気づけば、さらに驚くべき問いと言えよう。しかしたしかにある意味では私の日常的な自己において、私は私でないのである。と言っても私が私以外の誰かになってしまうというわけではなくて、ハイデッガーがいみじくも言っているように「他者というものは大体において、そこから人が自らを区別したりしないもの、自分もまたその一人であるようなもの」なのである。

それにしても、ハイデッガーはどういうつもりで、日常的様態において私が私でないと言っているのであろうか？　これに対する答えは、本来的自己と非本来的自己という様態の差を考えてみれば明らかになってくる。私は自分の「私であること」を他の現存在になりかわることによって失ってしまうのではなくて、それ自体が自己の一様態である「世人」となることによって失ってしまうのである。

世人的自己〔第二七節〕

人は群集のくだらぬお喋りの内に自己を見失いがちであるということは、たしかにハイデッガーがはじめて考えたことではない。感受性に富んだ人なら誰でもが、無反省な生き方によって自己の独立が失われることにおぞけをふるうものである。実際、哲学者の内でもっとも尊敬されている人物、ソクラテスの第一の箴言である「汝自身を知れ」という言葉もこのことを語っているように思われる。しかし、人が日常の仕事のくだらないせわしさの内に自己を失いがちであるという観察それ自体は新しいものでないにしても、ハイデッガーがその観察にほどこした解釈の方はありきたりからはほど遠いものである。ここでハイデッガーの現象学的解明を考察してみるのも実り多いことであろう。

日常の気がかりが人の心を自己の自覚からそらせるものであるということは、万人が認めるところであろう。もしこれが本当だとすれば、人が異なった存在様態を示す以上は異なった存在様態があるのでなければならない、ということを認めることになろう。そうなると、自己の分析をきわめようとしている者にとっての課題は、現におこっている現象——つまり時とすると私は日々の気がかりにまぎれて私自身の自覚を失うということ——を説明することであるはずである。この分析を容易にするためにこれらの様態に名前を与えれば、私が自己を自覚しているような様態は「自己 - 様態」(Self-mode)(本来的—eigentlich)と名づけ、もう一方はただ便宜上「非 - 自己 - 様態」(非本来的—uneigentlich)と名づけることにしよう。

さてこれら二つの異なった様態に気がついたのであるから、次にはそれぞれを正確に叙述するのが順序である。ここでもハイデッガーは非常に感覚の鋭い叙述を開陳しているが、それでもそうした個々の観察の鋭さは全体的な解釈の重要性と比べれば二次的な価値しかもたないと言える。これらの経験的に基礎づけられた存在様態を分析するにあたって、ハイデッガーはそれらが可能性そのものに対する人間の関係というものをいかにあばいているかという点から解釈するのである。のちに見るように、(死における)非存在の可能性の自覚が、本来的様態におけるもっとも切実で重要な契機であるが、この段階でまずハイデッガーが示そうとしているのは、人が自己を見失なっているような様態も実は自己自身の一様態であって、他人の様態ではないのだということである。(したがって我々自身が非本来的であることについては我々自身のみが責をおうているのである。)「世人(das Man)」という言葉を「他人」と取り違えてはならない。「世人」とは実存の様態を示す、自己の特色のことであり、「他人」とは本来的な様態にも非本来的な様態にも共に見られる関係のことなのである。

ぞんざいに、行きあたりばったりに読んだのでは、ここでハイデッガーが非常に利己主義的でありかつ相対主義的であるというように思えるかも知れない。しかしこうした解釈ほどハイデッガーの言葉の真意から遠いものはないのである。

第四章においては、本来的な実存の主たる特色が可能性の自覚だということが、まだそれほど強調されてはいない。それは叙述の順序の問題であってハイデッガーはここではまだ了解（Verstehen）なる用語を登場させる準備ができていないのである。この了解というものによってこそ現存在は可能性を自覚するのであるが。

日常的実存の分析は、本来的と非本来的という二つの様態を明らかにした。非本来的様態は自己の自覚の喪失と、非個人的な「世人」のお喋りにうつつをぬかすことが特徴である。そしてまた、以下の章に見るように、それは現実性（actuality）に基づいている。一方、まだあまり語られていない本来的様態は、自己たることを特色とし、これは可能性に基づいているのである。

解釈学的現象学においては、まず探究者に現われるがままの特色が叙述され、しかる後にはじめて、そうした特色のもとにひそむ根拠へと分析のほこ先がむかう。非本来的自己の特徴のみを指摘している第四章の方が、自己の二つの様態の根拠をあつかった章よりも先になっているのは、まさにその理由による。もしも『存在と時間』の表現形態が現象学的でなくて演繹的であったなら、これら二つの章は逆の順序になっていたはずである。本来的および非本来的実存を扱っているような部分には、さぞかし人間の条件といったものに対する洞察、観察があふれているだろうと想像する人もいるかも知れない。しかしながら、いかに人はあっさりと自己を見失うものかということについて二、三鋭い観察がある他は、その手のことはここではほとんど見当らない。それというのも、ここでハイデッガーはいかにして本来性を獲得するかとか、いかにして非本来性を避けるべきかなどということを言おうとしているのではないからである。彼はただ、人間に対する洞察をあれこれと駆使して、まず第一にこのような様態の現象学的な記述を手に入れ、それからさらにこの二つの様態の底に横たわる存在論的基盤を発見しようとしているだけなのである。

一般向けのものにしても学術的のものにしても多くの解説書が、この本来的と非本来的とに関するハイデッガーの記述の解釈にあたって重大な誤解を招く書き方をしているように思う。ハイデッガーはなにも「本来的」という理想的な実存の様態をうちたてて、それを何か精神的、哲学的運動の目標にしようなどとしているのではない。それではニーチェ流に「汝自身になれ!」と説教しているのでもない。それでは実存論的分析になるまい。そうではなくて、繰り返し言う通り、感受性に豊み、反省的で知的な人間なら誰しもが気付く、本来的実存と非本来的実存の区別というものを取り上げて、彼はまずそれがどういう意味をもつのかを分析し、そしてその分析から存在論的基盤を見出そうとしているのである。

第四章　実存論的分析論II　了解〔第二五節―第三八節〕

『存在と時間』の第四章に関するここまでの論究は、もっぱら実存の本来的様態と非本来的な様態の区別ということに向けられてきた。そして非本来的様態は現実性（actuality）に基づくものであり、一方、本来的様態の方は可能性に基づくものだということを指摘しておいた。しかしこのことは、非本来性を可能性として眺めることができないとか、本来性が現実的たりえないとかいうことなのではない。

このことを少し説明してみれば、定義上、本来的な実存とは、自己意識的な自覚によってふるまう者であり、非本来的な実存とはそうした自覚なしにふるまう者である。さてそこで問われねばならないのは、いかにしてそのような自覚が可能であるか、ということである。ハイデッガーによれば、自己自身を可能性をもつものとして見ることが、自己を自覚する唯一の真正な仕方である。自己を単なる現実的存在者（実体）として見るということは、どこまで行ってもそれを対象として見ることでもあり、つまり結局は基本的に言って何か別のものとして見ることである。こうした理由から――と言ってもそこからさらによく考え、注釈をつけた上でなくては、無論ただちには言えないことであるが――本来性は可能性に基づき、非本来性は現実性に基づくとされるのである。

しかしながら、第四章におけるハイデッガーの言い方には、こうした解釈の助けになるものがあまり示されていない。それと言うのも、第四章での主な課題は本来的―非本来的の区別を現象学的な仕方で明白にすることにあったからである。この第五章ではもう少し進んで、現存在がみずからの現実に決められてしまっている実存と、その可能的で自由な実存とに気付く仕方が描き出されている。

現在のところの解説文献では、これら最も重要な点についての突っ込んだ論究が全く欠けているように思われる。しかし私の考えでは、この章はそれにひきつづいて語られていくことと相まって、この作品全体の内でも最も重要なところの一つなのである。

この章を理解するためには、そもそも何が問題となっているのかを十二分に把握していなければならない。そこで、この章に関する考察を始める前に、その問題というものを明らかにしておかねばならないであろう。

問題

ただ考えてみただけでも、人が自分のかく在るところのものばかりでなく、実際にはそうでないが、しかしそうなり得たであろうところのものについても考えうるのは確かである。たとえば、私は今机に向っていることを知っているにもかかわらず、私自身がリヴィエラに遊んでいるところを容易に想像しうる。別の言い方をすれば、私にとって事実に反した命題を語ることには意味があるのである。

しかし次のような問いを考えてみよう。いったいどうしたわけで私は可能性をもつというような仕方で存在しうるのか？　このことは、現実的な仕方で存在するのとどんな風に違うのであろうか？　と。ここでは単なる論理的な言語上の問いを問うているのではないということに気をつけなければならない。直説法の文章と、事実に反する条件法との、論理的、意味論的相違を問うているのではないのである。そうではなくて、次のような密接に関連しあった二つの問いが問題となっているのである。つまり、私の現実性が私にとっていかにして意味あるものであるのか？　ということと、私が可能性をもっているということが、いかにして私にとって意味あることであるのか？　ということである。

少々くだくだしく思えるかも知れないが、あえて私はこの相違を強調したい。たとえば裁判を待つ政治犯にとっては、自分の自由の可能性は現在の現実の状態よりもはるかに重要である。一方、たった今大切な戦いに勝ったばかりの人にとっては、現在の現実の状態の方が、負けるかも知れないという少し前までの不確かな感じよりもよほど重要である。

あるいはまた、科学者にとっては、彼の興味をひくのは事実であって可能性ではない。単に将来の意味においても、可能性は重要なことでない。ところが道徳的に非難されるべき行為を犯してしまった人間は、自分は先刻そのような行為をさけることもできる状態にあったということに気付き、そうすると単に彼がそれをしたという事実よりも、「一体なぜしてしまったのだろう？」という罪の呵責にみちた問いの方がずっと切実なものとなるのである。一言で言って、我々の生活はかく在るものによるばかりでなく、かくありえたであろうにとか、かくありうるのにということによっても意味をもっているのである。

しかしここに哲学にとっての難しい問題がひそんでいる。我々の言語や考え方の組立は世界の現実的な事実を描写するのに適したものであって、悲しいかな可能性の領域を描写するには不充分なのである。世界の要素の内で現実に対して反応する精神能力によって明らかにされるものばかりを記述していたのでは、それらを越えて、現に存在してはいないが存在するかも知れないといったものはさし示すことも描写することもできない。一方において、可能的なものについて告知する心の働きにばかりかかずり合っていると、そこには単に可能であるばかりのものと現にあるものとを区別しうるものが何もなくなってしまう。

ところで、人間の営む生においては可能性も現実性も共に重要なのであるから、（そして実際、人生においては様々な契機や状況によって、ある時には現実的なものが、ある時には可能的なものが強調されるのである。）明らかに、現実的なものも可能的なものもともに正しく説明されるような哲学のみが本当に完全な哲学であると思われる。しかしながらこのことは、言うはたやすく行なうは難い。哲学の歴史をみてみれば、一方を他方に帰してしまおうとする哲学者の例が非常に多い。たとえばある哲学者達は、事実を記述する機構をもちいて、可能的なものの構造が充分によどみなく描写できるということを示そうとする。大方の経験主義者の説は、言うまでもなく事実への確信にもとづいているものであって、よくこうした現実性への還元を行おうとする。一方、多くの合理主義者達は可能性をとらえる精神機能が事実の限界を規定することができるとまで言おうとする。しかしながら、こうした一方への還元の試みは、全く根拠の薄弱なものであることを自ら暴露しているようなものである。ただたしかにこういう説では、一たん第一次的なものとして選んでしまった方の様式にしたがえば、実にたやすく何でも記述できるということが大きな魅力となって人をひきつけるのだとは言えよう。

このような事情から考えて論理的なわけのわかった結論を出すとするならば、当然、可能的なものの領域と現実的なものの領域をともに扱うような見解をつくり上げるべきだということになる。しかしここに新たな困難があるので、可能的な思考の機能を、現実的なものを理解する機能から分けてしまうや否や、二元論が姿をあらわして行きどまりになってしまうのである。というのはどう見ても、人は現実的な生活と可能的な生活を並行して営んでいるのではなくて、ただ一つの生活があるのであって、その内では現実的なものも可能的なものも共に重要なものなのである。したがって、単に二つの全く違った別々の機能をわけたというだけでは不充分なので、いかにその二つが関連しているかを示さなくてはならないのである。そして現実的なものと可能的なものとの間に関係があることに気付いたときから、その関係を見つけ出し、記述することが課題となる。

さてそこで、もちろん「魂」とか「所与の統一性」とかから始めてもよいのであるが、そういう事柄を記述するにあたって、事実的な言語のみ、あるいは逆に可能性ばかりを扱うような言葉のみを使ったりしないように、細心の注意をはらうべきである。というのも、可能的な魂には可能的な生活があり、現実的な魂には現実的な生活があるというのではなくて、一つの魂にそのいずれもがあるのだからである。

しかしながらこうした「合理主義的心理学」は非常に批判の的となりやすい、なぜならばこの考え方によれば、「魂」なる現に与えられている実体の内に、経験のみによっては実証されえないような力があるのでなければならないことになるからである。これがカントの有名な誤謬推理の内容であって、そこでカントは実体的な魂に関する昔ながらの論議は誤った推論にもとづくものであることを示したのである。

しかし、合理主義的な心理学が問題に答えるものでないことを示しても、それで困難を解決したことにはならない。依然として心は現実性と可能性をともに意識しており、その上、人の生活はそうした意識に真実影響されるのである。

この問題に対するハイデッガーのアプローチの仕方は、やはり一貫して「現象学的」な記述法である。もしも現実的と可能的とのどちらの様態をおとすことも避けようとするならば、まず第一に、それら二つの様態がそれ自身の意義を充分に自ら示すような仕方で考察を始めなければならない。ハイデッガーは、二つの様態は等しく根源的であると主張する（上二八九頁）。それは、そのどちらもが他方によって記述的に説明されえない――すなわち、一方を他方に「還元」することはできない、ということなのである。そしてそのような現象学的記述ののちにはじめて、この二つをより一般的な概念のもとに統一する試みがありうるのである。

究極的な実存論的カテゴリーは「配慮（Sorge）」と呼ばれることになる。しかし現象学的にことを進めるのならば、配慮から始めるわけにはゆかない。配慮は究極的な実存論的カテゴリーとして明らかにされねばならないが、考察を始めるのは、人の現実性があばき出される存在の仕方（心的状態 state of mind・Befindlichkeit）と人の可能性があばき出される存在の仕方（了解 Verstehen）との二つの記述からでなければならないのである。

すぐ後に見るように、ハイデッガーにとっては可能性は現実性よりも意味深いものである。たしかに、現存在におのれの可能性を告げ知らせる実存論的カテゴリー（了解）は、現実性をあらわにする実存論的カテゴリー（心的状態 state of mind・Befindlichkeit）と等根源的である。しかし、本来的様態は可能性にもとづいているのであるから、可能性は現実性に対して、やはりある意味で優先しているのである。

ここでこれから述べようとするところは、ハイデッガーの著作のどの章、どの節を直接論じているというわけではないが、いまの説の細々した点について少し簡単にふれておくことにする。これは、いずれはどこかで論じなければならない問題なのであるが、これから先の大部分の分析について一般にあてはまることなので、おそらくここで考えておくのが一番よいであろう。

可能性の優先

アリストテレスの『形而上学』（九・八・一〇五一）においては、形而上学的現実が問題となっているかぎりにおいては現実性が可能性に優先すると語られているが、大方の形而上学者も、こうした主張を哲学説の中心にすえている。それであるから、可能性が現実性に先立つというハイデッガーの反論は、一見、まっこうからこの伝統に対立するものであるように見えよう。しかしながら、哲学の歴史の内にも、ハイデッガーの見解に与するような立場をとっていた人達も少なくはないのであって、ただそういう人達が必ずしもその原理に固執してそれをはっきりと断言していたわけではないだけである。いずれにしても、そうした立場をいくつかかえり見てみるのも役に立つことであろう。

プラトンの『国家篇』についてよくなされた批判は、そこに描かれている「理想国家」は存在するものでもなければ可能なものでもないということであった。しかしそこへカントが現われて、プラトンの説の最大の価値は理想的国家が現実には存在しないとしたところだと指摘したのである。これら二人の観念論者の説はいかにして根拠づけられているのだろうか？ ここではカント自身によるプラトンの『国家篇』の考察が良い手がかりとなろう。それは次のようなものである。つまり、もしも「理想国家」が現実に存在するとしたならば、それはそれがまさに存在するということによって制限されてしまう。現実に存在するならば、それはもはや「理想的」ではなくなってしまうのである。なぜか？ それは、理念とは経験から生ずるのではなく、それに先立つものであるからである。

カントもプラトンも共にこの理念（または理想）という考え方を道徳的な目的で使っている。（ただ、プラトンが理念に創造的な力を認めているのに対して、カントはそれを単に規制的なものとして使っているという違いはある。）道徳の問題においては、理念が事実に先立ち、従ってまた可能性が現実性に先立つということは非常に切実に感じられるのであって、多くの哲学者が「すべきである」は「である」からは導き出せないと語っている。現実に存在する事実のみを考慮に入れるとしたならば、よほど偶然のことがあって極く限られた選択しか残されていないような場合を除いては、いかなる道徳的な基盤も与えられない。自由対因果性という問題についても、カントはやはり、自由の本性についての探究は科学的事実の体系を基礎とすることはできない、なぜならばおよそ事実というものはすべて因果律の支配のもとにあるのだから、と語っている。

しかしながら、現実性に対する可能性の優位は、道徳的な問題にかぎられるわけではない。超越論的哲学では、認識論においても、可能性が高い位置におかれている。認識論的には、カントやショーペンハウエルの哲学に見られるように、可能性はすべての現実的な出来事に先行するア・プリオリな形式とされる。あるいはまた、ニーチェの言う価値の転換においても、可能性が現実性にたちまさったものとして強調されている。

ハイデッガーにおいては、可能性が現実性に先立つということは、ほとんど主題的なことがらである。この原理を通して彼は、実存の哲学が、現に体験されたことをただ辛気臭く復唱するようなことではないということを説明する。彼はまたこの原理を用いて、いかにして歴史が可能であるかを示すのであるが、まさにこの歴史の分析において彼は「可能性のもつ秘かな力」について語っているのである。

しかしながら、カント、ショーペンハウエル、ニーチェ等と同じくハイデッガーにとっても、最も重要なのは、現実の体験を必要としない可能性というものが、超越論的な展望をひらくものであるということである。現実に存在している存在者を理解したり、またそれを概念的にとり扱うということがあるからには、現実性の限界を越えたある様態があらねばならない。そしてカントの言うように自由という形であれ、ショーペンハウエルのように意志という形であれ、ニーチェのように力への意志という形であれ、可能性というもののみが哲学的なはたらきを産み出すに必要な自己への展望を与えることができるのである。

可能性の現実性に対する優越ということは、ハイデッガーの思考の至る所に顔を出す。おそらくこのことは、様々な実存論的カテゴリーを記述するにあたって、彼がもっとも根深く主張している原理とも言えよう。それは単に彼自身の内に展開する問題に深い影響を与えているというだけでなく、人間に対する彼の一般的態度にも大きく影響している。やがて我々が様々の実存論的カテゴリーについて調べすすむにつれて、この原理をさらに詳しく論ずることになろうし、明らかになってもゆくことであろう。

もちろん、厳密に形而上学的な観点からすれば、現実性が可能性よりも現実的《リアル》なものだということは認めざるを得ない。しかしながら、そのように言うことは、単に形而上学の究極の基盤をこれこれとする、と言っているだけのことなのである。それは存在（Sein）の意味についてではなく存在者（Seiende）について語っているのであって、もし「現実的であること」を世界の内にあるすべての存在者の総体という意味に限るならば、それはたしかに現実性が可能性よりも「現実的」であるということになるだけの話である。

しかしながら、可能性は現実性よりも意味深いものである。(「意味」についての論究は二〇九頁以下を参照。) ハイデッガーの問いは存在の意味——在るとはどういうことか——についての問いであるということを忘れてはならない。そのような問いにおいては可能性が現実性に優先するのである。

ハイデッガーは、本来的実存とは、可能性が現実性よりも意味深いものであるような在り方だと語っている。ここで、ある状況を吟味してみることによってこの原理を解り易く示すことができるかどうか考えてみよう。たとえば、非本来的と言えるような立場にある一人の人間のことを考えてみることにする。つまり、ある会社の一員として何か不道徳な行為を命ぜられた人間、といったものである。彼は言いつけられたことが不道徳であることを知っている自分の良心に逆らって行動する。上司の不興をかうのを恐れるあまり、彼は自分の地位上務めをはたさねばならないと思う。実際、「そうしなけりゃならないんです、上司に逆らうわけにはいかないんです。」と彼のぐちるのが目に浮ぶようである。

さて、この人間を道徳的に非難するとすれば、明らかにそれはもっぱら、この人間がそれをしないでもすんだということにかかっている。この人間が上司に逆らうということもできるのだと真に気付いたならば、その人は充分にそれができるほど自由になっている、とさえ言えるほどである。その見方が正しければ、逆らうわけにはいかないと判断しているような人間は可能性に気がついていないということから非本来的と判断されることになる――もちろん、可能性が意味を持ちうるためには、人は当然それに気付いていなければならず、したがって端的に可能性に欠けているということが人を非本来的なものにすると言えるのである。

しかしいずれにしても、人が道徳的に行動しようと現実に決定しようがしまいが、そうした決定が現実にはそうでないことを考慮に入れずには不可能なことは確かである。たとえば若者が道徳的に疑わしい戦争のさなかに徴兵令を受けたとすれば、自分がその戦争についてどう考えていようとも、とにかくその令状をどうすることもできないと感じるかもしれない。しかし、そんな場合にも、物事がそうでなくもありうるということが、道徳的決定の基礎であって、それはその決定の内容如何にかかわらないのである。

このように言ってきたからと言って、本来性を道徳的正義と同一視しようというのではない。あるいはまた、道徳的分野においてのみ本来性ということが意味をもつのだと言うつもりもない。ただ、解り易いという点ではこうした例が一番把握し易いように思えるので、このような言い方も許されようかと思うのである。実存論的カテゴリーを扱った様々の節において、本来性の様々の様態についても、可能性の優先ということについても、もっとはっきりした論述をする機会があろう。

可能性が現実性に先立つことを主張するにあたって、ハイデッガーは現実性の重要さを否定しているわけではない。事実、現実性というものに気付くということもまた、本来性の一つなのである。たしかに、現実に対して盲であるような人を誰も本来的であるなどとは考えまい。実存論的な意味で可能性が現実性に先立つと言うのは、現実性には全く実存論的な意味が欠けているということでもなければ、現実性を意識することがただちにそのまま非本来性をなり立たせるのだなどということでもない。（ただたしかに、自己の価値観において現実性を可能性の上位におくということは非本来的なことであり得て、そのことは以下の様々な実存論的カテゴリーの例において見られる通りである。）

現実性も可能性も二つながらにして、世界における現存在の自己自身の意識を説明するのに必要である。ハイデッガーは、現実性が重要なものとされるような意識形態を考えることによって、まず、世界の中のここに在るということの分析から始める。

情態性（現実性の様態）〔第二九節〕

マッケリーとロビンソンは Befindlichkeit という語を state of mind（心の状態）と訳し、脚注において、この訳はただ原語に近い言葉を選んだにすぎないと断っている。翻訳者の苦心には同情する他なく、この場合にも私はこれといって代りの言葉を見つけることができない。しかしながら強調しておきたいのは、このドイツ語はむしろ、奇妙な言い方だが「人がそのように在ると発見される状態」という意味に近いのだということである。この言葉でハイデッガーが言おうとしているのは、現存在を或る気分にさせているア・プリオリな実存論的カテゴリーのことである。もちろん、現存在は常に何らかの気分の内に在るのであって、この「気分」なるものを、心理学の分野に属する折々の心的態度と取り違えてはならないのである。

私がこれこれの在り方にある「自己自身を発見する」ということにはどのような意味があるのだろうか？ 私が自己をふりかえって、自己に関して起り得た事についてではなく、現にそうある事について思いめぐらすならば、私は自分自身が頼みもしないのにこの世に来てしまっているということに気付く。私は生まれようと思って生まれてきたのではない。また、これこれの状況のもとに生まれようと選んだのでもない。穏やかならざる性格の人ならば、全く好みを聞くこともなしに、この世のこれこれの特定の状況へと投げ込むのはけしからんと息巻くところである。

しかし、私は投げ込まれてしまったのであり、私はここにこうしているからには、そこで最善をつくさねばならない。私の存在に関しては、変更の不可能なところが沢山ある。そして私は、その気分によって、それを無視したり、様々の仕方でこれに立ち向ったりすることができるが、しかしそれは常に存在する。しかしながら、変更不可能なことの多くは、それに対する態度に応じて、またその態度と共に体験される。したがって、現にかくあることは実際に重要な意味をもつのである。

現実に対するこうした意識のあり方をハイデッガーは情態性と呼ぶ。そしてこの実存論的カテゴリーについて次のような三点を指摘する。

(一) 我々の「被投性」(Geworfenheit) の開示——この用語は、ハイデッガーにおいては、我々がある所までは、自分の力の及ばぬ条件や状況によって決定されてしまうという意味で使われている。このなかなか生き生きした言葉は、人が自己の存在の有限的性格に対してもつ態度をよく表わしていると言える。これは少しも諦めの哲学 (metaphysics of abandonment) などといったことではない。なぜならば、現存在は自己の被投性に対抗し、それを埋め合わすような逆性格をも持っているからである。

(二) 全体——としての——世界-内-存在の開示。

(三) 現存在が世界の内で出会うことは現存在にとって意味があるのだ (matter) ということの開示。ここで三点のいずれにもあらわれてくる「開示」(Erschlossenheit) という言葉に関して二、三言っておかなければならない。「開示されている」ということは「これこれのようなものとして示されている」ということではないということをハイデッガーは強調する(上二九〇頁)。したがって、我々が情態性は現存在の現実的なここ

（Da）を開示すると言うときにも、現存在に与えられた状況について知られうるすべてのことを、気分が完全にあばき示すのだと言っているのではない。情態性は現存在が世界の内に在るという事実を開き示しはするが、なぜ、何のためにかを示しはしない。したがって、世界における自己の現実の状態には、つねにどこか知られざるものがつきまとっているのである。

こうした記述があたっているかどうかは、自分自身の自己意識をかえりみれば解ることであって、我々の気分はたしかに、人生において避け難い事共に対する我々の態度を大きく反映している。それでいて、我々の気分は決して我々の存在の意味を全面的にあばいてみせるものではない。実際多くの場合気分というものは我々が自分に「与えられた」状況についてむしろどうにも理解できないでいる、その不安として迫ってくるのである。「運命」だとか「幸運」だとかいった疑わしい概念（カントによれば概念と称されているにすぎない概念）は合理的な探究においては使うことができるものではないが、それにもかかわらず、我々が説明し難いものを表わすのにとるひとつの態度としては真正なものである。「運命」という言葉は、原因を合理的に探究していく場合には意味をなさないが、我々の状況に対する感情や態度においては重要な意味をもちうる。運命は、私の存在するあり方（または在り方の一つ）の特質として重要である。たとえばアメリカの人種差別の歴史というものを考えてみれば、ある一人の黒人が、自分の肌によってもたらされた、全く「運命的な」状況に打ちひしがれるといったところを想像してもよい。黒人青年が「なぜ俺は白人に生まれてこなかったんだ？」と叫ぶとき、それは真率の叫びである。その問いは心を打ちのめす。たしかに、この問いは、純然たる心理学の、あまり役にも立たぬレヴェルでしか意味を持たないのだと言うことはできるけれども、それだからといってその問いが人の心を苦しめるのを止めるわけではない。その黒人青年は、自分の肌色という事実を受け入れ（さもなければ自己欺瞞というかたちで心理的に拒否するかして）いずれにしてもそれを背負って生きる他はない。そしてまさにこのような必然性こそが、人の何たるかをあばくものの一つなのである。心理的、社会的レヴェルにおいてはふつう、そうしたいわく言い難いものにかかずらうのは止めにして、可能性——すなわち、人が変えうる領域に全力を集中するというふうになるものである。しかしそれはただ実用的な仕方で目をそらしただけのことであって、恐るべき事実の力はもとのままである。そのような事実は実存の様態なのであって、それを無視するのに悪しき現象学であるばかりでなく、不充分な哲学なのだとも言える。

ハイデッガーは「調子が合っていること」(Gestimmtsein) についても語っている。英語にすると Stimmung (mood—気分) という言葉のもつ語源的なつながりが失なわれてしまうのだが、この場合には語源学など必要ない位である。人は世の中と「調子」が合っていたり「調子」っぱずれだったりして生きており、このような様々な調子の合い方の違いが気分なのである。

ところで気分というのは面白いもので、人が真剣に自己の存在について思いをめぐらす時には、気分の影響力というものは霧散してしまう。そしてこのことは偶然のことではない。ハイデッガーは、気分というものはそむけ、目をそらすことによってかえって「開示する」と言う。気分の開示を「そむけること」とするようなこうした言い方は、なじみのない読者にとっては、また例の実存主義のわけの解らぬ言い方かという風に思えるであろう。何かを示さない（そむける）ことによってそれを示す（開示する）とはいかなることか？ というわけである。

これはどういうことなのかと言えば、次のようなわけなのである。気分というもののもつ魅惑によって自己の充分な認識はしばしばくらまされ、また気分自体がつねにかくれたものに属している。したがって、たとえば私がある悪癖を克服できないでいるということは、ゆううつな気分のもととなり、その気分のなかで私は自己憐憫にひたる。このような気分への没入の結果私の注意は問題の核心からそらされる——つまり、私のすべきことは、そのような悪癖を改めることなのであるから。そうしないで私は、気分にとらわれて、自己の真の状況から「顔をそむけ」、自分の気分を逃げ口上に自己を失っているのである。しかしながら、このような気分のもつ破壊的な悲観主義は、ふつう、私自身や私の弱さを厳しく誠実に見つめれば解消してしまうものなのである。したがって気分は、私の状態をその被投性において示す――すなわちそれは変え難いもの、つまり現実というものをきわ立たせるのである。そして気分がこの変化不可能性――現実性――を示すのは、本来的自己の特色である可能性から顔をそむけることによってなのである。

気分が人の心を可能性からそらす傾向があるということこの現象を説明するのに、いまは良くない気分を例にとった。しかし、大得意の気分についても同じことが言える。「良い」気分だろうが「悪い」のだろうが、気分はすべて心を人生における避け難いことがらへと向ける。ここで注意しておかなければならないのは、気分によって完全に支配されきってしまうということは、精神病理学のケースででもなければ、あるものではなく、また逆に何らかの気分の影響を受けていないようなことも決してないということである。私が完全に気分を克服するということもないが、また気分が完全に私を握ってしまうということもないのである。気分とは、私の心を自己の存在からそらせて、代りに私の環境へと向けるような、そうした自己意識の様態なのである。

このように気分はある程度つねに我々と共にあるものなので、本来的実存を「気分の無い」、非本来的実存を「気分に支配された」と定義することは不可能である。「被投性」すなわち避け難きものを一切心にとめないということは、もはや「本来的」とは呼べないであろう。しかしやはり、情態性とは現存在を世界に従属するものとして開示する実存論的カテゴリーである。本来的な実存は情態性の影響を全くしりぞけてしまうことはできないにしても、それを越え出て行くことができるのである。ハイデッガーがここで強くうち出しているのは、気分とか情態性とかいった現象は、人間に関して「後からつけ加えられた」あやふやな「感情」などとして説明さるべきものではない、ということである。情態性は、一つの実存論的カテゴリーとして原初的なものであり、現存在の基本的な性格の一部なのである。そのようなものとしてこれは、認識とか理性とかいった伝統的には人間においてより高いとされてきた側面とも比肩しうる重要性をもっているのである。

こうした情態性を分析するとどういう事が明らかになるのだろうか？　しかしそれを問うには、まずハイデッガーの論述の目的と方法をふまえておかなければ、全く見当はずれのこととなる。次の四点をはっきりさせておかなければならない。

一、情態性を現存在の実存論的カテゴリーとして分析することの目的の一つは、現存在が世界における自己自身（すなわち現存在の「ここ」）に気付く時には、それは常にある程度は現実のもつ変更不可能性に影響されてのことである、ということを示すためである。すなわち、いかなる現存在といえども、世界のかくあるということの避け難い影響を無視して世界とかかわることはできない、ということである。

二、情態性は、このような意識をただの感情として説明してしまうような単なる「心理学的記述」のうちに片付けてしまうことはできないものである。それどころか、冷静な科学的探究活動のごとき、一寸見には平静な人間存在の瞬間においてさえも、情態性はきわめて重要な要素なのである。（平静さも、結局のところ気分の一つなのであるから。）

三、現実性も可能性も共に現存在にとって重要であることが明らかになったからには、いかにして現存在の実存が可能性と現実性に気付くかが説明されなければならない。現存在が現実的実存に気付くのは情態性によってである（可能的な実存、または実存様態に気付くのは了解によってであるが）。したがって情態性は単に非本来的実存に認められる存在様態であるばかりではなく、本来的実存のうちにもまたあらわれるものなのである。

四、情態性とは、現存在に関わりのある世界の基盤である。この第四点は、ある意味では四つの内でもっとも重要であって、しかもこの点についてここではまだ何も述べていない。これは不安という現象の考察とも直接むすびついてゆくのでいまからこの点について述べることにする。

この章のはじめに、私は可能性と現実性は自己の実存にとって共に重要なものであることを指摘しておいた。世界が現にかくあるそのあり方は、世界がかくありうるそのあり方と同様、私に影響をおよぼす。そして現にあるがままの世界の意義を基礎づけている実存論的カテゴリーが情態性なのである。これによってハイデッガーが言おうとするのは、そもそも事実が起るのに先立って、それを一個の事実として意味あるものとしうるような人間実存の様態があるのでなかったら、どんな事実も現存在にとってはどうでも良いものとなってしまうであろう、ということなのである。そのような様態は事実に先立つものでなければならないから、それは実存論的カテゴリーであり、実存論的カテゴリーとしてそれはア・プリオリなものである。情態性というその実存論的カテゴリーは、世界の内に在るかぎりでのあるがままの現存在を単に開示するばかりでなく、その現存在を世界に関わるものとして開示する。ハイデッガーがここで使っているような非常に広い意味での気分は、可能性としてではなく、事実としての事実への私の関わりを示すのである。

ハイデッガーは、情態性の役割は抽象的に語られたのではすぐに解るものではないということに気付いていたようである。彼は情態性の実例をあげ、それが具体的、直接的な事例においていかに機能するかというかたちで語る。彼が恐れを例として選んだのは、決して恣意的なことではない。なぜならば、それは後に不安と対照して語られることになるのだからである。しかしこの節におけるかぎりでは、恐れの分析は単に、情態性がいかにして「ここ」なる現実性の様態を示すかの例となっているにすぎない。

恐れ〔第三〇節〕

恐れは、現存在が定められたその世界へと関わる仕方のほんの一つにすぎない。鋭く探究するものの目にとっては、恐れの現象は、現存在が世界の現実性を自らにとって意味あるものとなす様態の一つを示すものである。情態性の一様態としては、恐れは何か全く外からやって来るといったものではあり得ない。恐れは学ばれるものではなく、発見されるものなのである。

かいつまんで言えばこういうことである。つまり、我々が密接に世界とつながりを持つような仕方で存在するのでなかったら、そもそも脅かされるなどということがいかにしてありえようか？　そしてまた、このように脅やかす物へとさらされているということが我々の在り方にとって欠くべからざる部分だというのでなかったなら、いかにして我々は脅かされ得ようか？　ハイデッガーの言葉によれば（上三〇六頁）、恐怖は「そこから何か恐ろしいものがやって来うるというかたちで、すでに世界というものをあばいている」のである。したがって実際に恐れているということは、我々がすでに世界の内で、世界が我々を脅かすこともできるような仕方で存在しているということ、そしてそのような在り方がわれわれに開示されているということなのである。

ハイデッガーの恐れの分析は卓抜なものではあるが、その前後の関連ぬきに理解しようとしてはならない。彼は決して、恐れが喜びや歓喜にまさって人間存在の顕著な様態であるなどと言おうとしているわけではない。この分析を通じて、彼はペシミズムとか病理学的に人間を不安定なものと見る見方とかに与えているのではない。ほんとうのところ、彼はただ読者に、実存論的分析のすぐれていることを示しているだけなのである。恐れというようなものが、現存在が世界の内に自らを見出す上での基本的な様態として解釈されうると示すことによって、恐れの現象はそれ以外の余計な仕方で問題にせずともよいことになったといえる。このように示されることで、人間生活にこれほどよく見られる恐れという様相は、存在論の探究にとって意義あるものとなるのである。したがって恐れとは、単なる時おりある弱さの一つとして片付けらるべきものではない。恐れはむしろ、現存在にとっては存在することが問題となっているのだという真理を告げ知らせる重要なものなのである。逆に言って、現存在にとって存在することが問題なのでなかったならば、恐れを説明することは不可能である。

ここではハイデッガーは恐れをくわしく説明して語っており「しかし人は自分自身ばかりではなくて、家とか友人とかの事でも心配をするではないか。」などという反論めいたものは実際反論にもなっていないということをはっきりとさせている。だが私の見るところではこのあたりのことは解り易くもあり、特に注釈する必要はないと思う。

こうしたわけで、ハイデッガーは恐れを心理学的に説明しているのではない。そうではなくて彼は一つの問いを問うているのである——いかにして恐れは可能であるか？　そして彼の答えるところでは、恐れが可能なのは、現存在がその実存論的カテゴリーの一つとして情態性をそなえているからなのである。恐れが可能なのは私の実存が現に在るところのものへの関わりによって定められているからであり、そしてその現にあるところのものが私の実存の様態なのである。

了　解（可能的なものの様態）〔第三一節〕

ハイデッガーの了解（Verstehen）の分析は、全巻を通じてもっとも重要なものの一つである。それにもかかわらず、ごく少数の解説書をのぞいてはこのことについて考えてさえいない。ハイデッガーの解釈においては了解というものがどのような働きをしているかを充分につかんでおかなくては、基礎的存在論の土台そのものが全く恣意的な、無反省なものとならざるを得ないのに、そうした有様なのである。しかし、なぜめったに了解について注意深く綿密に読むということが行なわれないかということはすぐ見てとれる。ハイデッガー自身が、これを主要な一節として読むようにとは特に指示していないからである。実際、この題はただ、実存論的分析の多くの諸相の内の一つとして挙げられているにすぎない。しかし、ハイデッガーが解釈について説明しているのは、まさにこの比較的短い一節においてなのであり、しかも彼はこの『存在と時間』という書物が実存への問いの解釈として見らるべきことを主張しているのである。それだからこそ本書においては、この第三一節を『存在と時間』を知る鍵と見ているのである。さきの第二章の序説に関する論議も、それをふまえてのものであった。

了解は次の三つの理由からして重要である。㈠実存論的分析論において、いかにして現存在が可能性に気付くかの説明を与える。㈡ハイデッガーの解釈学に基礎を与える。㈢ハイデッガーの自由論に基礎を与える。この自由論はさらに展開されて、『存在と時間』の二年後に出版された『根拠の本質』(Vom Wesen des Grundes) の中心テーマとなっている。なおまた、ハイデッガーの了解の説は、可能性を現実性に優先させているという点で他の多くの伝統的な認識論と対立しているということも言っておくべきであろう。

ハイデッガーの使っている用語を二、三くわしく見ておくのも役に立とう。ハイデッガーは了解を一つの実存論的カテゴリーであると言う。したがって、さきにも見たように、それはア・プリオリなものであり、現存在が存在するその仕方を開示するものである。したがってそれだけですでに、了解が何か心的な認識活動にかぎられるものではないことが明らかだと言える。それは単に、いかに我々が考えるかを告げるのではなくして、いかに我々が在るかを告げ知らすのである。思考とは存在することとの一機能にすぎない。了解はまず現存在にその実存論的構造を開示するのであるが、それが開き示されてはじめて、現存在はこの実存論的カテゴリーを純然たる認識機能のうちに扱うことができるのである。

それではいかにして了解は現存在にその実存の様態を開示するのだろうか？　それは、現存在を在ることのできるものとなすことによってである。マッケリーとロビンソンが

potentiality-for-Being（存在可能性）と訳している言葉は、ドイツ語では Seinkönnen であって、文字通りには「在ることができること」という意味である。この場合についてもまた、私はもう少し逐語的な訳の方が良かったのではないかと思う。いずれにしてもこの訳における「可能性」という語は決してアリストテレス的な意味あいにとってはならない。この言葉をどう訳すのかということよりはハイデッガーがこの言葉で何を言わんとしているのかということの方が重要なのであって、そのためにはただ言葉を置きかえる以上のくわしい考察が必要となる。

まずこの「在ることができること」という言葉のことを考えてみよう。人間存在である以上、私の存在する能力について私は自覚している。したがって私はただ宇宙の中に事物存在的に在る物なのではない。私自身の実存は私の前方にひろがっている可能性であり、私が気がかりにしていることであり、私がいささかの統制力をもっていることがらである。私はただ存在するのではなくて、私の存在する能力が私の存在の様態の一部なのである。これについて、このような主張はほとんど奇々怪々であるという反対もあろう。存在しているものは何でも存在することができるなどと言うのは無意味だという意見もあろう。つまり、あるものが現に存在しているという事実の前には、存在する能力の方はすでに全くどうでもよいことになってしまっているからである。電話器や風呂おけが在るときに、誰もそれが存在しうるものだなどとは言わない。なぜならば、現実的であるものはすべて必然的に可能でもあるのであって、現実的なものの可能性について語るのは鼻先にある物体の上にさらに「この物はここに在ります」と書きしるすのと同じ位ばかばかしいからである。

もちろん、肝心なのは、風呂おけや電話器は自分自身を意識するということがないということであり、また私の存在しうることを反省するというのは、単に私が現に存在しうることの内に含まれる論理的な私自身の可能性に気付くということではないからである。しかし次のように尋ねてみることは重要である。私が可能性に気付いていることは認めるとして、そのように気付くことはいかにして可能なのだろうか？　と。ハイデッガーの答えは意味深長である。私は可能性を有しているがゆえに可能性を知ると彼は言う。ハイデッガーによれば、了解は自己の存在し得ること Seinkönnen に基づいている。「心的」認識がまず抽象的に可能性を考え、しかるのちにそれを実際の場合に「あてはめる」というようなことではないのである。なぜならばいつでもこう問うことができるからである。いかにして可能性は知られるようになったのか？　と。ハイデッガーはきっぱりと、可能性を「有する」ことなくして可能性を「知る」ことはできないと言う。もちろんそこで、可能性を有するということは何らかのかたちでそれに気付くことなしには起りえない、ということは認めた上でである。

ハイデッガーは了解の機能を投企 (Entwurf「前方へと投げること」) と表現している。

この用語を理解するためには、ハイデッガーが「世界」をどんな風に解釈しているかをもう一度考え直してみることが必要であろう。というのは、彼は「……のための」という様相となる非常に重要な概念を使っており、これは自己が世界と関わる際に見られるものであると同時に、逆に「投企」を説明するものでもあるからである。

現存在が世界と関わる時にまず第一にもつ意識をハイデッガーが何と言っていたかを思いおこしてみよう。この関係は手元‐存在的と呼ばれていた。この言葉でハイデッガーが言おうとするのは、人はまず世界を何か役に立つものとして見るというかたちで世界と関わるのだということである。つまり、現存在は世界を現存在自身のためのものとして見るということである。たとえば私がドアの把手を、単に私がドアを開けるという行動の一要素として「見る」ならば、そのような「見ること」はドアの把手を何か私のために存在するものとして片付けてしまっているのである。しかしながら、世界がそのように私に役立つものであるためには、それは私がやろうとしていることのために私の目の前に現われるのでなければならない。かけ金が私にとって意味をもつのは、主に、私がドアを開けようと企てることとの関連においてのみである。したがって、そのように見られるかぎりにおいて、私の企て、計画、可能性に対して現前するものとして世界は意味をもつのである。世界を手元‐存在的にではなく、事物‐存在的に見ることさえも、同じく私のためにである。そのように見る態度は理性のため——すなわち私の知識を増すためなのである。

もしハイデッガーの世界に関する考察が正しいとすれば、世界は我々に対して単純な、現実的な物として現前するのではなく、役に立ちうるその役立ち方としてあらわれるのである。世界は私の投企である――ということは一面、それは必ずいまだ知られざる将来の世界だということなのである。

そういうわけで、了解は現存在の目の前にその可能性を投企するという仕方ではたらく。そしてそれが出来るのは、現存在が可能性を有するものだからである。今しがた見てきたように、世界は現存在に、冷ややかな対象の集合を現わして見せるのではない。むしろ、一連の役立ちうるものの可能性を現存在に現わすのである。したがって世界は私にとっては現実性よりは可能性を現わして見せるのだと言える。そして私は、可能性について考えるから自由なのではなくて、自由だから可能性について考えるのである。こうした考察において一番重要なのは、可能性をもつ能力が、事物存在的な冷ややかな現実の対象物で成り立った「世界」に何か特殊な機能によって「つけ加え」られたのではないということである。

ハイデッガーがここで語っていることの重要性を充分に理解しなければならない。従来の認識論は、心的認識活動を自己の自由や選択能力といったものとは独立に考えらるべき作用と見てきたわけであるが、ハイデッガーの了解の説はこれと鋭く対立するのである。

ハイデッガーは、了解の純粋に認識的な機能は可能性に気付く実存論的意識から生まれるのだと主張し、その意識そのものは様々な仕方で存在しうるというところから来ているのだと語る。

このことは何らかの仕方で論証しうるのだろうか？　実存論的分析論の課題は実存論的カテゴリーがはたらくその仕方を記述するだけのことなのであるからには、ハイデッガーが了解の認識機能が実存の特質にもとづくということを示す論証をしているのでないのは明らかである。しかしその論証は簡単に考え出すことができる。たとえば、読者諸君はその鋭敏なる頭脳をもって、かの理性の一大法則、矛盾律がいかに適用されているかを考えてみてもよい。命題pが命題qと矛盾するものでないことはいかにして知られるのであるか？　もしも私がpとqを一緒に考えてみて、理性にもとるところがなければ、pとqは互いに矛盾しないと言えるのである。ところがこの「もしも私が……」という言葉こそ、論理法則の決定そのものが私が可能性を持っていることに基づいているのを示している。このことはもう一寸具体的な例では一層はっきりとするかも知れない。たとえば学部の授業などで私は「偶然」と「必然」なる用語の意味を解りやすくするために、「この壁が青く塗ってあるのは必然か？」という質問を出す。答えはもちろん「いいえ」である。それは緑に塗ることもできたのである。我々は壁の色は偶然的事実であって、必然的ではないと言う。しかし我々は壁の青さが必然的でないとどうやって知るのか？　それは私がそれを違った風にも考えられるからである。それが実際には青であるが青でなくともよいのは、私が現にそうあるものによって決定されてしまわないような仕方でものが考えられるからである。また一方では、私は円が必然的に三六〇度であると言うけれども、それは私が円を三六〇度以外の度数があるとしては考えられないからなのである。私のなしうることの限界が論理法則を決定する。この「なしうる」という言葉は文字通り「能力」のことである。実際いかにして理性が論理的に働くかを分析してみると、私が自分の認識力においてどれだけのことが出来るかというその能力が、理性の法則の決定に先立っているのが解るのである。もちろん、そのような「能力」は認識的意識ぬきにはあり得ないものであるが。

さて了解は可能性を投企することによってはたらく。ハイデッガーに言わせれば、投企はそれ自体が一つの実存論的カテゴリーである。つまり、我々自身の前方へと我々自身の可能な在り方を投げかけていくというのが、我々の存在の本質的な特徴なのである。ちょうど了解というものはサーチライトのようなもので、現存在の前に横たわるものを照らし出しながらゆくのである。しかし一面ではこのサーチライトの比喩は余り良くないので、現存在の前方に投げかけられ、照らし出されるものは現存在自身なのである。このことは最初一寸読んだだけではまぎらわしいかも知れないが、しかしここには何ら前後矛盾したところはないのである。ハイデッガーは特に力を入れて、現存在は実際的にあるところのもの以上のものであるが、事実的にあるところのもの以上ではないと語る。後者の用語は現存在の存在論的存在のことを言っているのだが、前者は単に存在的な事物存在的存在のことを言っている。存在的事物存在は現実性に限られている——つまり、存在的認識を定めるのは可能性ぬきで眺められた事実である。しかし存在論的な考え方では、つねに可能性を考慮に入れなければならない。したがって現存在の存在を事実的（存在論的）に説明するのには、現存在がその企てとの関わりにおいていかなる意味をもっているかを考えなければならないのである。当然のことながら現象学にとってはこうした考察は重要なものである。まことに、たった今かく在る私は、私の未来への関わりにおいてのみ意味をもつ。私がこの文章を書き始めるとき、この文章の全体は、今書いてしまった二こと三ことよりも意味をもっている。もっとはっきりした例をあげるならば、音の旋律はその結末の期待によって意味のあるものになる。旋律の美しさは、聞き手の期待と驚きを考えずには全く説明することができない。（もちろん、驚きは現におきていること以外に何事かをあらかじめ期待することなしにはありえない。）人がある作品の内のある「特定の音」がお気に入りだと言うときにも、それが単にその物理的な音のことを言っているのではなくて、他の音とのつながりの内におけるその音のことを言っているのは明らかである。そしてそこでは、心をわくわくさせるのはまさに作曲者の解決への期待なのである。重要な意味をもっているのは、作曲家が多くの可能な選択の内から選んだその選択なのであり、実際ときとすると、もっとも美しいのは演奏されずにただ暗示された音であることさえある。

期待やパターンの問題となれば、当然、実存論的分析論において時間的要素がいかに働いているかを分析する必要が感じられるのであって、六八節においては、ハイデッガーは了解のこれらの機能を時間との関係において徹底的に検討し直している。しかしここまでのところではハイデッガーの分析は、了解がいかにして投企ということを通じて働いているかを単に現象学的に説明しているにすぎない。時間的経験の様々な様態におけるこのようなはたらきの存在論的な基礎は、現象学的記述がすっかり完了してしまってからでなければ発見できないのである。

この分析においてハイデッガーが語っていることとの内でもっとも哲学的に重要なのは、我々が可能的であるから可能性が知られるというそのことである。こうした主張においては、知ることと在ることとがふつうの哲学者の場合よりもずっと緊密に位置づけられている。ハイデッガーの説が奇妙に見えるのは、従来は知的プロセスを何らかの主観―客観説によって説明しているからである。そこで、ハイデッガーの説の微妙なよさをあまりに単純化して損なってしまうおそれはあるが、彼の見解を以下のように説明してみたい。

「純粋認識」と呼ばれうるようなものを考えようとしても、認識論的に無理である。「純粋認識」が対象をもたない認識だとすればそれは我々に何事についても語ることができないはずである。なぜならば、もしそれが何事かについて語りうるならば、認識活動そのものに加えて何事かがあることになり、そのような活動は「純粋」ではなくなってしまうからである。

実はこれはカントの説である。カントは尋ねる、神・自由・不死といった概念の対象はどこにあるのか？　我々はそれを感覚的に体験するということがない。従って、それらの存在は証明できない。（ただし、カントによれば、それは役には立つし、道徳的な意味では必要でさえあるのだが。）

ここで我々は、カント流の考え方をせずに、精神がいともたやすく可能性のことを考えることができるその過程をとり上げてみよう。もしも可能性というものが経験もされず、なんらかの対象であるともいえず、認識的機能そのものによってあるとしかいえないものであるならば、それは厳密な意味では知られえないというほかはない。しかしながらこれまで見てきたように、たとえば矛盾律の場合のごとく、まさに考えたり知ったりすることの基盤に可能性がすえられているのである。もしも可能性が何とはなしに経験から抽出されるのだなどと考えるならば誤解のもとである。経験はつねに現実的なものなのだから、いかにしてそのような抽象ができるのかこそが問題である。人がすでにある具体的な経験から、あたかもその経験自体を保留してまだ未決定なものへと思いをはせるような考え方を引き出しうるのは、精神のいかなるア・プリオリな機能によるのだろうか？

ハイデッガーによれば、可能性は純粋認識からも経験からも得られるものではない。そうではなくて、それは可能性を問う者自身の実存論的構造を通じて得られるものなのである。可能性は何か経験されたものではない（なぜならば我々はただ現実性のみを経験するのだから）。また、それは純粋にただ考えられたものでもない（なぜならば、思考それ自体が可能性を前提しているのであるから、可能性は思考の結果ではありえない）。可能性とは、思考する者の経験自体の一部なのである。ありうることを考えられるためには、人はまずそのようなものとして存在することができなくてはならないのである。

このような考え方からは当然いろいろな帰結が生ずるが、なかでも、もしハイデッガーの言っていることが正確ならば、認識論を純粋に認識の面からのみ取り上げることはもはや不可能だということに注目しなければならない。また、いつの時代にも厄介なあの心身問題だとか、いかにして観念と事実が関わるかの問題だとかは、今や実存に基礎づけられることになったわけである。プラトンやカントをはじめとする観念論者達は、純粋理性は我々にあるべきことを告げうるが、感覚にともなった悟性はただあることを告げるのみである、ということをよく指摘してきたものである。しかしいかにしてその両者を結びつけるかということになると、答えはいつも曖昧なままであって、その問題に対するカントの解決は目的論的判断からかくあれかしと願うものにすぎなかった。それに対してハイデッガーの「解決」は実存である。と言うよりも、ハイデッガーにとっては、純粋理性などというものが実存論的意味づけなしには不可能なのであるから、そんな問題がそもそも存在しないのである。私が可能性について考えるのは、私が可能性をもっているからであり、また私が可能性をすまわせるものとしての自己を見出すからなのである。

ここにおいては、哲学が「人生」にとって有意義でないというよく聞く非難は全くあてはまらない。自己自身の実存が自己の精神のもっとも哲学的な省察のただ中にうち立てられているのである。精神において抽象的に考えられたことと、実存において具体的に感じられ、生きられたこととの間の「橋渡し」などというものは存在しない。なぜならば、いかにして思考が可能であるかということの内に、すでに「実存」が含まれているからである。ハイデッガーは、了解の意味の分析を基礎づけるにあたって、ドイツ語の「了解」という言葉づかいには「……を支配している」(注1)という意味のあることを指摘する。ここではその支配がおよぶのは、自己自身の実存に対してである。(このことから、なぜ「確固たる決意性」が究極的に本来的実存の主性格になるのかが解る。そしてまたここに至って、なぜハイデッガーの言葉をもとにしてのちの「実存主義者」が「存在する勇気」(注2)だとか「自己欺瞞の自由」だとかいうことを言い出すようになったかを理解することができる。)

(注1)『存在と時間』(上三二一頁) 参照。

(注2)「存在する勇気」は同名のイェール大学出版、ポール・ティリヒ著の本があり、この著者はハイデッガーに深く影響されている。「自己欺瞞の自由」はサルトルが『存在と無』の中でよく使っている言い回しである。

もちろん、了解についてはまだまだ言うべきことが沢山ある。しかし先へと進む前に、目立った点をいくつか簡単にまとめ上げておくのがよかろう。

一、ハイデッガーにおいては、了解の認識的機能は実存論的諸様相に基づいており、それにつぐ二次的なものである。

二、了解は可能性の投企を通じてはたらく。そしてそこでの投企されるものとは現存在自身の可能性の全域である。

三、私は可能性をもつがゆえに可能性を考えることができる。

四、現存在はつねに事実的には現存在が実際的にある以上のものである。（私は私の可能性との関わりにおいては、私の現実性以上のものである。）

五、この分析の主な帰結の一つは、思考と存在がより密接に関係づけられたということである。この帰結を一つの基礎としてハイデッガーの哲学は築かれていると言える。

それではしばらく元へ戻って、『存在と時間』におけるこの分析の一般的な位置といったものをふりかえってみよう。ハイデッガーは世界の内で現存在がいかにして自己自身に気付くようになるかを説明している。ここで分析されるべきは現存在（Dasein—ここに在ること）のDa（ここ）である。現存在は世界の内で次のような二様の仕方で自己を見出す。

㈠現存在にその事実性を開示する実存の様態である情態性を通じて。この様態においては、現存在は世界の決定性と現存在の被投性に気がつく。

㈡現存在にその実存を開示する様態である了解を通じて。この様態においては、現存在は可能性に気付くようになる。しかしながらその可能性とはつねに現存在自身の可能性であって、したがって可能性の実存論的な意味は認識論的な意味に先立つ。現存在が情態性を通じて事実性に気付き、了解を通じて自己の実存に気付くことは、どちらも同じように原初的なことであるとハイデッガーは言う。私がかくかくのものとして世界の内にあるということと、私が可能性をもつものとして存在しているということとは、私が自分自身を世界の内なる者として気付くことにおいて、同じように第一次的なのである。これら二つは、一方が他方に還元できるといったものではない。いかに私が自由であれ、またいかに様々に有りうる自己の可能性を私が充分に理解しつくしているのであれ、私はやはり世界の内に投げられてあり、避けがたきもの、変えがたきものに直面しているのである。また一方、いかに私がこの被投性、決定性にうちひしがれていようとも、自己自身の自由を回避し、可能性がたしかに存在することを否定することはできないのである。(サルトルはこのことを表現して、私は私の自由の奴隷であるとか、私は自由であるべく定められているとかいう言い方をしている。)

ハイデッガーは、これら二つの「ここ」の要素をいかに分析しているのだろうか？ これまでのところは、その分析はまだ全く現象学的であるにとどまる。これまでのところでハイデッガーが果してきたのは、自己反省が実存の二様態を顕わすその仕方を解釈して記述することであった。そうすることのうちに、その分析自体の存在論的基礎を与えるということはまだ果していない。そういう基礎についての考察は、第二篇で時間というものがこうしたことの決定的要素としてあらわれてからである。ここではまだ、そうしたより存在論的なことがらへ進む用意ができていないのである。

読者は、了解を可能性の投企とするハイデッガーの解釈に、ともすれば不満をおぼえるのではないかと思う。「いったい了解というのはそれだけのものだろうか？」と尋ねたくなるのではあるまいか。たしかに私が何事かを「了解」するときには、その何事かとの関わりにおいては単に可能性を投企する以上のことをしている。ハイデッガーは了解の実存的性格が認識的性格に先立つことを示した。しかしいかにして了解はそもそも認識的にもはたらくということができるのだろうか？　たしかに、了解の実存論的基盤が可能性の投企であるとただ言っただけでは、いかにして私がある問題とか、ある一連のできごととかを了解するに至るかということは告げられていない。あるいは別の言い方をすれば、了解をただ存在論的に説明しただけでは、それはそれで第一義的なものではあろうが、了解の認識論的役割を充分に説明するものではない、ということである。

もちろん、一面ではあまり認識論と存在論との分離を強調してしまってはならないので、それではハイデッガーの企ての精神そのものにそむくことになってしまう。しかしながらそれでも、いかにして了解が知的な探究の手段として働くのかをハイデッガーに問うのは意味のないことではない。そしてこれに対する彼の答えが、了解を解釈として記述する以下の部分なのである。

解釈としての了解〔第三二節〕

解釈の問題にあたってハイデッガーが強調する第一のことは、了解の「解釈」する機能を何か「余分」のこと、了解が何か特別の場合にのみなすことという風に考えてはならない、ということであった。実際、解釈なしには了解は完全なものではないとさえ言われている（上三二一頁）。ということはつまり、何らかのかたちでそれを意識することなしに可能性をもつということはありえないし、また逆に可能性をもつことなしにそれに気付くこともできない、ということなのである。

了解の説明のところでハイデッガーのとっている分析の手続きは、実存論的分析論全体に特徴的なものであって、彼の方法論をよく反映している。さきに我々は、実存論的分析論が可能であるのは現存在が自己の実存に気付いているからであり、基礎的存在論は自己の存在のあり方の様相を解釈学的に探究することに基づいていることに注目した。ここでは了解の場合についてそのことがはっきりと見られる。いかにして可能性を知るのかということから始め、そこからそれら諸可能性が自己の実存にいかにあてはまるかということへと進んだりするのではなくして、ハイデッガーはいかにして自己の可能な在り方が現われ出るかということから始める。そしてそこから、いかにしてこうした存在の仕方が意味のあるものとしてはっきりと言い表わされるようになるかを語り出すのである。一言で言って、私の実存は私がそれを「知る」ことに先立つのである。それゆえ解釈に関する叙述は可能的であることに関するさきの節のあとに来なければならなかったのである。

したがって「解釈」という用語は、我々が存在するものとして、すでにかく在るところのものを明白にする了解のはたらきのことを意味するのである。ハイデッガーは了解の機能が可能性の投企を通じてはたらくことを指摘するが、了解がこの投企を仕上げるのは解釈においてなのである。了解が投企するものを解釈が仕上げるのである。『存在と時間』は、ハイデッガーによれば在るということの意味の解釈である。それであるから彼が解釈一般について描き出した方法は、彼自身の思考の方法と過程を充分に示している。実際、後の方では(第六三節)はっきりと解釈一般の概要をもちだして、それを直接に存在の意味への問い――つまり存在への問いに適用している。『存在と時間』の構造にならって私もまた、解釈のこれら一般的特徴を存在の意味への問いという特殊例に適用するのは後回しにしようと思う。しかしこの節における一般的な記述が、のちにはいかにして存在への問いを解釈しうるかを開示するのに使われるのだということはあらかじめ注意しておいた方がよい。

了解によって投企された可能性を「仕上げる」のが解釈である。つまり、解釈の主な働きはすでに人間の意識の範囲内にあるものを明言化することである。このことは、英語でふつうに「解釈（interpretation）」という言葉の持つ意味とも一致しているのであって、ふつう何かを解釈（interpret）するというのは、すでに見たり聞いたりしていることがらに対して使うものである。ドイツ語では Auslegung と言い、文字通りには「陳列する」という意味である。人はすでに何らかの仕方で持っていないものは「陳列する」ことはできない。したがってハイデッガーの解釈の説明は、すでに何らかの形で自己の経験の内にあることを開示し明言化する心的能力に焦点をあてた説明なのである。我々にいわば解釈されるべき資料を与える様態はすでに見つかっている。それは環境として見られた世界である。世界はそのようなものとして我々が利用することができる。一言で言って、解釈されるものは、我々にすでに手元‐存在の様態として与えられている世界なのである。

ハイデッガーの解釈の説明の基本をなしているのは次の三つの考え方である。

(一)として‐構造

㈡あらかじめ‐構造
㈢意味
ハイデッガーはこれら三つの考え方を使って、いかにして現存在が了解による可能性の投企を通じて、解釈されるべきものを明言化していくかを開示するのである。

として‐構造〔第三二節〕

かまどとしてのかまどは熱をおくり出すものだと言うとき、それはかまどというものを解釈している——いやもっと正確に言うならば「かまど」という言葉が本当に意味している通りに、自己とかまどとの関係を解釈しているのである。つまり解釈とは「として」を明確にするということであるといえる。このかまどの例をとって考えてみるならば、何物かの「として」‐構造を明らかにするときにはその物の目的や有用性を指摘しているのだということがよく解る。たとえば、ある器具が、かまどとして働くものでない——つまり熱を送り出さない——がゆえに本当はかまどではない、と言うような時には、人がかまどをあつかう日常の原初的な仕方で理解していることを明確にしているのである。ある物体がいかにかまどに似ていようとも、またかまどのありそうな所にあろうとも、それがかまどとして機能しえないかぎりはそれはかまどであると言うわけにはいかない。これはあまりにもあたり前の考え方のように見えるが、それだからといって存在論的意義がうすれるものではない。

　このことの主眼点は、我々の了解の、として-構造は我々が世界を手元-存在として見ることに基づいており、世界を何か事物存在として見ることに基づいてはいないということである。ハイデッガーは世界のうちにあらわれる「……のために」について語っている。たとえば我々はかまどが熱を出すために造られていると言うが、この「……のために」(Um-zu) は明らかに手元-存在としての世界から来ている。あるいはまた、私がドアのかけ金をドアを-開ける-ためということにみちびかれてドアのかけ金として解釈しうるのは、私がドアのかけ金に、何かドアを開けるものとしてすっかりなじみになっているからに他ならない。人はある物体を抽象的に無関心に取り上げ、しかるのちに特殊な意味をつけ加えるのではない。私はまず一片の金属片を取り上げ、そしてそれにドアをあけるものという意味を与えることに決めるのではない。ハイデッガーが指摘する通り、私が物体をただ眺めてそれを使わないでいればいるほど、私はそれの適正な意味から遠ざかってしまうのである。

　そういうわけで、私が何かを解釈しているときには、私は体験にそれ以上の意味や意義をつけ加えているのではなくて、そこにすでにあったものをただ明らかにしているだけなのである。さらに、世界の事物においてすでにそこにあるものとは、私がそれを利用する仕方や目的などのことである。したがって解釈とは、あるしかじかの物の「……のために」を明瞭に区切って際立たせることに他ならず、それがその物をその物として見るということなのである。

あらかじめ‐構造〔第三二節〕

解釈するということは、として‐構造をあらわにし、明らかにするということであった。そのためには、先に見たように、実際に解釈が行われるのに先立ってすでに解釈されているものの相がなければならない。解釈はすべて、予‐持（Vorhabe）、予‐視（Vor-sicht）、予‐握（Vorgriff）に基づいている。ハイデッガーはこれらの三要素を非常に簡潔なきびきびした言葉で説明している。この三つの用語全体の分析に一頁足らずしか費していない。しかしこれらの用語は後に存在への問いの分析のところで使われることにもなるので、ここではもう少し詳しく解説しておこうと思う。どこか一つの場所から他所へ、たとえば家から大学へと急ぐ時に自動車を使うようなことがあるが、そのような場合には単に運搬の手段としての自動車に関わっていると言える。

そのような行動においては、自動車の各部分はほとんど、あるいは全く独立した意味をもたないといえよう。たしかに点火プラグは自動車がうまく動くためには非常に重要ではあるが、大急ぎの運転者はそれが在ることにすら気付かないだろう。実際、なにも故障のないかぎり、運転者はたぶん車を車として考えることさえしないのである。心は他所に飛んでいる。そしてこのように、運転者が自動車の各部分や機能をすべて自分の移動のための道具としているというその全面的な所有状態こそが、「予‐持」という言葉に要約されていることがらなのである。

私が事物に、それ独自の「……のために」にしたがって解釈をしながら関わるとき、私はその関わり方の全領域を、あらゆる解釈に先立ってもっているのである。そうした関係が、それの持つ、として‐構造を考えざるを得ないような状況のもとで明白にされるとき、このことはさらに一層明らかとなる。たとえば自動車の場合、大急ぎの教師か学生が大学へ行こうとするが、車が発進しないのに気付いたりした時には、彼は故障の原因に――つまり正しく機能していない所に注意を向けざるを得ない。が、そうした機能はもともと正しく働いていれば決して注意などをひかないものなのである。バッテリー、イグニッション、その間をつなぐ回線といったものは、移動運搬という自動車全体の目的との関連においてのみ意味がある。運転者がバッテリーやイグニッションを明確に意識する時には、それはもうすでに全体的連関の内にあるのである。バッテリーが意味をもつのは、より広い車という意義との関連においてである。そしてもちろん、車の意義はまた、さらにもっと広い範囲の意義に含まれる。講義に間に合うかどうかという気がかり、大学までどのくらいかかるだろうかという目算等々、急いでいる人のその場の状況全体が、車の運搬能力というものの内にすべて集約されるのである。車のバッテリーはその能力に関わることによって意義をもつ。そしてバッテリーの水位はバッテリーの発電能力に関わることによって意義をもち、そのようにして順ぐりに連関はつづいてゆく。

解釈とは、として-構造に気付くことであって、それは何事かが、として-構造に気付かせないかぎり起らないのである。バッテリーとしてのバッテリーは自動車がうまく動かないということによって人の注意を引く。バッテリーは必要なだけの電流を送るためのものだということを知らなかったならば、故障した車は直せないのである。ハイデッガーが「予-持」という言葉で言おうとしているのは、解釈において、として-構造が明確化されるためには、このような意味であらかじめ部品の機能や目的がわかっていることが必要であるということなのである。

さきの自動車が故障してしまった学生の例にもどれば、さらにつぎのようなことが認められる。つまり、自動車が発進しないと気付くや否や運転者は、車がどうやって動くかという自分の知識に基づいて、車のもっと細かい諸機能へと注意を向けるようになる。車が発進しなければ、スターターやバッテリーや回線といったものが皆意義をもっている点火装置全体に注意が向けられるわけである。このように、まず最初に問題となりそうな領域を取り出すことが、ハイデッガーにおける「予‐視」と呼ばれるものである。ハイデッガーはこれを予視が「刻み目を入れておく」（上三二五頁）のだと表現している。Vorsicht はあるいはまた「視点」（point of view）というふうに訳してもよいかも知れない。ただ、予‐視というものが、何か人が予持について反省したあとからなんらかの特別の仕方で起るものであるなどと誤解してはならない。予‐視も予‐持もともに、人が「として‐構造」を明確に注目する以前のものなのである。私が故障した車という問題の解決に注意を向ける前に、すでに私は電気系統に注意を向けられるだけの視点ないしは予‐視を持っていたのである。解釈の展開の一要素としての予‐視は、あらかじめ人がもっているものの一つであり、また、それを通じて「として‐構造」がはっきりと明瞭になりうるようなものなのである。

同じことが予‐握についても言える。予‐握とは、それによって人が現象の解釈に向うようなもののことである。予‐視の機能は我々の注意を特定の問題領域に向けることであったが、それにひきかえ予‐握の方は、として‐構造を明らかにする概念との関わりにおいて働く。故障した自動車の例で言えば、運転者が車の発進しないのを電気系統の故障と解釈する、そうした精神の態度や傾向といったものが予‐握である。つまり、として‐構造は、予‐握において明らかにされるのだとも言える。（車はそれが発進しないから車として機能していないのである。スターターもまたその役割をはたさないことによってスターターとして機能していないと言われるのであり、バッテリーもまた同じことである。）この分析において真に重要なことは、こうした、あらかじめ‐構造が現存在の世界への手元存在的な関わり合いから来ているものであり、事物存在的な純粋に計量的機能ではないということである。

したがってすべての解釈には、現存在が世界を手元存在的に使うことに基づいた予持・予視・予握というものが存するのである。そしてこのことは第六三節でハイデッガーの語っている存在への問いの解釈についてもあてはまるのである。解釈とは、了解によって投企された「として‐構造」を明確にすることなのである。したがってこの構造は、いかにして存在の意味の了解と解釈が可能であるかを理解するのに非常に重要なものとなることがわかるであろう。

意　味〔第三二節〕

かまどはかまどとして、熱を送り出すものであることが指摘された。ところで、かまどの意味は熱を送り出すことだとも言える。つまり、意味とは「として‐構造」に気付いた了解のことなのである。人がある行動の意味を了解する時には、人はその行動をその行動として了解している――つまりその目的やその使用に関して了解しているのである。たとえば接吻の意味を了解するということは、接吻を接吻として、つまり愛情の表現というその目的に関して心得ていることである。意味についてのこうした考察はおそろしく単純で幼稚に見えるかもしれないが、しかしその単純さは見せかけだけのものである。これはハイデッガーの哲学全体にとって重要なものなのである。なぜならば、このような意味の取り上げ方は意味の焦点を言葉にではなく現存在におくものだからである。

特に英語圏内においては、意味に関する一つの根づよい伝統があって、こうしたハイデッガーの主張と真向から対立している。そこでは普通、言葉や命題のみが意味をもつものと考えられているのである。世界におけるある行為や出来事が意味を持つためには、まず何らかの形で言葉にされなければならないというのである。しかしハイデッガーはこれを否定する。彼の言うところでは、言語的意味は一派生的形態にすぎない。『存在と時間』の次の節（第三三節）においてハイデッガーはこのことをまことにくっきりと描き出している。しかしまず、正確に言ってハイデッガーが「意味」という言葉をいかに使用しており、それはどういう意味なのかをはっきりさせておかねばならない。

この用語がどこに使われているかということも重要である。意味の論議が行われているのは「「現（ここ）」の実存論的構成」という題の一まとまり（第二九節―第三四節）においてである。したがって意味とは、「世界の内のここに在る」ものである現存在の「ここ」の一部をなしているのである。もっとくだけた言い方で言うということになる。現存在とは世界の内にあって、だいたいは非反省的に、いつもその一部を使っているような者である。このように世界に慣れ親しんでいること（したがって世界から分離していないこと）は、一面、私が世界を使用する仕方に時には自ら目を向けることが出来るということでもある。そのように目を向けることがおこると、世界の或る部分が私にとって役立つものとなる場合の特定のあり方（「として－構造」）が明確になる。そしてそれが明確になるときに、私が世界を利用するその仕方を有意味だと呼ぶのである。したがって意味とは、私が世界の内のここに在ることの一様態だといえることになるのである。

　実存論的分析論において意味という語が使われている個所をさらに一層入念にしらべたければ、特に、投企としての了解を論じた部分が大切である。投企や解釈を言葉に置き直したとしても、それは何かを了解そのものに「つけ加えた」ものなのではない。そもそもそのように言葉に置き直せるというのは、意味のもつア・プリオリな特質なのである。人はまず言葉で解釈を表現してからその言葉の内に意味を見出すのではない。まず意味をわがものにしていて、それからその意味を言葉で表現するのである。

　このような説の結果、現存在のみが、いいかえれば可能性に気付いており世界を手元存在的に見るものだけが、意味を持ちうることになる。ハイデッガーが現存在のみが意味をもちうると言うときには、「意味」の否定形たる「無意味」をも含めているので、現存在のみが有意味でも無意味でもありうるということなのである。ただ、現存在は決して不条理ではありえない。現存在以外の世界がはじめて不条理たりうるのである。これは一見言葉の遊びのように見えるかも知れないが、これらの用語には専門的とも言える意味合いがあって、はっきりと区別しておかなければならない。「不条理」(Widersinnig) とは意味づけの可能な領域の全く外にあることである (文字通りには wider は「反」sinn は「意味」のことで、全体として「反意味」とでも言うべきであろうか)。現存在以外のものだけが不条理でありうる。なぜならば現存在そのものがつねにそれ自身の説明の根拠であるからなのである。人は自分の自己意識にそむくことができ、また実際しょっちゅうそむいているのであるが、そのような行為はただ馬鹿気ていたり無意味だったりするのであって、不条理なのではない。

ハイデッガーは意味の解釈のところを特別に太文字で記しているが、それは以下の通りである。「意味は予持、予視、予握によって構造づけられている投企の基盤であって、この基盤とのかかわりにおいてあるものがあるものとして了解可能になるのである。(注3)」——そこで、意味についてのこの見解をもう少しくわしく見てみよう。

(注3)『存在と時間』(上三二八頁) 参照。

意味はその構造をすでにあるもの（あらかじめ‐構造）から受けているのであるが、そのあらかじめ‐構造とは、現存在が世界を利用できるものとして世界と関わる（手元存在としての世界）その関わり方である。したがって何物かが意味をもつということは、そのものが現存在にとっての利用価値の点で明らかにされるということである。ただしこの場合の「何物か」は、抽象的に事物存在として考えられたのではなく、手元存在の様態にあるものであるから、現存在の使用の様態である。したがって現存在が何か特定の使用をするときには、それは現存在によって、それの現存在への働きの点において、現存在に開示されるのである。

このことは抽象的に語ったのみでは少々のみ込みにくいかも知れないので、例をあげて考えてみよう。たとえばピーターなる若者にディヴィッドという友人がいるとする。あるきわめて友好的な共同作業のあとで、ディヴィッドが友情の身振りで握手をする。ピーターはその喜ばしき温味を感じとって、そして家への道すがらそれを思い返す。その握手はどんな意味を持っていたのか？それは友情のしるしだったのだと言える。それがその握手の意味なのである。それはピーターに関わった行為である。その意味が彼に開示されたのはピーターがすでにもっていた友情を通じてである。その行為の意義はピーターによって解釈されている。そしてその行為はピーターのためになされたのである。

握手がすなわち友情であると言うわけではないし、「握手」という言葉を分析してみてもそれ自体でそこに起っていることの意味がはっきりするなどと言うつもりもない。ただ、握手の意味はすでに存する何物かの上に築かれており、それはすでに在るところのものを明らかにすることによって解釈される、と言うのである。このような解釈の反省作用ののちにはじめて、言葉が意味を表現するのに使われうるのである。もちろん、それ自体で一種の関わりの機能をもっていて、説明するのに何もそれに先立つ行動がいるわけではないような行為や言葉というものもある。いわゆる performative utterance（訳注・英国の哲学者オースティンの用語。ここでの例のように、発語それ自体が一つの行為としての意味をもつような発語のことを言う。たとえば「ここに私は次のことを約束する……」云々）なるものがそれである。しかしその場合にも、意味をもっているのは言葉ではなくて、何らかの可能性の投げかけられたその基盤の方である。（我々はよくこういうことを言う。「何かを約束するということはたとえむずかしかろうともそれを守るということなのだぞ。」と。約束することの意味は、一種の可能的行為の投企である。――つまり約束がなされたという状況のもとで行なうと言ったことを果すか果さないかが問われているのである。）

したがってハイデッガーにとっては、意味とはただ認識論的探究のうちでのみ考察されうるものではない。それはまた、まず第一に言葉や文章にあてはめられるものでもない。そうではなくて、意味とは実存の仕方であり、人が在りうることの一様態である。そのようなものとして意味は存在論的探究の内に位置づけられる。我々はハイデッガーが実存論的分析論を通じてここに至る過程を見てきた。そしてまさにこの意味についての解釈によって彼は完全に新カント派の認識論と手を切るのである。これに比べれば英米の言語分析派の学者達の間での論争などはコップの中の嵐にすぎない。

さて、ハイデッガーの意味論の主要な特長はつぎのようなものである。

一、意味が示しているのは現存在の状態であって、言葉や文章ではない。

二、意味は「として - 構造」における可能性の投企の結果である。

三、意味の究極的な基盤は事物存在としてではなく手元存在としての世界である。

四、言語的意味は実存的意味の派生的形態である。この最後の点に関しては『存在と時間』の次の節でもう少しくわしく述べられている。

ついでハイデッガーは彼の説への反論を予想してあらかじめつぎのように自問している。もしも意味が、現存在の世界への関わりの内にすでに在るものの上に築かれているのだとすると、循環になりはすまいか？　我々はもうすでに知られているものを解釈していることになりはすまいか？　それではなぜ解釈などするのだろうか？

これと似た反論はプラトンの対話篇メノンの内でソクラテスが行なっている。

メノン　おや、ソクラテス、いったいあなたはあなたが知ってもいないものを、どうやって探究するおつもりですか？　あなたは何を探究の目標としてたてようというのです？　それに、もしかりにあなたの思うものをさぐり当てたとしても、どうやってそれが当のものだとお解りですか、もともと知らなかったものなのに？

ソクラテス　君の意見によれば、人間は自分の知っていることも知らないことも探究することができない。なぜならばもし知っているならば探究する必要はないのだし、もし知らなければ、これまた探究することができない。なぜならば自分が何について探究するのかその当の目標を知らないのだから、とこういうわけだね。

『メノン』八〇E

プラトンと同じくハイデッガーも、循環論法の問題が取るに足らぬ反論だとは思っていない。彼は解釈の循環構造を重大視している。といって彼はそれがいわゆる循環論法だと考えているわけではない。しかしそれがたしかに循環には違いないことを彼は強調する。もちろんこれに簡単な解決をつけることはできる。私がこれから探究し、解釈する当のことを知ってはいても、探究や解釈は私がそれまでただ漠然としか気付いていなかったことをより明確にしてくれるのだ、ということである。ただこのような「解決」では困ることが一つあって、これではただ問題がどこに在るかを示しているだけなのである。すぐに次のような問いが出てきてしまう。いかにしてその「明確にする」ということが起るのか？——そしてこの問題こそハイデッガーの解釈についての考察が明らかにしようとしていることなのである。

少なくとも三つ以上の違った節のなかで、ハイデッガーは解釈の循環的性格について述べている。（注4）この解釈の循環性ということは、ハイデッガーがこの構造を存在の意味という特定の問題（第六三節参照）にあてはめる時、非常に重要なものとなる。もちろん、解釈の構造を『存在と時間』において目指された問いに適用しようと思えばこそ、ハイデッガーは考察の基盤をしっかりと現存在の記述のうちにうちたてることを主張しているのである。また、解釈一般に関する論議のあちこちで、彼はそれが存在への問いに適用されうることをほのめかしている。しかしながら次の点は読み落してはならない。つまり『存在と時間』の構造は、存在論的基盤を考察する前に実存論的分析論を完成しなければならないようになっている、ということである。

（注4）『存在と時間』（上三三〇頁、下一〇九頁、四二二頁）参照。

ハイデッガーの意味や解釈の説を研究するためには、つぎのような問いをたててみなければならない。なぜハイデッガーは解釈や意味の基礎を手元存在性において事物存在性におかなかったのか？　という問いである。それは、ハイデッガーの言によればいついかなる時にも現存在は現存在の実存論的な気付きの外にあるものの意味を理解することはないからなのである。もしも「客観的意味」という言葉が全く何らの主観的、実存論的影響も受けていない意義のことをさすのだとしたなら、ハイデッガーはそんな意味がありうることを否定するに違いない。したがって科学的知識というものを我々がいかにして物事を知るかの模範例とするのは、全くの間違いというほどでないにしても誤解を招くものであることになる。さらに、解釈と意味とを共に手元存在にもとづかせることによって、いかにして「在ること」の意味が解釈されるかの説明が準備されている。と言うのは、もしもあらゆる形の解釈が人がそれぞれの様態においていかに生きているかの「として‐構造」を明らかにすることとなのであれば、実存としての実存もまた、同じように解釈の主題となりうるからである。そこではただ「として」が実存のある個別例から、実存としての実存へと移っているだけなのである。

結局『存在と時間』の課題は、在るということの意味（Sinn von Sein）を解明することとである。そしてそのような解明をはっきりと理解するには、実存論的カテゴリーとか意味とかいったことを充分に理解し、つかんでおかなければならないのである。

陳述と解釈〔第三三節〕

この節におけるハイデッガーの目的は、今や実存論的分析論の中心命題とまでなった次のことを明確に打ち出すことにある。つまり、真理は単に「真なる」命題を並べたてただけでは得られない、ということである。たしかに、「真理」を主題とした考察はこの時点に至るまで、まだはっきりとはなされていない。そしてこの節でさえも、まだ真理の現象を充分に検討する用意はできていないということが、はっきりと断わられている。しかしながら、我々はすでに意味が原初的には判断や命題の問題ではなくて、実存の問題であることを見てきているので、「真理」もまた同じく文章の内にではなく実存の内に基づくものであることが解っても、大したショックではないであろう。

しかし、派生的な意味においてとは言いながら、判断はたしかに意味をもっている。人は実存論的意味から陳述的、命題的意味をひき出すことができる。しかしそれが行なわれる場合には重要な変化が起るのであって、そこでは「として - 構造」の内に解釈されるのはもはや手元存在としての世界ではなく、事物存在としての世界なのである。手元存在から事物存在へのこの移り行きは、何物かを、使用され役に立つものとして見ることから、単に理論的に知られるものとして見ることへの変化である。この前者の「として」をハイデッガーは解釈学的と呼び、後者の「として」を命題論的と呼ぶ。解釈学的「として」が起るのは、たとえば私が金づちを何か木に釘を打ち込むためのものとして「見」たり「解釈」したりする時にであり、命題論的「として」は、金づちをしかじかの付属せる「特性」をもって単に世界の内にあるだけの対象物として見たり解釈したりする時になのである。

気を付けなければならないのは、判断や命題を分析する時、ともすれば命題論的「として」の面からばかり扱ってしまって、実存論的に重要な解釈学的「として」が鋭い探究の糸口を開くかも知れないことなどすっかり忘れてしまうということである。もし言語分析を全く命題論的にしかとり扱わないことにしてしまうと、まさに出発点からして基礎的存在論の可能性をしめ出してしまうことになる。何か実存論的に意味のある性格をつけ加えるように努力してみたところで、そのような「つけ加え」は認識的な意味そのものには属していないのであり、たいていの場合、哲学的厳密さを欠いた感情的付与として扱われるのがおちである。これに対して、ハイデッガーの分析では実存論的意義が先に来るのである。このような主張は何に基づいているのだろうか？

我々がすでに意味や解釈について知ったこととあわせて、ハイデッガーの陳述の分析をくわしく見てみると、なぜハイデッガーが実存論的意味が第一のものであると主張するのかが明らかになる。ハイデッガーは陳述ということを判断（この内には現代論理学で言う命題も含まれる）とほぼ同一視しているようであるが、この陳述には次の三つの意味がある。㈠、提示　㈡、述語すること　㈢、伝達。そしてこれら三つをととのった形に一まとめにするならば、この言葉は「伝達しつつ規定する提示」であると言うことができる。(注5) そしてこの「定義」の三要素のそれぞれについてのハイデッガーの分析は、いくつかの重要なポイントを明らかにしている。

（注5）『存在と時間』（上三三七頁）参照。

㈠「陳述」の第一の意味が提示であることを示すことによって、ハイデッガーは提示されたものが表象ではありえず、存在者そのもの（das Seiende selbst）であると語る。それはどういうことかと言えば、たとえば私が、金づちが重過ぎると言うようなとき、私は理論的に思惟された金づちの概念について語っているのではなく、私が使うものとしての金づちの話をしているのであり、それが先にも見た通り、金づちの第一の意味なのである。

㈡ハイデッガーはまた、「述語づけ」とは何物かに定まった性格を与えることだと指摘する。これもやはり「提示」することの一種ではあるのだが、ただもっと狭い、限定された仕方での提示である。つまり陳述とは、ただ単に提示するだけではなく、特定の定まった性格を提示するのである。ここでもやはり、述語によって定められたものは物の表象ではなく、手元存在としての第一の意味における物である。

㈢最後に、陳述は伝達するものである。しかし伝達されるのは、人が陳述の内容にいかに対しているかということである。抽象的で理論的な概念が伝達されるのではなく、人がいかに手元存在に関わっているかが伝達されるのである。

したがって私が「この金づちは重過ぎる！」と言う時には、私はまず金づちを提示しており、かつ述語によってそれが重すぎるという事実に特定の注意をひいており、かつまた私がその金づちを楽々とは扱えないということを聞き手に伝えているのである。これは決して理論的で中立的な「金づち性」なるものに同じく理論的で中立的な「重さ性」を（繫辞によって）ただつなぎ合わせるといったことではないのである。

ハイデッガーが陳述の基本的な意味について語っているところによれば、これは今だに手元存在の原初的領域の内のことである。しかし陳述が理論的な言葉で表わされるようになると、それが解釈学的手元存在から命題論的事物存在へとうつり行く。もちろん、そうした理論的活動もそれとしては有用であり、科学にとってなくてはならぬものである。しかしそれが、自らの実存論的根元から引き抜かれてしまってはならないのである。

このような陳述観には、命題論理がともかくも第一のものであると主張するような人々は真向から対立するであろう。しかし、ハイデッガーの分析の意義を充分に明らかにするには、彼が真理論を展開しているところを見てみなければならないであろう（二七〇頁以下参照）。

言　語〔第三四節〕

もしも誰かが或る母親に向って「あなたの御子息が病気です」と言う場合には、その言表に含まれた独自の意味合いは、単にその文章の文法的、論理的要素を考慮しただけでは決して分析しきれるものでないであろう。誰がそれを言っているのか、どのような条件のもとでか、誰に言っているのか、話者の、そして聞き手の人柄はどんなかといったことをすべてひっくるめてはじめて、そのような状況において本当に何が起っているのかを確定することができるのである。話し手と聞き手の間に何が伝えられたかということは、純粋に言語学的な、あるいは論理学的な立場に基づいてではなく、実存論的な立場に基づいてでなければ正確には説明しえない。したがってハイデッガーは、言語の基礎は文法でも論理学でもなく、語りであると言う。形式的な意味に用いられる言語（Sprache）に対するものとしての語り（Rede）は、実存論的に言って重要である。語りというものは、互に関わり合い、世界における事物の交渉や他の人間との様々な微妙な関係にまき込まれている人間にとっては、本質的な特質なのである。このような活動、このような実存様態を言語の基本とするハイデッガーの主張は、どのような言語論にとっても多大の影響をおよぼすものである。ハイデッガーが正しければ、純粋に形式的な言語分析はすべて原則的に不充分だということになる。そればかりか、真理も命題の内にあるのではなく、そのような命題の実存論的基盤の内にあるということになるのである。

　ハイデッガーの言語論においてもっとも重要な側面は次のようなことである――文章とは現存在が世界と関わる実存論的な仕方を形式的に表わしたものにすぎない。したがってそのようなものとしての文章は派生的なものであって、人間の間の伝達の基礎をになっているものではない。実際、文章は第二次的な位置にさえあるものでなく、せいぜい第三位を占めるものだと言わなければならない。実存論的な基盤は語りであり、語りの表現が言語である。しかしそれがすなわち文章ではないので、言葉はまだ手元存在であり、使われるものである。それが理論的に解釈されてはじめて、単語と文章という形をもった事物存在になるのである。

ハイデッガーの語りと言語の分析は、意味と解釈に関するこれまでの節ですでに指摘されたことを再び強調するようにはかられている。つまり、どのような場合にも、形式的な関係や理論的な意味について充分に論じようと思ったなら、その前にその基盤となる実存論的様態をさぐらなければならない、ということである。この節ではハイデッガーは、まさに理論的・形式的分析の構造そのもの、すなわち言語それ自体を決定する。実際、おどろくべきことには論理学でさえもが、言表された文章によってのみ意味をもつような関係にかならず基づいていて、ただそれを純粋に抽象的かつ形式的に考察したものなのである。しかし真理が住まうのはそのような形式的な関係の内にではなく、むしろそのような関係は真理の内にすでに含まれていることを明らかにするためにこしらえられたのである。ここでハイデッガーが目指しているのは、人間の交渉における純粋に形式的な性格は全く派生的なものであることを明らかにするために、言語の実存論的基盤（語り）へと注目を集めることであった。意味の分析の場合と同じく、ここでの記述もまた彼の真理論への布石となるものなのである。

もしも語りが言語の基礎であるのならば、「聞くこと」及び「沈黙」といった活動もまた本質的に記述に属するものである。なぜならば、人間同士の伝達がおこるのは現実に語ることの「やりとり」においてであり、そこは聞くということも含まれるからである。ここでも、まずただの物音が聞こえてそれが後から何か「意味のある」こととして「解釈」されるのではない。聴取の要素を純粋に抽象的な音として記述するのは、かなり高度な「理論化」である。誰かが私に話しかけるとき、私は決して単語を聴いているのではない。私は発言全体を聴き取っているのである。もちろん反省をほどこすならば、理論的な仕方で単語を抽象し、それによって言語の手元存在的な性格を単語のもつ事物存在的な性格に変えることはできる。しかしそうすることによって、その伝達の内にあった多くのものは失なわれてしまうのである。(子供とか無教育な人とかは、文章の中にいくつの「単語」が含まれているかということに滅多に気がつかない。子供がときどき、よく耳にする言い回しを全部つなげておかしな風につづってしまうのも、孤立した単語を聞いているのではないこと、そして更に重要なこととして、それをそのような事物存在的、理論的な仕方で理解しているのではないことを示している。)

言語は伝達である。しかしそれはすでにそこに在る伝達である。それは我々が我々の語りを明確にするのに用いるものである。語りにおいては、言語の明確な一語一語が対応している以上のものがいつでも伝えられている。だがそれは、語りの内において感じ取られるものを言葉で伝達することができないということではない。たとえば、上手に書かれた対話を読んでいる人は、言葉を読んではいるけれども、ただその字面を読んでいるだけではない。読みながら自分自身の「語り」を行なっているのである。つまりその時読者は、単に頁の上の言葉を眺める者としてではなく、言葉を話しかけられている者としてそれに没入しているのである。これはただ「感情的」なできごとなのではない。語りの実存論的様態が（読むことの特殊な様態の内で）でき上っていてはじめて、読者は本当に書かれたことを理解しうるのである。

ハイデッガーの語りについての説明は、もちろん、世界-内-存在としての現存在を描き切るために必要なものなのであるが、そこにはまた「巧妙にしくまれた」別な目的もあるのである。言語の基礎をなすのは命題間の厳密かつ形式的な関係ではないことを示すことによって、ハイデッガーはある程度まで、自分自身の哲学的方法を説明してしまっているのである。と言うのも、ハイデッガーの言語論が正しければ、純粋に命題言語に基づいたような哲学説は、決してハイデッガーの実存論的記述に比肩しえないわけだからである。それだからと言って、誰かが彼の説の論理的誤りを指摘したり、彼にまさった哲学説をひっさげて登場したりすることが不可能だというのではない。ただ、彼にまさった哲学説は単に言語学的な記述ではなく、実存論的な記述をなすものでなければならない、ということなのである。もちろんこういったことは、哲学者が真理ということに関心を抱いているとした上での話であるが、真理はどこに在るかということが非常に重大な哲学的問題であることは間違いないであろう。ここでのハイデッガーの主旨は、真理は命題の純粋に形式的・論理的性格の内にはないということである。そしてこのことは、真理現象についてのハイデッガーの分析においてさらに充分に詳しく説明・検討されるはずである。現存在の世界内における「ここ」についてのハイデッガーの分析は語りの分析をもって完成する。我々は、現存在が現実に「投げ出されて」いる状態におけるのと、可能性におけるのとの二つの側面において意味を持っていることを見てきた。現存在は決して単に現実的であったり、単に可能的であったりすることはなくて、可能性も現実性も共に等しく重要なのである。これら二つのあり方との関わりによって、現存在の意識は情態性と了解というものになる。この二つの様態の内容は言語によって明確にすることができるが、その言語の基盤は実存論的語りである。しかしここに至ってもまだハイデッガーは、日常的現存在についてすっかり考察を止めてしまってよいとはしていない。最終的、統一的実存論的カテゴリーである配慮にとりかかる前に、「世人」という自己の様態をさらに詳しくあばいて、それへの下準備をしている。

日常性と頽落〔第三五節―第三八節〕

『存在と時間』の内には、非常に重要で影響するところ大ではあるが、あまり説明のいらないという節もいくつかあって、第三五節―第三八節などがそれにあたる、と言えよう。ハイデッガーの素晴しい現象学的記述は全く平易で、ここではただ主要な用語を簡単に説明し、二、三注意を加えるにとどめておこうと思う。

頽落〔第三五節〕

頽落（Verfallen）は一般的な性格であって、さらに細かく空談、曖昧性、好奇心などの内にあらわされている。ハイデッガーが強調しているように、これを何か非難すべき、「罪ある」ものとして見るべきではない。これは実存論的には、人はしばしば非本来的な無名の「世人」というものの内に没入して自己自身への気付き（awareness）を失うものだという意味を持っているのである。しかしここにはさらに重大な存在論的意義がひそんでいて、それは、この非本来的様態を分析すると、まさにこの非本来性の内に、人がそこから頽落してしまったもとのもの——すなわち自己の本来的な気付き——が開示される、ということなのである。もちろんそこまではこの章では展開してゆかない。しかし、そういう重要性があることはここで指摘しておいた方がよかろう。一言で言ってしまえば、頽落とはそれが何を意味するかの重要性に気付かぬこと、なのである。

空　談〔第三五節〕

……そして僕らは座ってお茶を飲む。
海辺の貝殻みたいに知らん顔に丸まって、見せかけの会話とわざとらしい溜息の海鳴りが、ほら聞こえてくる。
僕らの人生の外側で、
……そうだたしかに、僕らは言葉で大切なことを喋るんだ。
「分析には価値があろうか?」「劇場は本当に死んだのか?」なんて
……君がいま、僕には解らない。
見せかけの会話とわざとらしい溜息で。僕らの人生の外側に。(注6)

（注6）ポール・サイモンの「うるさいお喋り」より。チャリング・クロス・ミュージック社の許可により転載。

ポール・サイモンのこの美しい歌の文句は、まさに非本来的としか呼びようのない会話を描写している。空談とはちょうどこの会話のようなものである。ただ、空談はこれほどはっきり非本来的とわからない表現形態をとることもあって、世の中のことが何でも「面白く」て仕方ないけれども少しも切実でない、お喋り好きの人達などというのがそれである。あたりさわりのない「ほう、面白いですな！」という言葉の内には、はっきり嫌いだと言うよりはるかに不快な一種の無関心がのぞいていることが多くて、嫌なものである。空談の内には、自分で頭を使ってものを言う代りに、いつでも膨大な資料や統計をひいてきてすませるような人も入っている。それはまるで、何か魔法によって、明白な事実の正確な統計資料がそれだけで自然に、何が問題であって何をしなければならないかの了解を生むといったふうなのである。こうしたことはすべてハイデッガーが空談（Gerede）と呼ぶことの例であり、それはまた、非本来的な世人‐自己が、存在の意味を顕すべき言語の真正な活動をおおい隠す、その煙幕でもあるのである。

（ハイデッガーの頽落解釈のうらにある方法論がもっともはっきりとでているのは、おそらくこの空談という様態においてである。「見せかけの会話」などという歌を聞いていると、我々は余りにもしばしば、互に語り合ってさえいないことに気付く。そしてそれに気付くと、本当の会話がしたくてたまらない心持ちがおきる。つまり、我々の言語の一様態の虚偽に気付くことによって、そうでない様態会話が本当の対話となっているような様態もあることに気付くのである。そう言えばドストエフスキーの『カラマーゾフの兄弟』のなかでイヴァンが、悪があるのならば善もまたなければならぬと語っていたのが思い出される。いずれにしてもハイデッガーが言おうとしているのは、本来的なものの構造が明らかにされうるためには、その前にまず非本来的なもの——まずさし当って我々の出会うもの——が充分に理解されなければならないということなのである。)

好奇心〔第三六節〕

空談によってあらわされているような、世界とそこでの事物、人々に対する態度が好奇心(Neugier)である。ここでもまた、空談の場合と似たような例にお目にかかる。世界に対する態度が、酔い心地で、好奇心に満ちていて、しかし究極的には無関心な観察の態度であるような人々は、世界への関わりにおいて非本来的であると言えて、ハイデッガーはこのような態度を好奇心と名づける。もちろん、それは単なる態度といったものではない。それは一つの実存論的カテゴリーなのである。つまり、それは何か心理学的影響によかとか人が世界とかかわる時の一つの本質的な仕方なのである。そしてそれは克服しうるし、またおそらく克服しなければならないものである。しかしいずれにしてもそれが現存在に実存論的な影響をもっていることは否定できない。

このような態度の極端な例をあげるならば、人間の酷い苦しみをいとも気楽に、好奇の的として、あるいはまた「科学的に興味深い」とさえ見るような人間のふるまいがある。ナチの科学の犠牲者に対してナチが示した無頓着な「興味」は、多くの点で、その実際に犯した行為そのものよりはるかに我々をぞっとさせる。しかしこのように極端な例をあげるのはあまり賢明ではないかも知れない。と言うのは、好奇心は頽落の様態としては、あまり目立たない事例においてこそもっともしばしばあらわれ、したがってとらえ所がないものだからである。よく、すべての人生における出来事を等しい重要性をもつものとして受け入れる人々がいる。実際ときとして、二流の芸術品を大傑作と同じよう楽しめるのはうらやましい取り得だとさえ思われることがあるほどである。しかしこれは、「悪しき民主主義」とも言うべきものであって、ハイデッガーの分析に従えば、本質的に非本来的なのである。

曖昧性〔第三七節〕

空談や好奇心で身を固めた者は、ほとんどその当然の帰結として、そうした非本来的な外見のうらに自己自身をかくすことが出来るようになる。ここで「曖昧性（Zweideutig-keit）」という言葉がでてきたからといって、それを軽症の精神分裂病などと思ってはならない。（たしかにハイデッガーの分析は心理的現象に多大の光を投げるものではあるのだけれども。）空談や好奇心の場合と同じく、ここでも語られているのは、人が世界-内-存在である以上必然的な様態である、平均的、日常的現象のことなのである。この曖昧性という様態の主な性格は平静さということである。こう言ったからとて、ハイデッガーは何も活動的であれとか、すべての活動において鼻息あらく張り切っておれなどと言っているわけではない。ただ彼は、人が自己を純粋に認識的で受動的な計算機のように見なしているならば、そのような様態は非本来的だと言っているのである。

まとめ

以上にあげた様態についてのハイデッガーの現象学的記述は美事なものであって、あれこれ解説する必要もない程である。しかし一応、次の章に進む前に現存在の頽落について次の四点について注意をうながしておくべきであろう。

一、ハイデッガーは日常的な世人‐自己の様態を詳しく説明して、我々がその非本来的実存を言葉に表わす様（空談）、我々が興味はあるが冷ややかな目で、非本来的にまわりの世界を見回す様（好奇心）、そしてもう一つ、我々自身の自己意識が、そのような限られた見方、語り方によって曇らされる様（曖昧性）を描き出しているが、そこで示されているのは、非本来性の現象は単に漠然とした一般的な疎外の感じなどではなくて、探究の価値ある非常に独特な人間存在の様態なのだということである。したがってこの節の一つの重要な側面は、ただそうした分析がまさに可能であることを示すことにある。

二、ハイデッガーが自己の非本来的様態――すなわち世人自己について語るところによれば、そのような様態が何か悪いものであって、何としてでも克服すべきものであるというわけではない。むろんある意味では、いかにして非本来的なものが働いているかに気付くことは、本来性を獲得するがために重要なものなのである。しかしそれは何か避けるべきもの、恥や罪とすべきものなのではない。

三、平静が非本来的の様態であることを示すことによって（上三七八頁）、ハイデッガーはここでもまた公平無私な中立的観察者という知識の型をくつがえしている。したがって本来的な知識というものは、コンピューターのごとき安易で正確無比な知識でもなければ、物知り博士の百科辞典的博覧強記でもない。また実際多くの人々も、クイズのチャンピオンは大層な物知りではあっても真の知恵からは遠いのだという、漠然たる感じをもっている。ハイデッガーはただそれを指摘しただけではなく、なぜ知識に対するこのような態度が非本来的なのかを示している。単に「すべての事実」を知っているだけの人は、あの中心的な問い（存在の意味は何か？）に触れることなく終っていて、従って非本来的なのである。そしてこのこともまた、世界におけるすべての存在的な知識が存在論的な知の了解をもたらすものではないという認識をあらたにするものである。

四、最後に、当然のことながら、非本来性は決して本来性より現実性において劣るものではないことを心に留めておかねばならない。そのためにこそハイデッガーはその分析を日常的現存在を基礎にして始めたのである。

頽落に関するハイデッガーの記述は金鉱のごとく示唆に富んでいる。おそらく『存在と時間』の他のどの節といえども、これほど、新しい神学、宗教界の新思潮が好んで引用する節もあるまい。たしかに、そのことはハイデッガーの創造力の豊かさを物語るものであると同時に、最近の宗教家達の感覚がすぐれていることの証明でもある。しかし、このように実存論的分析論の単なる一側面、一部分にすぎないことのみを強調してしまうのは、それを歪めることにもなりかねない。この節は、「世人」の枠の内からのがれ出たいと躍起になっているような人々には特に魅力があり、納得のいくものであろうが、そのために片寄った見方をしてしまってはならない。ハイデッガーは「道徳」を説いているのではない。彼はただ人間という存在者への鋭い洞察をもって、上述のような非本来的契機が、人が存在論的問いへの直面を避ける場合の構造をいかに開示するかという、そのことを示しているだけなのである。それは、存在への問い（Seinsfrage 在るとはどんな意味をもつかの問い）の境位をあらわにするために行なわれているのである。この章を読んで心理学的な教訓を得ることは大いに結構であるが、それはあくまでも主な課題にとってはおまけのようなものとして見なければならない。

ハイデッガーはここでの分析があくまでも補助的なものであることを、口を酸っぱくして言ってはいるのだが、彼を実存的道徳家として読みたがる人が居るのはいたし方のないことである。ハイデッガー自身も、またもう少しわけの解った解説者達も、そろってそのような解釈をしりぞけているときに、なおかつそのような頑固者に出会ったならば、世の中には聞く耳を持たぬ者がいるものだと放っておくのがよかろう。

第五章　配慮・実在性《リアリティ》・真理〔第三九節―第四四節〕

『存在と時間』の実存論的分析論に関する第一部の最後の章にあたる第六章において、ハイデッガーは三つの重要な哲学的概念に関する考察をもって「予備的考察」をおえている。つまりそれが配慮、実在性《リアリティ》、及び真理である。実存論的分析論の見地からして、これら三つの概念の内もっとも重要なのは、配慮（Sorge）であって、この配慮の内にこそ、すべての実存論的カテゴリーは一つの構造に統一され、基礎的存在論に必要な論理的綜合を可能にしているのである。このような統一の重要性をしっかりととらえる為には、まず第一になぜそのような統一が必要なのかを理解しなければならない。そしてさらにはこの実存論的カテゴリーを統一する機能をあらわにするのになぜ不安（Angst）がもち出されるのかが明らかにされねばならない。

なぜハイデッガーは、実存論的分析論の終りも近い頃になって、他のすべての実存論的カテゴリーの基礎に横たわる一個の、統一的実存論的カテゴリーをうち立てる必要を感じたのであろうか？　それには二つの理由がある。第一には統一する実存論的カテゴリーが一つないと、分析論全体が単に様々な実存論的契機を手あたり次第に集めたといったものになってしまうということである。世界‐内‐存在というもっとも広い実存論的カテゴリーから始めて、自己に独自の実存論的カテゴリーにまで進んでゆくというやり方も、現存在を現存在としてあらわす実存の様態なしには、全く筋の通らないものになってしまうであろう。現存在としての現存在に注目する特殊の実存論的カテゴリーがないかぎり、現存在本来の意味というものは全くなくなってしまうのである（ハイデッガーにとっては、意味とは「として‐構造」に注目することであるのを思い出していただきたい）。

だがさらに、実存論的分析の内に統一的現象を求める第二の理由の方が、一層重要である。ハイデッガーが一つの統一的実存論的カテゴリーを求めるのに力をそそぐのは、もしもそれがないと、単に実存論的カテゴリーをならべたてるだけに終ってしまい、単なる日常性の分析から、その基礎に横たわる存在論的基盤へと超え行くそのつながりが不可能となってしまうからなのである。統一的実存論的カテゴリーなしでは、『存在と時間』は第一部から先に進めないことになってしまう。それがあってはじめて第二部の可能性が出てくるのである。

そもそも、人間存在というものをこのように入念に解釈するのは一体何のためだったのか？　それは単にそのこと自身のためにだけなされたのではない。ハイデッガー自身が絶えずこの分析論を「予備的な」と称しているのである。しかし何の予備なのであろうか？

それは単に実存論的記述の開陳のためではなく、存在論的基盤をあらわにするためなのである。

第二部を読めばわかる通り、現存在の実存の究極的な存在論的基盤は、時間性として考えられた時間である。(ハイデッガーは時間性と時間との間にきびしい区別をもうけている。しかしここでは大まかな話をしているので、「時間」という言葉をもともとの意味にとって、狭義の「時間」と「時間性」とを共に含むものとして使いたい。)しかし時間が現存在の存在として取り出される前に、現存在がその実存に関して本質的にとらえられなければならない。現存在について、すべての実存論的カテゴリーの基礎に横たわると言えるような、何らかの性格、また、ある一つの統一的現象の内に、他のすべての実存論的カテゴリーにもあてはまるような問いをあばき出しうる何らかの性格がなければならない。

だが、この究極的な実存論的カテゴリーのもつ意義を過大評価してはならない。分析論全体を通じて、様々な実存論的問いは常に「これこれの在り方において在るということの意味は何か?」というかたちに形造られていたのであった。それに従って我々は「世界の内に在ることの意味は何か?」とか「他者と共に在ることの意味は何か?」などと問うてきたのである。もしこうした様々の問いがすべて共通の意味を持つというのならば、また、もしすべての実存論的カテゴリーがそれら自身をこえた意義をもつというのならば、もっとも重要な問いは「現存在であるとは何を意味するか?」という問いである。ある意味では、もちろん、どの実存論的カテゴリーもまさにその問いにかかわっているのだと言える。それらはすべて現存在であることの意味をさし示しているのである。しかしそうした分析はつねに実存の特殊な様態についてのものである。これに対してここで求められているのは、それらの分析が、たしかに現存在としての現存在であることの意味を考えさせるものであるのを示すことである。そのようにして現存在の独自の性格（それ自身の「として－構造」）が分離して取り出され、調べられない内は、現存在であることの意味は決して知られない。そしてその結果、もし現存在であることの意味が知られないと、在ることの意味の存在論的基盤もまたさぐることができないのである。

したがって、統一的な実存論的カテゴリーをそれとして取り出すことは、基礎的存在論の全体にとって非常に重要である。しかしハイデッガーはいかにしてこのむずかしい概念を、実存論的カテゴリーの全域の内からさぐり出してきたのだろうか？　彼はただ不安の現象を調べ、そしてその分析の結果から、統一的実存論的カテゴリーが配慮であることを示すのである。さらにまた重要な問いを問えば、なぜハイデッガーは配慮が第一義的な実存論的カテゴリーであることを示すために不安の分析を利用したのだろうか？　このことについては、これからハイデッガーの語るところを追っていく内に、彼の選択が決して恣意的なものでないことが明らかになっていくことであろう。

不安は、自己に直面することと解釈されると同時に、自己からそむき去ることとも解釈されている。しかし我々が知りたいのは自己の意味についてなのである。なぜ我々がまさに見出したいと思っている当のものからそむくような現象を調べるのだろうか？　それに対するハイデッガーの答えは、我々がそむくこと自身が、我々がそこからそむき去る当のものを明らかにするのだ、ということである。どうにも解らぬとお手上げになる前に、次のような例を一寸考えてみれば、それが決して珍しいことではないのが解ろうというものである。

　たとえば私が特別に重荷となるような友人関係をむすんでいるとする。その関係は、私がその友人に対して何かする義務があるというようなものであり、しかもそれが何かとても行なうのが難しいようなことだとする。そして一寸気がゆるんだすきに、私はその義務にそむいてしまう——我々は誰しもこれと似たような経験をすることがあって、これは全くありふれた経験の範囲内のことである。ところでもし誰かが、私がそむいたのは何からかと尋ねるならば、私は非常に正確な答えを心得ているであろう。実際、私は自分の義務をあまりにもよく知りすぎているからこそそれにすくんでしまったのである。私は義務を知らなかったからなおざりにしたのではなく、まさに知っていたからこそ打っちゃったのである。神聖なる誓いの恐るべき重さを感じたことのある者のみが誓いにしりごみする。いとも朗らかに重々しい誓いをやってのけるような者がそのことの意味を深く理解していることは稀である。たとえば軍務につくときにも、喜々として宣誓をするのは若くて経験のない者達である。もっと経験に富んだ兵士は、職務が自分の道徳観と葛藤をおこす苦しみを味わったこともあり、ひょっとするともう再び宣誓などしたくないとためらうことさえある。

このように、普通の経験の範囲内でも、避けることが人が避けるその当のものを開示するということは珍らしくないのである。しかしハイデッガーが言おうとするところはさらに一歩すすんでいる。つまり、上にあげたような例においては、時とすると我々が現にそれに背いている時にのみそれの真の性格が表にあらわれてくることがある、ということなのである、たとえば、我々もよく知っているように、愛というものがそうである。我々が本当にはっきりと、愛するということにまつわる重大な責任を悟るのは、そこから背き去ってのちのことである。かくも重大な責任を負って生きることに失敗してはじめて、それがいかに重大なものだったかが本当に明らかになるのである。

実存論的に調べてみると、不安が自己の本来的な構造を開示するのもそのようにしてである。我々が何を避けるかといえば、それは自己を知ることであり、それを避けていることが「不安」なのである。したがって、自己からの逃避である不安というものを注意深く調べてみれば、自己に独自の性格がはじめて真に閃き出る。このことは逆説的ではあるがしかし全く当然のことであって、不安においても又我々は自分自身と顔をつき合わさざるを得ないのである。

ハイデッガーのやり方は例によってつぎのようなものである。第一に彼は不安の現象を現象学的に調べる。そしてそれによって現存在の第一義的な実存論的カテゴリーは配慮であることが明らかになる。さらにそれがその実存論的構造において把握されるや、問いはただちに日常的視点から時間という存在論的視点へとうつることになる。

しかし、時間が配慮の存在論的基盤として示されるためには、まず「現実性」と「真理」という二つの概念が実存論的に分析されなければならない。それが終ってしまえば、問いの予備的段階は完了したことになるのである。

『存在と時間』のような遠大な見通しを持ったものを読むときには、常に「木を見て森を見ない」ことになる危険がつきまとう。第六章をこのようにかなり大ざっぱに概略を述べたのも、そのようなことに陥らないためであった。ハイデッガーがなにゆえに不安や配慮を考察すべく選んだかを心に留めておきさえすれば、第六章は、難しくないとは言わないが、本質的に理解可能なものとなろう。存在への問いに基づいて不安の探究を築いているそのことが、不安の現象そのものの重要性を増しているという事実があって、そのこともまた哲学的に意義なしとしない。というのも、それはここでの方法論の非凡さを反映しているからである。しかし、それが主要な課題なのだと思ってはならない。この時点におけるハイデッガーの主要な課題は、現存在をまさに現存在として表わす実存論的カテゴリーを分離してとり出すことなのである。

不　安（Angst）〔第四〇節〕

反省的で真率な心をもった人々ならば、見慣れた世界がそっくりそのまま普段の意味を失ってしまったようなうす気味の悪い感じを味わうことがあるものである。そういうときには、普通ならよく見慣れた事物が急に奇妙な、見知らぬ様子をおびるものである。たとえば、自分の部屋が不意にどこか他所の天体の部屋にあるかのごとくに思われ、頭ではいつもと変りのない同じ部屋だと考えてみても、そんな風に言いきかせなければならないことでかえってよそよそしさが増す。そういう時になにか普段やり慣れた動作をしても、自分がそういうことをしているのが何か他人の芝居でも見ているように妙にありありと見えてくるだけである。我々は誰でも人生のうちで二度や三度はそうした瞬間を経験するものである。そして時とすると、そうした経験を意識することの内で、自分自身の存在をかえりみているのに気付くことがある。日常の心の流れからつまみ出されて、まるで全く新しい啓示のようにして自分の実存に気付くのである。まるで自分がはじめて会った人であるかのごとくに自分自身を見つめるのである。そしてそういう自分自身は、日常の心の動きからは何かかけはなれたものである。

そうした経験は楽しいものではないが、様々な理由から貴重なものとして感じられることはたしかである。本当はそうした経験は普通の意味での「経験」というものではないようにさえ思われる。と言うのは、たとえば交響曲の経験は実際に音楽が演じられることでひきおこされるが、これはそのように外的活動によってひきおこされるものではないからである。むしろこうした不気味な「経験」は常に我々のもとに、意識のふちにひそんでいて、ある時不意に自らをくっきりと表わそうとしているように思われるのである。そしてそれは、他の態度や「感情」に抑えられ、押しやられている時にさえも、その影響力を及ぼしているかのようである。

こうした精神状態を表現するのにぴったりの言葉を捜し出すのは難しいことである。そして存在論を探究する者がなぜこのような現象を取り上げるのかということはさらに難しい問題である。しかしともかくもハイデッガーはそれを彼の分析にとって非常に重要なものと見なしていて、原語では Angst という言葉を選んで名付けている。マッケリーとロビンソンはこれを英語の anxiety（不安、心配）と訳しているが、私はむしろ dread（不安、恐れ）と訳した方がうまいのではないかと思う。たしかにたった一語でこの現象の意味を充分に照らし出すということは難しい。しかし言葉というものがハイデッガーの哲学においてはたす役割は重大なものであって、我々も言葉遣いについては慎重にしなければならないのである。その後の作品においても、（注1）ハイデッガーはこの現象を、さらに一層鋭く探究しているが、不安の経験がこのように問題となるのは、たしかにそれが我々を周囲の物事に対する関心から引きはがしてくれて、そしてまた、そのことによって我々に自分自身の厳しくおそろしい実存のことを思いめぐらすようにするからなのである。そのことにおいて、不安は実存を照らし出すのであり、それを分析することが存在の意味への問いにとって貴重なのである。

(注1) 特に『形而上学とは何か』において。

ハイデッガーの記述は、まずもって現象学的である。つまり、彼は、この経験がいかにして自らを明らかにするかを描き出しつつ、この現象を解釈する。そしてその描写からまず実存論的カテゴリーを、次に存在論的意義をさぐるのである。くだいて言えば、彼はまずその現象がいかにして現存在の在り方の一つであるかを見るためにそれを調べ、次にそのような在り方が存在への問いに光を投げうるものか否かをさぐるのである。

ハイデッガーはまず第一にこの現象を似たような現象である恐怖と対照させることによって際立たせる。不安は恐怖と同じものではない。なぜならば恐怖はつねに確固たる恐怖の対象をそなえているからである。私は税務署の役人を恐がり、来るべき試験を恐れ、通り道に陣取ってほえつく犬を恐がる。しかし私の不安の対象は何であるのか? 私は何一つ「これ」として対象を示すことができない。恐怖の場合には、私はどうすれば恐怖を取り除けるかはっきりと解っている。もしも恵み深い人が税金を払ってくれれば、もし試験が中止になれば、もし犬がつながれてしまえば、私は最早恐がるものがないのである。しかし不安の場合には、何が私を悩ませているのか言うことができない。実際もし誰かに、何が私を悩ませているのかと聞かれたならたぶん「何も」とでも答えるよりあるまい。そう言ったからとて、私が全く悩まされていないということなのではない。ただ、私を悩ませている物がどこにもないということなのである。私を悩ませているのは私の実存なのである。

いま、人が不安の状態にあるときにその人を悩ませているものは何かと尋ねられたなら、おそらく答えは「何でもない。」であろうと言った。この一寸見には何でもない良い加減な答えのうちに、ハイデッガーは人の意表をついて全く文字通りの意味をくみ取るのである。ハイデッガーは大まじめで次のように尋ねるのである。「人をそのように不安にしている『(何でも)無い (Nichts)』とは何か? この『無さ』の実存論的意味は何か?」

哲学者の用語のうちでもハイデッガーのこの「無」という言葉の特別な使い方ほど混乱して受け取られたものは少なかろう。それは笑いものになることさえあったほどで、とにかく細かく気のつく批評家にはこれほど気に触る用語もないのである。なぜならば、普通の使い方ではこの言葉は特に何についても語っていないので、それを何か探求のまとにしたりするのは全くの語学的歪曲だというわけである。しかもそこへもって来て多くのハイデッガー研究者達が見当はずれを言うものだから、益々混乱するのである。しかしハイデッガーにとってこの言葉は重大な意義をもっているのであり、特に『存在と時間』以後の著作においてそうなのである。

「無」の実存論的な意味は、実はかなり簡単なことである。人間は自分自身の可能性をかえり見ることによって、自分の有限性に気付くようになる——つまり、彼は自分がいずれ死ぬこと、存在しなくなることを知るのである。この奇妙な感覚は他のどのような形の経験とも比べられない。と言うのは、他のすべての経験は時間の連続の上にうちたてられており、その連続は本質的に実存の永続にもとづくものだからである。これに対して死においては、あるいは単に実存の限界に気付くことにおいてさえも、人はどんな経験にも似たところのないものに直面する。これを「無」と呼ぶのは言語をふみにじるものだとは言っても、そもそも原理的に経験され得ないものを指すのに使われるような言葉は、言語をふみにじらざるを得ないのである。「無」という言葉はまさにぴったりである。なぜならば、ここではたしかに実存論的には重要な、但し経験の対象とはなりえないような何ものかのことを言っているのだからである。

ハイデッガーは「ある一つの無」などというものはないと言う。Nichts にはいかなる形而上学的な述語をもかぶせることはできない。もっとも徹底したハイデッガー嫌いの人と言えども、自分の意識が全く完全に終りになってしまう可能性に直面した時の一種奇妙な胸さわぎを否定することはできまい。「死」を「無」という言葉におき替えることができないということをはっきりさせておくことは非常に重要である。その奇妙な感覚は、死ぬことの経験・自分の体から命をもぎ取られる苦しみといったものではないのである。そういうものならばある意味で「経験」することもできようし、「恐がる」こともできよう。しかし、在らぬこともできるのだと気付くことは何か全く別のことである。ハイデッガーはこの「無」という言葉を実存論的意義を有するがしかし形而上学的に言及できないようなものとして使っているのである。

『根拠の本質について』(Vom Wesen des Grundes)の序文において、ハイデッガーは次のように書いている。Das Nichts ist das Nichts des Seienden und so das vom Seienden her erfahrene Sein. これは非常に訳しにくい一文であるが、ほぼ次のような意味である。「無とは存在者の『無い』であり、したがって存在者から経験される存在(への気付き)である。」この「への気付き(awareness)」は、少しでも解り易いようにと私がつけ加えたものである。しかし非常に訳すのが困難であるとは言っても、この一文の意味するところはそれほど難解なわけではない。無――つまり在らぬことができることへの気付き――は存在者(物)の「無い」(超越・否定)である、ということなのである。そしてこのようなものとして、この「在らぬことができること」の意識は、その経験をするのは存在者(物)でしかないにしても、在ることの意味に焦点をしぼるのである。存在も非存在も共に、それが実存論的に意味をもちうるのは、単なる存在者が否定され、超越されることによってなのである。

そうして、我々にその無を意識させる実存論的カテゴリーが不安である。不安は一つの情態性である。すなわちすでに見てきた通り、我々にあり得たであろうことを意識させる了解の様態とは違って、それは我々に現にあることを気付かせるものである。たしかに不安には了解の要素も含まれているが、不安を情態性とみるかぎりにおいては、それは我々に自分が世界の内に現にいかに在るかを開示するものなのである。では、我々は世界の内に現にいかに在るのであろうか？　我々は世界の内に投げ出されて在るのである。不安は我々をこの被投性へと直面させるのである。

しかし不安は単に我々を世界‐内‐存在として示すだけではない。不安の瞬間には世界は我々によそよそしいものとなり、我々はもはや世界の内に落着いていられないのであって、そのようにして不安は我々を独自の単独者としてあらわにする。ハイデッガーの言い方によれば、不安は単独化するのである。そしてこの私の単独性に気付くことが、私に私自身の可能性を開示する。まさに、我々は今や我々が何を不安がっていたかを知るのであって、我々は我々が自分自身でありうることで不安になっているのである。不安は我々をいわば裸の我々自身の前にすえるので、我々は自分の可能性——真に自己自身となるか、あるいはまた「世人」の心地良いお喋りの内に再び自己を失うかの可能性——に面と向わざるをえないのである。平静や日常性の内でなら自己に直面するのを避けることもできる。しかし不安においては人は自己から顔を背けることはできても、それを避けることはできない。不安とはそういうものなのである。それは、本来的にも非本来的にもどちらにでもなれるものとしての自己の、不気味な意識なのである。

ハイデッガーは不安のもともとの意味は、居心地悪く（我が家に居るようでなく）感ずることであると言う。我々が非本来的な世人的自己を予備的に調べたところでは、非本来性とは「世人」の非反省的な暮しの内に居心地よくおさまってしまうことであった。つまり、世人的世界の内では我々はたしかに居心地良くくつろいでいるのである。ところが不安においてはこの居心地の良さが失なわれてしまう。不安は不気味であり、ハイデッガーはその「不気味」というドイツ語の unheimlich という言葉が語源的には「我が家にあらざる」の意味であることを指摘するのである。そして最早わが家に在らざる時、私は「世人」の存在をではなく、私自身の存在に注目せざるを得なくなるのである。

不安は、他のすべての実存論的カテゴリーにたちまさって私自身の存在の状態に焦点をあてるので、それゆえにハイデッガーはそれを、現存在の第一義的な実存論的カテゴリーをあばく道具と見るのである。

そこで、我々はハイデッガーの分析をどのようなものと心得たら良いのであろうか？第一にはっきりさせておかなければならないのは、ハイデッガーは何か神秘的な体験に頼ったりなどしていないということである。彼は人が本来的自己をかえり見うるのは不安を通じてのみであるとさえ言っていない。彼はただ、そのような経験が、名前は何であれ、真率なものであり、このような経験において人は世界と自己との差異を知るのだと言っているだけである。つまり、不安は単に一つの例なのである。それは、それを分析すると何が原初的実存論的カテゴリーであるかを決めるのが容易になるというような現象なのである。ハイデッガーは不安が本来性への「道」であるなどとは言っていない。彼は、不安が、他の経験ではなかなか明らかにできないことを開示できると言うのである。不安意識はそれ自身をそれ自身として意識することができ、それは単に道具的世界において種々の用具を使用している者として意識するのではないのである。そして不安にそういう力があるのは、現存在をその環境からむりやりひきはがして、いかに在るかの選択に直面させることによってなのである。そのような不安がいつでもどこにでもころがっているようなものでないことはハイデッガーも認める。しかしそれだからといって不安の開示する働きが減るものではない。あるいはまた、ある個人の不安の体験がハイデッガーの記述とくい違っていたなどという反論は全く議論を空転させるものでしかない。ハイデッガーは、「不安」という言葉さえ使ってあれば、それがすべて自分の言う意味にあてはまるとは言っていない。彼はただ、かような経験が確かに可能であるということを、入念な記述によって示しているだけなのである。ハイデッガーの言う不安とは、可能な経験のことなのである。そして実際、もしも様々な人々によくよく聞いてみれば、それは思ったほど珍しい経験ではないのである。

いずれにせよ、不安の分析の究極的な目的は、現存在の第一義的な実存論的カテゴリーが配慮であることを示すことにある。この本質的な目的が果たされるまでは、不安というものを充分にとらえ尽くしたとは言えないのである。

現存在の存在としての配慮〔第四一節・第四二節〕

純粋に直観的なレヴェルで言えば、配慮が現存在の存在であるというのはごく理解し易い、反論の余地なきことであるように思われる。人にとっての、在ることの意味が配慮なのである。それに、人が行なうすべての事は一種の配慮を示すものとして解釈されうることに気付けば、益々それは確かなことに思われる。たとえば、私が自己自身をかえりみるときには、私は自分の興味・関心・興奮・落胆等々のことに注目するのであるが、こういったことはすべて一種の配慮と見なしうるのである。さらにまた、配慮することが増せば増すだけ私自身の実存が一層くっきりと自己自身を開示するという事実が、一段とこの見解をうら付けるように思われる。つまり、愛とか恐怖とか、罪とか勇気とかにおけるように、私が非常に深く配慮しているときには、私自身の独自のかけがえなき実存が増幅されたごとくに感じられるのである。まさにハイデッガーの分析全体が、この配慮という要素を浮彫りにしているのである。

　こうした直観的な考え方は、おそらく間違っていない。それはハイデッガーが他ならぬこの「配慮」という言葉を選んだことにもあらわれているのであって、この言葉はハイデッガーが、そうした直接に現存在の存在が配慮であると呑みこめるような局面をも無視していないことを物語っている。しかし右のような考え方は、説得力のあるものではあるが、この主張を実存論的分析論の展開のうちに眺めた場合、それの明確な根拠となるものではない。実はこれまでの分析の多くはこの主張を目指していたのである。これまでのところの実存論的カテゴリーの解釈を二、三ふり返ってみよう。

　頽落の分析においては、現存在は頽落の様態において、非本来的な世人的自己の世界における興味や配慮へと自己自身を失っているものとして示されたのであった。このようにして間接的に、但し確実に、頽落は現存在の自己自身への関心をあらわにするのである。そしてそれは自己からの背き去りが世人的自己への一種の「没入」であるという認識に基づいているのであり、その「没入」が一種の配慮に他ならないのである。

　しかしながら、世人的自己への現存在のこの没入においては、現存在がこの没入を反省する機会はほとんどないか、あるいは全くないと言える。実際、そのようなことを考えもしないのが世人的自己の世人的自己たるゆえんなのである。ところが現存在が、そのように世人的自己に没入していることがもはや気楽で「自然な」ことでなくなってしまうような気分に陥ると、その時はじめて現存在は一歩退いて自らの役柄をかえり見ざるをえなくなるのである。ものを想うことのない「世人」の世の中にくつろいだ気分はどこかへ行ってしまう。そしてそのようにすべてが疎々しくなったなかで、現存在は自らに向き合うのである。すでに見たように、不安は、現存在をその非本来的自己の非反省的な往来から無理やりにひきはがし、孤立させることによって、現存在を単独化するのである。不安は現存在が本来的に実存せざるをえなくする。ただし、それはそのような存在のし方を自由に選べるようなかたちでつきつけるのである。

したがって不安の分析は単純化された現存在へと焦点をあて、現存在を現存在として考えるためのお膳立をするのである。

たしかに、現存在の分析のための準備はある意味ではもうすっかりできている。はじめの一連の実存論的カテゴリー（世界‐内‐存在、共存在、内存在等々）は、現存在が他の存在者と関わり合う仕方についてのものである。もちろん、そこでは現存在が世界と関わるその仕方が注目されていて、世界それ自体が考えられているのではないとは言っても、それは非自己的な関係の色合いを帯びたものである。分析が現存在のそれとしての性格に近付いてくるにつれて、三つのはっきりとした実存論的カテゴリーが目立ってくる。そのうちの第一のものが、人が現にあるあり方（現実性の様態）をあらわす情態性である。自己を開示する実存論的カテゴリーの第二は、人がありうるあり方（可能性の様態）をあらわす了解である。そして第三のものが頽落であって、人が非本来的な実存の空談・好奇心・曖昧性のうしろにかくれる様（頽落の様態）をあらわす。自己のこの三様の性格にのっとって、ハイデッガーは配慮を第一義的統一原理として見出すのである。少し細かい話になるが、第四一節の最初の段落（上四〇二頁）でハイデッガーは現存在のこの三様の性格についてのまとめをしており、第二段落では了解の役割について、第三段落では情態性の役割について、そして第四段落では頽落について語っている。

第四一節の第一段落で、ハイデッガーは「この存在者（現存在）の基礎的存在論から見た性格は、実存性、事実性、及び頽落性である。[注2]」と書いている。事実性は、すでに知っている通り、情態性の内に開示されている。一方、実存性は了解を通じて開示される。ハイデッガーはこれら二つの実存論的カテゴリーもまた、頽落に劣らず、現存在としての現存在の意味という観点から考えているのである。

（注2）『存在と時間』（上四〇二頁）参照。

一、了解。了解の分析においては、その主な性格は可能性を投企することとして指摘された。これを自己の意味ということにあてはめてみれば、了解は自己自身の前方にそれ自身の可能性を投企する、ということになる。現存在は自己のありうることに気付いている。現存在は単に可能性をもっているばかりではなく、可能性であるのである。私自身の可能性に気付くことによって、私は自分自身の前方へと、本来的であるか非本来的であるかの選択を投企する。本来性を選べばそこにおいては私自身の存在が重要であり、非本来性を選べばそこでは私自身の存在がではなく「世人」の存在が重要となるのである。在ることの意味が現存在にとって問題となっているときのこのような構造を、ハイデッガーは「おのれに先んじて存在すること」と呼んでいる。そして、このような性格は未来の希望や夢のもつ「未だに」という性質のことを言っているのではなく、未来を人にとって意義あるものとしている、あの未来の内でもうすでに到来しているという性質のことを言っているのであると彼は強調する。

二、情態性。しかしながら、この「おのれに先立って存在すること」は、どうにでも生きたいように生きてよいという勝手気ままな自由のことではない。私の世界は有限である。実際、大かたは私にどうにもできないことだらけである。したがって、情態性一般についての分析を思い返してみるならば、先の記述に加えて、我々はすでに、何を言うも決めるもないような世界の内に投げ入れられているのだと言うべきであろう。つまり、現存在の性格は単に「おのれに先立って在ること」ではなく、「おのれに先立って世界の内に在ること」なのである。一口に言ってしまえば、私はただ可能性をもっているのみならず、私の現実性の限界を心得てもいるということなのである。実存するということは常に事実的(factical)であるとハイデッガーは言う。それはつまり了解が常に情態性を有しているからなのである。

三、頽落。了解や情態性といった性格に加えて、現存在としての現存在は一般にその日常的・非本来的な事柄にかまけている。それが、すでに見たように、頽落ということなのである。頽落はその時々のたまたまの態度といったものではない。従って、これもまた、現存在としての現存在の一般的性格の内につけ加えなければならないのである。そして我々の日々の義務に対するこの関心を表わす言葉は「共存在」である。

そこで、これらすべてをまとめて、ハイデッガーは現存在としての現存在の性格をつぎのような長い言葉で表現している。「世界の内で出会う他者と共に存在しているものとして、おのれに先んじてすでに世界内に存在しているもの。(注3)」これは全体が一つの概念として見られるべきものであるから、これを全部ハイフンでつなげても良いところであるが、その必要はない。というのは、これはただ一言「配慮」という言葉のもとに表現されているからである。したがって配慮するとは、すでに世界内部的な他者と共にまき込まれて、おのれに先立ってある、ということなのである。

(注3)『存在と時間』(上四〇六頁)参照。

配慮ということをもう少し細かく分けてみれば、「気を配る」こと（Besorgen）と「心遣いをする」こと（Fürsorge）とにわかれる。すなわち私は自動車やドアの取手やナイフやフォークに気を配るが、兄弟や、友人や他の人々には心遣いをするのである。もちろん、こうした言葉遣いは心配その他の心理学的な意味にとってはならないので、あくまでも存在論的な意義をもっているのである。なおハイデッガーは、あらゆる配慮は自己をすでに含んでいるのだから、特に「自己に対する配慮」という言い方をすることは必要ない。重複であるとしている。

このようにして情態性、了解、頽落が配慮として現存在に基礎を与えていることを明らかにした上で、ただちにつづいてハイデッガーは、配慮がたしかに原初的なものであり、意欲、希望、強制といった現象に還元してしまえないことを説いている。彼は、むしろそういった現象の方こそ配慮に基づいていることを示すのである。そのあたりの論議は、ハイデッガーの記述の巧みな方法を覚えてさえいれば決して難しいものではなく、いちいち全部ここでたどってみる必要はない。現存在の自己を描写するのに使われた実存論的カテゴリーはすべて配慮という一点に集中するのであるということをしっかりと忘れずにいさえすればよい。それさえしっかりと把えておけば、そこから展開してハイデッガーが述べていることは簡単に追ってゆけるはずである。

この第四二節というやや変った節で、ハイデッガーは歴史上すでに、人にとって在るということの意味は配慮であると語っている先人のいることを指摘している。彼は古いラテン語の寓話をあげて、そこでは「人間」が「配慮」によって造り上げられたものと見られているとして、その寓話が、実存論的分析論の苦心の考察の結果得られたことを一種原始的な了解によってつかみ取っているのだと解釈している。この魅力ある一小節についてはは何も解説する必要などないが、それにしても面白いことである。何の目的があってハイデッガーはこの寓話を入れたのだろうか？　もちろん、自説を支えるためにこの寓話にたよったのではない。それはただ、人間の定義において配慮が第一義的に重要であることを知っていた者が他にもいたということを明らかにはするが、議論の支えにはならない。おそらくこの寓話の一番の重要性は、それが古代の寓話であることによって、極度の「理論化」によって曇らされていない思考を見せているというところにあろう。また一方では、これを「直観的」な洞察に訴えて、人間にとって在ることとは配慮することであるという考えを納得しやすくしている。いずれにしても、この節を読むのは楽しいことであって、他に何の役にも立たないとしても、これまでの悪戦苦闘をいやし、これから読み進むべき難所にそなえてほっと息をつかせるという役には立っているといえよう。ついでながら、この節はちょうどこの本の真中頃にあたっているのである。

ハイデッガーはこの直截な物おじをせぬ古代の詩的寓話作家と相対し、少なくもそこに、自説を証するものを見たのである。

実在性（reality）の問題〔第四三節〕

現存在の実存についてのこれまでのところの解釈では、事物存在的と道具存在的との区別が重要なこととされてきている。さきにも、世界を事物存在的対象の集合としか見ないような形而上学をあれこれうち立てようとするのは本質的な誤りであることが指摘された。そしてこの重大な誤りがここでさらに詳しく調べられることになる。

実在を解釈するにあたって、ハイデッガーは他の哲学者達に固有の誤りをあばいてみせる。そのためにこの節において彼は全く否定的なスタイルをとっているが、それは批判のための批判ではない。主な論点はつぎのようなことである。もし伝統的な実在観が正しくないのならば、その伝統的な見方に基づいてハイデッガーの見解を批判することは哲学的に言って無意味である――一口で言って、伝統的な形而上学では実在を、世界内の事物存在的な対象で出来上っているものとして描いている、ということなのである。これに対してハイデッガーは、そのような風に世界を眺めるということは他の、実際にはもっと第一義的な世界の見方を見逃してしまうことになると語る。さらに彼は、世界をこのような伝統的な見方で眺めることによって、必然的に現存在もまた単なる世界内の事物存在的対象の一つとならざるを得ないことを指摘する。そしてそのように現存在を解釈することによって、伝統的な説は非常に錯綜した偽似問題、たとえば外的世界の実在といった問題に悩まされてきたのである。ハイデッガーは実在を事物存在的対象物とは解釈しない。配慮として解釈するのである。

ただ論旨を述べただけではもちろん不充分で、これを肉付けしていかなければならない。それには、ここで今や非常な問題となっている事物存在的なものの性格を詳しく眺めてみるのがよかろう。第一九節においてハイデッガーはデカルトが世界を事物存在的に見て解釈しているとして批判しているのだが、それはどのような意味なのだろうか？「第二省察」においてデカルトは蜜蠟の例をあげて実体と偶有性の違いを示している。そこでは蜜蠟の本質あるいは実体は純粋な延長とされ、蜜蠟がどのように見えるか、感じられるか、臭うかといったことは「偶有性」とされている。この分析においてデカルトは、人がいかに蜜蠟を使うのか、これを溶かして蠟燭にしたりこれで手紙に封印をする人にとって蜜蠟はいかなる意味をもっているのかということについては考えてさえいない。しかし人が最初に蜜蠟とかかわるのは、手紙に封印をしたり蠟燭を作ったりすることにおいてなのである。蜜蠟の存在の究極的な意味は単に空間を占めていることだなどというあまりにも抽象的な見解は、全くあまりにも思弁的すぎて、デカルト主義者といえども真実と認めにくいことであろう。デカルトの召使いにとってならば、これは確実に、蜜蠟は主人や自分達のために世界を役立つものとするその一方便であったに違いない。しかしデカルトの見解では物は純粋に事物存在的であった。実体とは全くの物体性——つまり空間を占めるというかたちで宇宙を構成しているもの——として眺められた存在者なのである。これら実体の目的、機能といったものを考えに入れなかったことによって、デカルトは世界をいささか不毛の地としてしまった。この世界に、目的使用といった道具存在的な性格を付け加える唯一の道は、思考する実体というもう一種の実体を考えて、それにこうした物質的実体の意味付けをさせることであった。当然、哲学を学ぶ者なら誰でも承知のように、このような二元論の結果非常な難題が生じた。その難題とは「心身問題」と称せられているものである。

しかしここで、実体的形而上学を弁護してデカルト主義者から反論があるかも知れない。つまり、デカルトが実体をかくも不毛な仕方で扱ったのは、対象に対して全く主観的にすぎないような性格を付与しないためなのである、と。たしかに世界の使用や目的は、主体が世界に付け加えたものである。なるほど人が勝手に事物や事柄に与えた解釈をそのまま受け取るわけにはゆかないと言いたくもなろう。たとえば未開人は牛が死んだのは悪霊のせいだと見る。子供はすり切れた電気のコードを玩具にしたりする。いずれの場合にもしっかりした頭をもった人ならば、こうした解釈や使用を肯うわけにはゆくまい。デカルト主義者ならばさらに続けて、実体を純粋に抽象的な言葉によって、精神が物の本質と見た通りに定義することによって、偶有性による誤りが避けられると言うであろう。

これに対するハイデッガーの側からの答えは次のようなものである。対象や世界一般に対して純粋に抽象的な性格を付与するのは、ちょうど子供が電気コードを玩具であると決めつけるのと同じ程度に主観的な押しつけである。一塊の蜜蠟は柔らかさとなめらかさという偶有性を付け加えられた延長的実体なのではない。蜜蠟は手紙に封印をしたり、蠟燭を作ったりするのに使われるものである。そしてこのように描写することで我々には世界が開ける。玩具は子供の世界の一部であり、子供が誤って電気コードを玩具として使っているのであっても、世界の一部を慰みの道具としているその関わり方が、それだけ真正でなくなるものではない。子供は、そして大部分の大人も、電気コードを単に純粋なる延長とは決して見ないのである。

しかしデカルトの側から、「しかしそれは、人の解釈の如何にかかわらず、延長であるのだ」と反論があったらばどうであろうか？　しかしこれに対しては、彼はいかにしてそれを知るのか？　と問いうる。彼はこの「本質」に、思考によって到達したと語っているではないか。思考とは解釈である。実際、認識はもっとも洗練された解釈の形式なのである。私が住まっている世界の一部として、その蜜蠟の塊りは蠟燭を作ったり、封筒に封印をしたりする道具である――このような解釈は私がその内に在る世界というものを告げる。しかしデカルトのような解釈は単に私がいかにそれを考えるかを告げるのみであり、私がそれをそのように考える必然性すらないのである。
いずれにせよ、使用や目的の世界から切りはなされたデカルトの言う実体は、事物存在的なものである。多くの哲学者は、カントでさえもが、世界をこうした冷ややかな物質で出来上っていると考えてきたようである。これに対してハイデッガーは「世界」という言葉で、事物存在的のみならず、それよりはるかに直接的で原初的な関係の様態をも含めて考えているのである。それと言うのも彼のつねづねの主張によれば、事物存在は道具存在と同様、我々がいかに世界と関わるかの様態の一つであって、したがって世界の本質をつくす唯一の要素などではあり得ないからである。「実在（reality）」という言葉の、ふつうの伝統的な意味合いが、ハイデッガーの事物存在と呼ぶものであるといえる。こうした事情によって「実在」はいわば二次的なものとして論じられ、もっとも重要な哲学的問題とは見なされないのである。

実在の問題を出発点としている哲学に対するハイデッガーの攻撃は、主としてそのような解釈が陥る偽似問題を示すという形をとっている。すでにデカルトの場合において我々は彼が心身問題という、そうした偽似問題の一つにつまずくのを見た。ここでは、ハイデッガーが吟味すべく選んだのはカントが「理性批判」において直面していたいわゆる観念論批判という問題である。周知のように、カントは、行為の概念は内面からは来たり得ないから、従って我々の「外部」に存在する世界がなければならないと言う。この論述に対するハイデッガーの反駁は、この観念論批判の仕方に論理的な誤りがあるというものではなく、カントが外界の実在を「証明」しようとしたこと自体が、デカルト伝来の孤立した主観という考え方をあらわしているものだと言うのである。そしてもちろん、実存論的分析論が明らかにしたところによれば孤立した純粋な主観、または自我などというものはないのだということに話がすすむ。現存在はその構造そのものにおいてすでに世界を有しているのである。外界の実在を「証明」しようなどということは、世界-内-存在のア・プリオリな性格を看過しているということなのである。デカルトに関してさきに引いたのと同じような反論がカントに対しても用いられる。無論、カントを弁護して言えば、カントの観念論批判は彼の初期の合理主義の残滓にすぎず、理性批判全体の行き方とは相反するものではないか、という風には言えよう。ただこの第四三節の利点は、伝統的な説と対照されることによってハイデッガーの説がくっきりと浮彫され、ハイデッガーの思想の一般的性格や目標が解り易くなっているということであろう。

　実在の問題の伝統的な形には二通りあって、それはリアリズムと観念論である。ハイデッガーはその両者の取るべきところは取り、退けるべきは退けるのであるが、リアリズムよりは観念論の方にはるかに同情的である。彼がリアリズムと一致するのは、宇宙の内には事物存在的な対象が存在するということを率直に認めるというそのことだけである。認識論的リアリズムの考え方全体についてはあまり同情的でない。その一方で観念論については、自己を意識し、描写するところから哲学の仕事が始まるという見解において一致している。しかし、その自己が孤立した無世界的な主観であるという、観念論者達の意見は退けている。自己、すなわち実存の意識は、それ自体すでに世界の内にあり、高度に抽象的な見方以外では孤立して眺められるべきものではないからである。

大きい目で見てみれば、ハイデッガーが観念論と精神的な近親関係にあるということは、彼が可能性を重んじていることに由来するといえよう。しかしここでは我々は、多くの観念論者達が一般に信じている説をハイデッガーが退けるのをたどってゆくことになる。さきの第一章では、ハイデッガーはカント的な哲学的風土の内において理解されるべき人であることを指摘しておいた。この第四三節でカントの観念論批判が反駁されるとは言っても、そのことが基本的にくつがえされるわけではない。たしかにここでハイデッガーは第一義的原理をカント的な批判的認識論から基礎的存在論へと移してはいる。しかしカント流の超越論的性格は保たれているのである。ハイデッガーは、哲学を実在の問題から始めてはならず、実存の問題から始めるべきであることを強調するのであるが、これはカントが、世界というものを分析する前に、その世界について考える理性の方を先に分析すべきであると言っているのと、究極的には同じ見方に立っている。ハイデッガーはここで、カントが相変らず事物存在的なものとしての実在という考え方をしているのは合理主義の残滓であることを指摘し、カントがその「コペルニクス的転回」を全うし得たならば、そもそも外界の実在を証明しようなどとしなかったであろうと語っている。

　ハイデッガーは、デカルトが確固として信奉し、カントもまた（ある程度反対はしながらも）前提としていたような実在に対する見解を退ける。それでは実存論的分析論において実在はいかなるものと考えられるべきなのであろうか？　実在的なものが事物存在的対象物から成っているのではないとすれば、それは何なのか？　これに対してハイデッガーは、実在の問題は配慮の現象へと差し戻されるのだと答える。「実在」という言葉が事物存在的なもののみならず、手元存在的なものや「自然」の存在をも含むものとしてみたところで、それはまだ原初的なものとは言えない。というのは、そのように広げて解釈されても、実在はただ世界との関連においてのみ理解されうるのだからである。そして、世界は現存在の一様態として存在することがすでに明らかにされており、その現存在の原初的実存論的カテゴリーは配慮であった。したがって実在に注目をするということは、ただ配慮の特別な一様態を演ずるということに外ならない。このように、現実は配慮に基づいているのである。

　それでは、ハイデッガーは実在がすなわち人間の実存に依っていると言っているのであろうか？　答えは然りである。しかしそれは、外界の実在が現存在によるものであるということではない。なぜならば、（実在的な事物ではなく）実在というものは人間存在の一様態であるからして、明らかに人間なしでは存在し得ないからである。もっとはっきりと言ってしまえば、哲学者達は「実在」という言葉を抽象的な事物性における事物的対象についてのみ使いたがるが、明らかにこの抽象こそ、そういう抽象をする精神によるものなのである。たしかに岩や木は人間のせいでそこにそんな風に存在しているのではない。しかし、実在はそれとは違って単に人間が世界を解釈する一様態であって、はっきりと人間の存在によるものなのである。同じことが存在（在るということ）についても言える。ハイデッガーが、現存在が存在するかぎりにおいてのみ存在がある、と言うときには、外界がそれを認める主体に何らかの形で負うているなどという観念論をもち出しているのでは決してないのである。彼はただ、在るということの意味を知るためには、そのようなことを知りうる力をもった自己意識的な存在者が必要であるということを指摘しているだけなのである。最後に、この節に関して言っておかなくてはならない大切なことは、このような探究の結果として、現存在は実体（substance）か実在（reality）かのどちらか一方からのみ規定することはできなくなったということである。実体も実在も共に、現存在が世界と、そしてまた自己と関わってゆく途中で登場してきたものであるから、同じ由来をもつものなのである。このことはごくはじめの方で言われていたことであるが、その主張の根拠はここに来てはじめて明白にされたのである。

ハイデッガーの真理論〔第四四節〕

よく哲学とは真理の探究であると言われる。しかし、哲学者が探究しているものとは何であろうか？　人を駆ってかくも困難な知性の活動へと向わせるこの「真理」というものは一体何なのだろうか？　ほとんどの哲学者は、その力量の大小を問わず、自分の体系の内のどこかで真理それ自体に関する解釈を語っているものである。ハイデッガーもまた例外ではない。彼の真理論はその哲学のなかでも重要な性格をもったものである。実際、『存在と時間』でこの問題を論じているのに続いて、ハイデッガーは直接に真理の問題をあつかった『プラトンの真理論』と『真理の本質について』という二作を書いている。これら後期の作品は、たしかにハイデッガーの思索のある展開を見せてはいるが、しかし根本においては『存在と時間』における真理の記述からそれるものではない。

ハイデッガーの真理論はかなり「伝統的」なものとは相違している。それは彼自身の実存論的存在論にのっとったものであるから、ハイデッガーの哲学を理解するには、そこで真理がいかなる意味をもっているかということを調べるのが重要なことである。ここではまずハイデッガーの真理論と「伝統的」な真理論との違いは次のようなものであることをはっきりと心しているべきであろう。それはつまり、ハイデッガーは真理の基準を与えているのではないということである。彼は真理の意味の本質を解釈しているのである。「対応説」、「整合説」、「プラグマティズム」といった真理論は、基本的には命題の真偽を評定するのに用いる基準についての説だと言える。例えば、対応説の支持者は、命題が事実と対応している時に、あるいはまた、事実の経過を正確に伝えているときに、その命題は真であると言う。同様にして、整合説の支持者は、命題が整合的であり、知識の広範な体系を含みうるときに真であると言う。プラグマティストは、何かが実用的であり、役に立ち、その他何でも人間にとって価値のあるものを真とする。このように伝統的な真理論では、それぞれに可能なかぎり洗練された形をとっているにしても、いずれも何かが真であるのは何時か（いかなる条件のもとでか）を問うているのである。そこでは、真理それ自体の意味が問われてはいない。真理とは何であるかが問われていない。あるいは、もしこの問題を心に問うことがあったとしても、そういう哲学者達は、真理とは真理基準以外の何物でもないのだという答えを出しているわけなのである。これに対してハイデッガーは、「どのような時に真か？」と尋ねる前に「真とは何か？」を問わねばならない、と反論する。ハイデッガーにとって大切なのは基準ではなくて本質なのである。ある物がどんな時に真であるのかを知ることに興味があるのではなく、真理としての真理とは何かが問題なのである。

この、基準を問うことからの移行ということが、ハイデッガーの説における最も重要なポイントである。このことを頭に入れておけば、真理についてのハイデッガーの説がいかに従来の説と異なっていようとも驚かずにすむ。と言うのは、問いがこれだけ相異しているならば、答えもまた相異なったものであることは驚くにあたらないからである。ただ用心深い読者ならば、真理の基準を調べることによらずして、一体真理の本質を知ることが可能なのであろうかと疑うかもしれない。ところが実際に、ハイデッガーはたしかに真理基準を調べているのであり、その内でも整合説をとっている。そして整合説の前提は彼の言う真理の本質の解釈をうらづけることを確かめているのである。

哲学者の言っていることを理解する正しい方法は、自らの内をかえりみて、その哲学者が言っていることを裏づけるような経験なり態度なりがないかどうかを探ってみることである。このようにしてその言葉を理解してはじめて、それを受け入れるなり拒否するなりすることができるのである。ところでハイデッガーは真理の本質的性格は開示（Ersch-lossenheit）であると語る。彼は、「真理」をあらわすギリシャ語のアレーテイア（*ἀλήθεια*）の語源は「隠れなきこと」であると指摘するのである。ではこのような見解を特に裏付けるような体験や意識が何かあるであろうか？

我々が他の人間と（あるいはこの場合自分自身とでも構わないのだが）付き合っていくうえでよく経験することであるが、人が偽りの仮面のかげに隠れて一つの役割を演じてばかりいるということがある。その人が我々の愛情の対象であるようなときには、我々はその人の真の姿を見、真に理解しようと願うので、こうした仮面は苛立たしいものである。誰かがこのような仮面のかげに隠れているときには、その人は自分自身の真の姿を見せていないのだと言っても、決して言葉の遊びだとは思われない。一方、そうした仮面がなくて、その人がありのままに見える時には、その人に対する意識・理解は真であると言える。したがってその意味で「真理」は何か「赤裸」「露出」「開示」「開けること」といった意味をもつのである。

そこで次に問わねばならないのは、このような開示としての真理の意味は第一義的の意味であろうか？　ということである。他の様々な真理の意味もここから発しているのであろうか？　それともこの意味がどこからか派生してきたものなのだろうか？　ここで心に留めておかなければならないのは、もしハイデッガーの説が正しければ、真理はただ命題の内にのみあるのではないことになるということである。その場合、命題論的真理は派生的な、限られた範囲での真理であるということになる。

これからハイデッガーの論述をたどってみる前に、ひとつ重要な問いが残っていて、それは「真理の本質はこれにつきる何であろうか？」ということである。真理の基準をでなく本質を問うているのならば、他にどういった類の答えを期待しうるであろうか？　もちろん、他にも答えは可能である。たとえば、神の精神の内にあるものが真であるという答

え も考えられる。これは真理の基準に関する説でないことは確かであるが、しかしこういった説には色々と難点がある。まず第一に、この説を裏付けるためにはあらかじめ神の存在が確立されなければならない。さらに、もしこれが真理に関する正しい解釈だったとしても、我々は神の心の中に入って行けるわけではないので、真理は人間にとって手の届かぬものとなる。あるいはまた、真理の本質・意味は善であるという答えも考えられる。しかしながらこの答えは単に問題を一つの領域から他の領域に移したというだけのことであって、新たにまた「善の本質は何であるか?」という問いがたてられなければならなくなる。

このように言ってきたからといって、ここで何もハイデッガーの主張が唯一の正しい答えだと言うつもりではない。ただ、真理の本質に関する問いと真理の基準に関する問い、また、真理の本性に関して問うことと、それをいかにして知るかについて問うこととの間には重大な相違のあることを強調したかっただけである。後者のような問いは明らかに重要でないものであるが、ハイデッガーに言わせればそれは派生的なものであるという言い方になるのである。

ここでの真理の解釈には二つの大きな課題がある。㈠、真理は開示性であるというハイデッガーの主張の意味を理解すること。㈡、ハイデッガーがいかにしてこのような見解が第一義的であると論じているかを探ること。この二点である。厳密に論理学的に言えば、

第一の課題を先に取り上げるべきであるが、逆の順序に扱った方が初心者にとっては解り易いであろう。従来の真理に関する説は対応説が主なもので、この見解はなかなか簡単にくつがえし難いものである。そこで、もし対応説それ自体が何かもっと基本的なものに基づいていることが示せれば、真理の基準をではなく本性を描き出すという仕事もずっとやり易くなることであろう。いずれにせよ、ハイデッガーは彼の論述を伝統的な説から始めているのであって、私もまたその解説を同じ順序ですすめてゆきたいと思う。

伝統的見解〔第四四節〕

この節の大体のすじ道は、伝統的な真理論——対応説——は単に派生的なものであるにすぎないことを示し、それの存在論的基礎は開示性としての真理にあるのだということを示すというものであるが、とにかく、ハイデッガー自身の解釈を綿密に読むことが必要である。

ハイデッガーが指摘するには、動かされている霊魂は事物を反映しているのであるというアリストテレスの説、また、真理とは精神の事物との対応であるというアクィナスの見解に始まって、伝統的真理の説はつねに真理を判断の内に位置づけてきていた。カントでさえも、真理を、知る者と知られる物とが対応しているような判断の性格として見ていることが明らかである。しかしながら、このような見解には難点がある。そのような対応はどのようなものと考えたらよいのだろうか？　それはもちろん一対一の対応ではあり得ない。私の猫の観念は、心的活動としては、ヒゲを生やしているわけではない。猫には重さがあるが、それに関する私の思念には重さはない。したがって単純な一対一対応は除外される。伝統的な説のうちには、観念と知られた物との間をいわば橋渡しするものは表象であると言うものもある。しかしさきの節において、断言としての命題は表象をあらわすのではなくて、端的に事物それ自体を指しているのだということが指摘されている。これはなぜかと言えば、たとえば私が手元存在の様態において、ハンマーが重いと言うならば、それは「重さ」の概念と「ハンマー性」の概念とを結びつけているということではないからである。その時私は、道具を扱う上での困難を訴えているのである。

この節でハイデッガーはまた別の例をあげていて、それは、ある人が壁にかかった絵を、それに背を向けていながら、ゆがんで掛っていると主張しているケースである。その人が斜めになっていると言っているのは絵の表象ではなくて絵そのものである。それでは、ここにおける対応の基礎となっているのは何であろうか？　この対応はいかにしてもたらされたものなのであろうか？　ハイデッガーによれば、対応（または妥当）は証明という現象に基づいている。「対応」とか「一致」とかいった従来の真理説の基礎は、何事かが証明され、真なるものとして示されるべくもたらされたものなのである。人がふり向いて、絵が実際に斜めになって壁に掛っているのを見れば、絵が歪んで掛っているというその主張はあるがままに証明される。従って、従来の説の基礎は、あるがままにそれ自体を示すということである。ふり向く前に、その人の「観念」が「事実」と対応していると言ったとしても、それはただ、振り向いてから、事実がその言葉を証明すると言うのと同じことなのである。証明、または「あるがままに示すこと」が伝統的対応説の根拠である。

そしてもしそれが本当だとすれば、「いかにしてある物がそれ自身を示すか」ということが、単なる対応の基準よりも原初的かつ重要な真理の性格となる。ハイデッガーは「真である」ということは「覆いをとりのけている」という意味だと語る。このようにして伝統的な真理論（対応説）それ自体が開示の現象に基づいていることが示されたからには、次の課題はその開示という現象を詳しく調べてみることである。

開示としての真理〔第四四節〕

開示としての真理という見解は哲学史上ギリシャにその先駆者をもつということをまず論じておいて、ハイデッガーはその真理論のさらに一層重要でかつ大胆な性格を示している。彼が主張するには、真理とは第一義的に、そしてもっとも現実的な意味で、対象的事物についてではなく現存在について言われることなのである。真理を開示として定義するならば、それは明らかに現存在それ自体の特質でなければならない。「事物」が真であると言えるのは、開示されたものという意味においてのみである。さきに、ハイデッガーの開示としての真理論がもっともよく裏付けられるのは人間存在を例にとった場合だということを指摘した。その例においては、人間活動の「真」であるとか「偽」であるとかが、その人が仮面のかげに隠れてあざむいているか否かによって語られるのだということを見たのだった。今や、本来開示したり覆いを取りのけたりするのは現存在に他ならないことが明らかにされてみれば、この例はまさに適切だったわけである。実際、これまでの論述においてすでにもう、現存在が開示するのはどんな風にしてなのかということがだいたいは描き出されているのであって、『存在と時間』の第五章で、ハイデッガーは現存在の開示性を情態性（被投性）、了解（投企）、頽落との関連において解釈しているのである。ハイデッガー自身が、現存在の開示性が真理の意味に関してはたしている役割を指摘するにあたって、被投性、投企、頽落のあの分析をふり返っている。それはつまり、開示する存在者（「真理の内にある」存在者）として、現存在は自己自身を事実的なもの——現にかくあるものによって限界づけられたもの——としてあらわし、実存的投企——自分自身の可能性に対して開かれているもの——としてあらわし、そしてまた頽落——その世人的関心によってそういう可能性からしめ出されたもの——としてあらわす、ということなのである。この第三の性格は殊に重要なものであって、これによって非真理の概念というものが導入される。大体の場合において現存在は自己自身をさらけ出すことなく、隠されたままになっているものである。隠されたものとしてそれは非真理の内にある。これは、すでに述べたように現存在の頽落によるものである。ハイデッガーはギリシャ語のアレーテイアという語源そのものが、真理とは正常なるものの一種の侵害であることを示しているのだということを指摘する。真理は世人的自己における平常の非真理の状態からもぎ取ったものなのである。こうした変った言い方も、実存論的分析論の構造全体が日常的、非本来的実存から始めて、その内に本来性の根拠をさぐるというものだったことを思いおこせば、さして顰蹙《ひんしゅく》すべきものではない。我々は自分の内奥の自己をさらけ出すような領域のことを避けるのであるが、それゆえにかえって目ざとい者ならば、我々が何を避けるかに注目することによって我々の真の自己がどこに隠れているかを見つけることができる——このことは我々が皆よく知っていることである。

ハイデッガー自身が、真理という現象の分析の結果、二つの真に重要なものとして掲げるのが次の二点である。㈠真理は原初的に現存在に属するものであること。㈡現存在は真理の内にもあると同時に非真理の内にあること。そしてまた、彼は非常に詳しく、命題論的真理は開示としての真理の派生的形態であることも示している。

真理の存在〔第四四節〕

以上のような真理の性格づけからして、真理が現存在の実存論的カテゴリーの一つであることは明らかであろう。真理は現存在の一性格であって、それゆえにそれと独立に存在するものではないのである。このことから、真理は現存在が存在するかぎりにおいてのみ存在するというハイデッガーの言葉も出てくることになる。現存在なしには真理もないのである。

それでは、真理は「相対的」なものであるということになるのだろうか？　真理の現象をハイデッガーのような方向にすすめてゆくと、相対主義や、あるいは独我論、懐疑主義にまでなりかねない、全く主観的な解釈に陥るのではなかろうか？　しかしこれに対してもちろん、真理は現存在が存在するかぎりにおいて存在すると言ったからといって、ハイデッガーは現存在が何が真理かを決定するなどとは言っているわけではない。また、現存在には勝手に真理価値を与える力があるとされているわけでもない。ただ、真理が開示に基づいた隠れなきこととして定義されており、現存在のみが開示するものであるからして、真理は現存在の実存の様態としてのみ存在しうると言われているだけの話なのである。

実際にはこの主張は一寸見ほど非伝統的なものではない。伝統の枠のなかでも、この論法は充分に力をもちうるのである。すなわち、伝統的に言えば、真理は命題の内にある。したがって命題というものがなければ、真理はあり得ないであろう。しかし誰が命題を作るのか？　人間である。かくして、人間なしには真理はあり得ないことになる。（あるいは少なくとも、誰か命題を作りうる者なしには真理は存在しないことになる。）真理にとって存在するということの意味は、現存在の一様態として存在するということであり、この様態は開示性としての現存在に基づいているのである。

ハイデッガーが真理の性格について言っていることは、決してそれほど難しいことではない。ただ、一歩すすんで次のように尋ねてみなければならない。このような真理解釈の裏にはどのような目論見があるのだろうか？　なぜこのように真理を描き出すのだろうか？　と。これに対する答えは、この真理の説が実存論的分析論にどのような影響を与えるかという観点から考えることができる。なぜならば、真理の本性が、人間存在に密接に結びつけられているというものでないかぎり、ハイデッガーの論述は「真」でありえないからである。真理を本質的には現存在の性格であると見ることによって、解釈学的解釈のあの自己反省的活動は、単に感情をかきたてるだけのものでなく真でありうるものとされるのである。この理由から、真理についての論述は予備的分析論の終りにもって来られたのである。と言うのは、この分析全体がついには、実存的自己の解釈こそがまさに真理の基礎であるという認識へと結晶するのだからである。

この分析の成果をはっきりと示すためには、もっと具体的な表現で、これを実例に適用してみるのが一番である。例えば、自分の生まれた環境、育ちのあまり良くないことに悩んだ若者が、自分自身の本性を探ってみようと心に決めたとする。自分自身について反省してみるにつれて、彼は自分の存在が一面においては、自分の理解をこえたどうにもならぬ力で限界づけられていることに気付くようになる。自分の生まれ、膚の色、性別、人種、母国語、社会階層といったものを決めるについては自分自身は全く無力であるということを経験する。（要するに、彼は自分の事実性に気付くことになるのである。）しかし彼が同時に創造的で想像力にあふれた思索家であったとするならば、そうした自己探索の結果はまた、彼の豊かな限りない可能性を開き示すことにもなろう。彼は、およそ自分の本性というものは自分自身の問題であるということに気付く。彼は自分が可能性をもっていることに気付く。（つまり、彼は自己の実存性に気付くのである。）彼の分析はそこに留まるものではない。彼は、そうした分析それ自体が、彼の日常的な生活を侵してでなければなし得ないことにも気が付く。自分自身の内をかくも深くさぐるためには、彼は遊び好きの仲間のさそいに耳もかさず、くそ真面目だとかいやそれどころか不健全だとさえも悪口を言われることになる。しかし彼には、自分自身の内にも、ほとんど自然な傾向として、そんなしち難しい探索など止めにして世人的自己の気楽なお喋りにくつろぎたいという心持のあることを知っているのである。（すなわち、彼は自己の頽落に気付くのである。）

しかしながら、自己探索の結果このような特質が明らかにされ始めたとき、友達が、そんな探求は認識的に全く真でも何でもないものだと嘲けったとしよう。この探求者は単にロマンティックなもの想いにふけっているだけであって、それは心理学的に心を奮い立たせるというものではあっても、一般的に通用するものではないという批判があったとしよう。これに対して若き探求者はどのように身を守るであろうか？　おそらく彼は、つぎのようにむしろ一層深く問いをすすめるであろう。なぜこのような探求は一般的な意義をもたず、有効でないことになるのか？　彼はこのような意識が決して恣意的なものでないことを深く自己の内に感じている。そしてもしそもそも何事かが真であると言われうるのならば、彼がその実存論的構造を意識しているその意識こそが真なのである。彼がそれを真であると感じているのは、単にその問題が彼にとって非常に重要だからというだけではなく、その止み難い問いを始める前にすでに、いわば自己が現に丸裸にされるような思いを自分自身で味わっているからなのである。彼は自分自身がさらされ、開示されているのを意識していたのである。その通り、と彼は言うであろう。その通り、開示されていること。自己自身を実存するがままに示すこと。——それこそが真理それ自体の意味なのだ、と。

このように全く架空の探求者の話をして、何も論証をしようとしているわけではないのである。ただこれによって、実存論的分析論における筋立てが内的一貫性をもったものであることを示そうとしただけなのである。全く直観的なレヴェルにおいて、真理は非隠蔽性であるというハイデッガーの主張には自然な、人の心をひくものがある。それは読む人の心に直接に訴える響きをもっている。しかし厳密に哲学的に言えば、ハイデッガーの説を支えているのはそうした直観的な把握なのではなく、日常性のレヴェルで倦まずたゆまずに実存論的分析を遂行することなのである。

哲学者はすべて、完全な叙述をしたと言えるには、いかにしてそのような哲学が可能であるかということに関して、道理の通った解説をしなければならない。ハイデッガーは、真理に関してそれを現象として叙述することによってこれをなしとげている。(真理を一つの現象として述べるということ自体が、いささか独特のことと思える人もあろう。)このことの利点は、それによって真理は実存論的分析論のまさに輝かしい成果として、それに属することとなった、ということなのである。しかしながら、純然たる展開上の利点ばかり強調して、もっと地道な哲学上の利点を軽んじてはならない。ハイデッガーは単に直観的レヴェルに訴えるような解釈に成功したというだけでなく、判断や伝達に使われるような派生的な真理の使用についても説明しうるような解釈を果たしているのである。そして最後に、彼の真理解釈は、在ることの意味は何かということへの真正の問いへの可能性を再び開いた——その可能性こそハイデッガーが、「実在」についての伝統的な哲学的記述によって閉ざされてしまったと考えているものなのである。

この真理の現象の記述をもって、ハイデッガーの予備的実存論的分析論は終りをつげる。今やこれまでの実存論的記述にかわってより存在論的な記述へとうつる準備ができたのである。「より存在論的」と言ったのは、予備的分析論も全く存在論的意義がないなどと考えてはならないからである。予備的分析論も、紛れもなく基礎的存在論の体制に属しているのである。

我々は事物存在的と手元存在的との決定的な区別を見てきたが、それは最初の実存論的意識からくるものであって、その意識においては人はすでに世界の内に在ること、そしてこの世界はまず第一に純粋の存在者から成っているのではなく、現存在によって使われるべき道具によって成り立っていることが把えられていた。我々はまた、第二の実存論的カテゴリーについて、自己には本来的と非本来的との二つの様態があることを見た。自己というものを反省してみると、自己はおのれを情態性、了解、頽落という三つの仕方で開示することが明らかとなる。そしてこの三様の開示の構造は配慮と呼ばれる唯一の、総合的な実存論的カテゴリーのうちにみずからを現わしたのである。最後には、真理は非隠蔽性として見られた——この解釈はそれによってこの分析全体を真なるものとしてたてるという意義をもつものであった。しかしながら、こうしたことはすべて予備的なものである。この分析によって、存在論的記述の基礎がしかれたのである。すなわち、今やハイデッガーにとって、配慮の構造、従って現存在の可能性の全領域をたしかに時間性として示すことが可能となったのである。そしてこれが、既刊の『存在と時間』の第二篇が負うた課題なのである。

第六章　死〔第四五節―第五三節〕

『存在と時間』の第一篇から第二篇への移行は、単に一つの話題から他の話題へうつったというものではない。ハイデッガー自身の言葉によれば、それは「予備的」分析から「より存在論的な」分析への移行である。この移行がどのような性格のものであり、どれほど重要なものであるかは強調して強調しすぎるということがない。というのは、これはハイデッガーの思索のもっとも深く、もっとも謎めいた部分の基をなすものだからである。ある意味では、『存在と時間』の第一篇から第二篇への移行は、この作品の形式的な構造の単なる一側面とも言える。この限られた意味でならば、これは、現存在が自らの世界への関わりを示す純粋に実存論的な仕方から、死の意味に気付くところに由来する、本来的かつ存在論的な自己意識への移行である。その意味ではこの移行には大した問題も困難もつきまとっていない。著者が非本来的世人的自己を本来的自己から区別して記述したかったということならば、まことにうなずけることである。

しかしながら、第一篇から第二篇への移行というものは、単に論述をうまくまとめることとして見られるべきものではない。ハイデッガー自身が認めているところによれば、それは基本的には実存論的な分析から、存在論的なものへの移行なのである。第一篇をまったく純粋に「実存論的」と見、第二篇を完全に「存在論的」であるとするのはあまりに単純だとしても、やはりこの移行が深い問題をなげかけていることはたしかである。「実存論的」と「存在論的」とが同じものではないことは、その移行についてのハイデッガーの記述を見ても明らかであるが、それを認めるや否や、つぎのような疑問が生ずる。実存論と存在論の構造の間にはいったいどのような関係があるのか？　すぐれたハイデッガー解釈者であるオットー・ペゲラーは、この問いに次のような注意をうながしている。『マルティン・ハイデッガーの思索の道 Der Denkweg Martin Heideggers』で彼はつぎのように書いている。「実存論的分析論と基礎的存在論がいかにしてつながっているかについては不明なままである。」(注1) たしかに、ここでペゲラーが語っているのは、『存在と時間』におけるハイデッガーの論述から後期の著述への転換のことではある。しかしこの問いは『存在と時間』それ自体の構造そのものについても問うことができるのである。

（注1）同書一七六頁。

この移行によってひき起された混乱がどれほどのものであるかは、二、三のアメリカの解釈者達が実存論的分析論にどのような役割を負わせているかを見てみれば見当がつこうというものである。私の見たところでは、こうした解釈者達の内でこの問題を正しく考察している者はごく稀である。と言うのは、『存在と時間』の構造に関する彼等の記述は始終矛盾だらけで、とうてい原著と一致しないからである。たとえばリチャードスンは、基礎的存在論それ自体を「単なる予備的な分析」(注2)であるとしているが、これはハイデッガー自身の「予備的」という語の用法とは全く合っていない。ハイデッガーはこの語を第一篇にのみかぎって使っているばかりでなく、第二篇では「我々はさきの予備的分析において何を得たであろうか？」(注3)と言って、今や予備的段階の終ったことを告げているのである。たしかにリチャードスンの言うように『存在と時間』に見られるかぎりでは、基礎的存在論は完了してはいない。しかし、それだからと言って第一篇も第二篇もともに予備的であるということには決してならないのである。ハイデッガー自身の言葉にしたがうならば、第一篇のみが予備的である。この一見何でもないような誤解は、他の学者達にも共通した弱点の一つであって、私には、非常に無駄な労力を空費させることになっているように思われるのである。(注4)

（注2）リチャードスン著『ハイデッガー・現象学を通しての思索』（W. Richardson, Heidegger: *Through Phenomenology to Thought*, Martinus Nijhoff, 1963）四〇頁。

（注3）『存在と時間』（下二一頁）。

（注4）例えばラズロ・ヴェルセニィの『ハイデッガー・存在と真理』（Laszlo Vercenyi, *Heidegger, Being and Turth*, Yall University Press, 1965)。

他方ではまた、実存論的分析論を基礎的存在論とは全く無縁のもののように見ている著述者達もいる。たとえばある人は「ハイデッガーの実存論的分析論から、いずれ書かれるべき基礎的存在論への橋渡しは不可能である(注5)」と書いている。これによれば基礎的存在論は、ついに出版されずに終った第三篇になってやっと現われることになっているのである。この誤解も、ハイデッガー自身の言葉を注意深く読んでみればすぐに取り除かれるものである。ハイデッガーは実存論的分析論のことを、「ここにある、この基礎存在論的探究」die vorliegende fundamentalontologische Untersuchung(注6) という言葉で語っていて、これは実存論的分析論が本来基礎的存在論の体制に属していることを示すものに外ならない。

(注5) ジェイムス・コリンズ『実存主義者達』(James Collins, *The Existentialists*, Henry Regnery, 1952) 一七五頁。

(注6) 『存在と時間』(上四二一頁)。

私がこれら一般に流布した解釈の難点を指摘するのは、単にこれらの人々が間違っているということを言わんがためではない——そのような議論は専門的哲学雑誌にまかせておけばよい。私が誤りを指摘したのは、第一篇から第二篇への移行を正しい見方で眺めるのは大層むつかしく、また同時に非常に重要であることを示したかったからなのである。これで、以下のような点について明らかになったことと信ずる。

一、実存論的分析論はたしかに基礎的存在論の一部であること。第一篇は予備的なものではあるにしても、それもやはり基礎的存在論に含まれる本質的な部分であること。

二、基礎的存在論自体は「本来の存在論」へむけての予備的分析などではないこと。

三、第一篇が「実存論的」であって第二篇が「存在論的」であるという風に分けてしまえるものではないこと。第二篇は、もはや単に「予備的」なものではないが、やはり一種の実存論的分析論であることに変りはなく、また第一篇の方も、ハイデッガー自身認めているように、基礎的存在論の本質的部分なのであるから。

四、しかしそれにもかかわらず、第一篇から第二篇への間には重要な変化があること。それはもはや予備的なものではなく、「より存在論的」であるものとして見られているのである。

このようにして第一篇から第二篇への移行について考察してみることは、初期ハイデッガーから後期ハイデッガーへとうつるいわゆる転回（Kehre）の問題にとっても無益ではない。そのような問題は現在のこの課題からはみ出たものではあるが、かの「転回」を解釈する鍵となるのは、ペゲラーがいまだに不明であるとして問うたこと、つまり実存論的分析と基礎的存在論との関係を正しく理解することにかかっていると思われるのである。

ハイデッガーの『存在と時間』をはじめて読む人にとっては、このような考察はあまりにも高踏的で取りつきにくいかも知れない。しかしながら、それは目下問われている問いがそれだけ深いものであるがためにそうなっているのであっていたしかたがない。さて、もしこれまでのところ（第一篇において）なしとげられたことが単に予備的であるのならば、それにつづく「より存在論的な」記述との関係はどうなのであろうか？「より存在論的な」という言葉遣いに注目していただきたい。実存論的分析論において、それが「より存在論的」だったり「より存在論的でなかったり」できるというのはどういうことなのだろうか。このような程度の差を認めうるのだとすれば、存在論それ自体はどのように見られなければならないのだろうか？

実存論的分析論はここでも続いている。ただ、「より存在論的」になってひき続いているのである。そしてそれゆえ、もはや基礎的存在論を準備するものではなく、基礎的存在論そのものとなっているのである。このようにして、小さな問題は一つ解決したと言える。つまり、第一篇は基礎的存在論を準備していたのではなくて、（第一篇がすでに基礎的存在論なのだから）より存在論的な記述を準備していたのである。それはつまり、基礎的存在論は段階を追って存在論的意義を増してゆき、存在論的性格はつねにあるのだけれども、ただそれがより明確にくっきりとしていくのだということを示している。

これが、実際のところ唯一の可能な解決法であって、ハイデッガー自身、はっきりとうちだしている解決法なのである。もう少し先の方では基礎的存在論の循環的性格が問題となるはずであるが、今のところはこうした分析における用語の選択をハイデッガーが決してゆるがせにしていないことに注意しておくだけで充分であろう。要するに、『存在と時間』の構造自体が、ハイデッガーの思索の論理全体を反映していると言える。つまり、人が在ることの意味を発見しうるのは、人間存在が存在するその在り方を通じてのみなのである。在ることの意味を問うということ（基礎的存在論）は、およそすべての哲学的問いの基盤をさぐるということである。「人間存在が存在しているその在り方」の探究（実存論的分析論）と「在ることの意味」の探究（基礎的存在論）との関係は、人が現にいま存在しているその仕方の根本を探るというかたちでしか明らかにされ得ないような関係である。それは、実存についての問いが次第次第にとぎすまされていって、ついには真に存在論的な次元をあらわす、といった関係である。実存論的分析論と基礎的存在論を二つの別々な規範と見て、他方なしでももう片方がありうるかのごとくに考えてはならない。さらに、実存論的分析論の内にも、解釈の切っ先が新たな洞察の生まれでる地点にまで達しており、いわば新しい展望とも言うべき「移行」が現におこっていて存在論的様相がより明確にあらわれているところがあるのを見のがしてはならない。

それでは『存在と時間』の第二篇において、より存在論的な様相へと注目を集めているのは何であろうか？　第二篇には死、本来的実存、時間という三つの主題があるが、この内でも最後の時間は単に新しく分析されるべき現象であるというだけでなく、存在論的展望そのものとして見られている。そこでこの「時間」についてはしばらく置くことにして『存在と時間』の第二篇で新たに分析されるべきは死と本来的実存という二つの現象である。なぜこれら二つの現象の分析は、予備的分析ではできなかったような仕方で存在論的様相（これはじきに時間性の様相であることが明らかになる）をあらわにするのだろうか？　たしかに死は我々の実存の恐るべき時間性をあらわにする。死は我々の非本来的世人自己にではなく（なぜならば世人自己は死なないものだから）我々自身の実存に焦点をあてるものであるから、これは本来的実存の基盤となるのである。従って死は、人間存在の本来的かつ存在論的基礎をあらわにしうる重要な現象なのである。

　世界と自己の「日常的」な観点は、だいたいにおいて非本来的なものであって、存在論的な問いを避けるという性格をもっている。実際問題として言えば人の日常生活は細々した雑事であまりにも一杯になっているので、そこでは到底「在ることの意味は何ぞや？」などと問うひまがない、ということである。このような問いを問うためには、我々は日常の気がかりに注意を奪われないようにして、それをこえ出てゆかなければならない。

　さて、このような事態を調べるためには、基礎的存在論をこころざす者はまず第一に、非本来的観点が自分をしばりつけているその本質的な限界を描き出してみなければならない。それをなしとげ、日常的実存の全構造が明らかになってしまえば、その時にはまさにその観点そのものが、その根底に横たわる本来的構造をさし示すことになるのである。そこで問いはつぎのようなものとなる。問いが実存の仕方の問題から存在の意味への問いへと移りうるようにしているのは何であろうか？　と。ハイデッガーの答えでは、死への気付きがそれである。しかしどんな種類の死への気付きでもよいわけではない。と言うのは、死の現象を目前にしてさえも、世人自己は存在論的問いを覆い隠し、暗くするように働く傾向をもっているからである。

　しかしながら、日常的観点から、より存在論的な見方へと移行するばあいの論理とも言うべきものに関しては、まだ疑問が残されている。ハイデッガーは存在の意味への問いの展開には循環のあることを認めている。その循環がいかにして働くのかという分析は第二篇の第三章になるまであらわれない。解説もまた原著の筋書に従うべきものであろうから、私もまた第六三節にいたりつくまではそのことに触れずにおこう。しかしこの解釈の循環についてさきに述べたことには留意しておかねばならない。つまり、ハイデッガーはそれを循環と認めているが、同時に、すべての真なる問いは循環であると語っていることである。存在の意味への問いは解釈学的循環をなす。それは在ることの意味の意識に始まり、実存の様々なあり方の分析をへて、しだいに問いの輪をせばめ、より存在論的に存在の真の意味を明らかにしていくのである。そしてこの存在への気付きそれ自体が一つの実存のあり方であることは言うまでもない。

とにかくこの第二篇へと読み進むにあたって心に留めておくべき重要なことは、死というものの分析を通じて新しい存在論的展望がひらかれているということである。では、死への気付きのいったい何が、存在の意味への問いへの独自の観点を与えるのだろうか？

死についての論議

人はみな自分自身の死を死ぬ。それは他の誰とも分かちもつことができず、換わってもらうことのできぬものである。死の問いに直面するのを避けようといくら心を武装してみても、死が現実にやってきてしまえば、そんなものはかすんでしまう。まさに死のこの唯一性が——というのも、死はありふれた出来事であるにもかかわらず、それぞれの人に一度だけしか訪れないものだからである——死を貴重な問いの種としているのである。実は、死によって人間存在に与えられた展望とは、まさしく人が人生を解釈し評価する際におのずからとる展望に他ならないのである。たとえば、我々はよくこういう風な自問をする。「もしも今日死んでしまうとしたら、私は価値ある生涯を送ったと言えるだろうか？」人生の見方が死によって定められるということは、さらにほんの一寸した言い回しのうちにさえ明らかにみられる。「死ぬまでに一度へブリデス諸島に行ってみたいもんだなあ！」

こうした言葉は、人が死を避け難いものと見ているばかりでなく、ありふれたものと見なしている――こうした表現を耳にしても我々は滅多に驚かないし、悲しくなりもしないのだから――ことをも示している。そしてそればかりでなく、死は究極的な評定者、経歴の終着点、人生の終りとして見られていて、それは人格の中ぶらりんになっているところを全部きれいに取りまとめて、きちんとした不動の一包みを仕上げるとしたものなのである。我々はみな自分が死んでゆくものであることを知っている。それでいて、それがどれほど大きなことであるかはいともあっさりと心から逃れてしまっていて、時折その真相をのぞき込むと我々はあらためて驚愕し、ショックを受けるのである。『白痴』のなかでドストエフスキーは死を宣告されたある個人における死の意識の衝撃を描いている。文学史上にも、ドストエフスキーほどの現象学的な迫力をもって、存在するのを止めることのあの恐るべき確実性を描き出したものはない。ドストエフスキーは彼自身がそうした確実にさし迫った死に直面したことがあって(訳注 銃殺刑を宣告されて、刑場へ引き出されたところで、謝免になった)、彼の話によればその経験が彼に深く影響し、彼の心をすっかり変えてしまったのだという。そして実際私達でも、そうした経験をくぐればおそらく同じようなことになるだろうという気がする。そして考えてみればこれは何と奇妙なことだろうか。ドストエフスキーの恐るべき経験と我々の日常との唯一の相違は、ただ彼はいつ自分が死ぬのかを知っていたというだけのことなのである。我々は自分が死ぬであろうことを知っている。ただ正確にいつ死ぬのかを知らないのである。なぜ、この何時死が起るのかが未定だということが、我々を死の圧迫から解放しているのだろうか？「いつ」に関するこの未定が我々を欺いてそれが避け難いものであることから顔をそむけさせている、といったことはないだろうか？

しかしながら、おそらく本当のところは、我々は自分が死んでゆくのだということに充分に気付いていないということなのである。おそらくは生への執着が、あるいは自己欺瞞の心地良い平安が、いつかある日存在するのを止めるものであることの意味を真に理解することを妨げているのである。このことを充分に把握したならば、それは我々の実存の性格に非常な影響をおよぼさずにはおかない。ここでの我々の探究は在ることの意味（Sinn-von Sein）は何か、を見出すことにむけられているのであった。そして我々は人間存在としていつかは死にゆくものであるのだから、在ることの意味は在るのでないことの意味への我々の気付きとかかわってくるのである。

さきにも述べたように、人はそれぞれ自分自身の死を死ぬ。しかしながら、それぞれの人が自分自身の生を生きるかどうかということの方はそれほど明白ではない。おそらく大多数の人々と言ってよい人々が本当には自分自身の生を生きていない、ということがよく言われる。一体なぜ、人は借りものの生を生きられるのに他人の死を死ぬわけにはいかない、というようなことがおこるのだろうか？

人が他人の死を死ぬことができないのはいかなる理由であるにもせよ、少なくとも次のことは確かである。つまり、死において人は（かりにそもそもそこに一瞬の間があるとして）たとえその啓示的な一瞬のことだけにしろ真正の、本来的な自己に直面し、自分が独りで死んでゆくことを悟る、ということである。もちろん死にもいろいろタイプがあって、たとえば突然の事故死の場合のように全く知らぬ内に死んでしまうこともあろう。しかしそうした例を考慮に入れたからといって、死にゆく者の気付きが何を開示しうるかということについて今言ったことに変りはない。

このように死の分析からは豊富な実存論的意味を汲み取ることができるのであって、ハイデッガーも『存在と時間』でこの現象を見のがさず取り上げているのである。だがハイデッガーの解釈を詳細にわたって論じ始める前に、少し簡単に全体像を見て、彼の論述の筋道を追ってみよう。

ハイデッガーが死の現象を取り上げたのは人生を「重苦しく」見ようとか、死後の「より善き」生へのキリスト教的な希望に安んじようという理由からではない。他の実存論的カテゴリーと同じく、死の分析は存在論的問題に役立つようになされているのである。しかしもしも書かれていることをよく理解しようと思うならば、読者もまたハイデッガーと同じくこの問いの重要性を認めなければならない。在ることの意味への基礎存在論的問いに関して、死は我々に何を語ってくれるのだろうか？　ハイデッガーによれば、死の現象のもっとも重要な側面は、死への気付きは人の注意を、個別的な現存在に属するものとしての自己——すなわち本来的自己へとさし向けることが可能だということである。実存論的分析論は、予備的段階においては、非本来的様態における自己の分析であった。あるいは、本来的な様態、非本来的な様態のどちらにもかかわらず、そのどちらにもあてはまる自己の性格の分析であった。たしかに我々は本来的様態のいくつかの側面を否定的には知った。我々はそれが、好奇心、曖昧性、空談といった非本来的な開示の内にある世人自己のような性格のものでないことは知った。しかし存在の意味の分析が可能となるには、その前に現存在の解釈によって、本来的な現存在とは何かということを肯定面からも示さなければならない。そこで、ハイデッガーにおいて死の現象の解釈がはたす一つの大きな働きは、本来的現存在を開示することだということになる。このことは、いかにして現存在が世人自己のもとから自分自身の死へと引き渡されてくるかという解明を通じてなしとげられる。そしてここにおいて、各人は自分自身の死を死ぬのだという主張のもつ意味があますところなく展開されるのである。

本来的実存の特色は、在るということの意味が明確に気付かされているということである。言い換えれば、本来的に実存している者は存在論的に気が付いていなければならぬということである。非本来的な実存とは、人が存在の意味を隠したり忘れたりしてしまっている実存の様態であった。非本来的な実存においては、人の存在論的気付きは曖昧性や空談や好奇心によって曇らされているのである。死の気付きがこのかすみを吹きはらうようなものだとするならば、その現象の内には何か人の注目を存在の意味への存在論的問いへと引きつけるものがあるに違いない。死の現象は、ほんとうに現実に、在ることの意味へと人の注意をひきつけるのだろうか？

この問いへの答えは、それはそうできるのだということである。ただし、死においてさえも世人自己は存在への気付きに直面することを避けようとする。そこでハイデッガーはここの記述において、いかに世人自己が死への気付きをさえも曇らせうるものであるかということについても語っているのである。

もう一つハイデッガーの論述において重要なのは、死が我々に人間存在を「完了した」「全体的な」ものとして示しうると語られていることである。人の生涯は誕生に始まって死に終るとされているので、死は人が人間存在の全体を見渡す視点としばしば見なされる。

しかしながら、この見方には一つの難点が――あるいはジレンマと言っても良いかもしれないが――あって、それは死が我々の経験しえないものだということである。古人エピキュロスがこのことについてこう言っている。「もし死到れば汝はすでに在らず、もし汝いまだ在らば、死いまだ到らず。」エピキュロスはこの議論を、弟子達に死を恐れぬようにといましめるために用いたのであった。しかしこの言葉は同時に、死は人間存在の全体像を得る視点としても、探究しようとする者の手にはいらないのだということを示している。かと言って他人の死ではこの視点は得られないのである。ハイデッガーはこの難点を鋭く意識しており、この難点がたしかに克服できるものであることを示すのに多大の努力をしている。ハイデッガーの典型的なやり方であるが、この当面の障碍に正面から立ち向うことによってかえって論述が力を得ているようなところがあって、彼が死の解釈を始めるのもまさにここのところからなのである。

ハイデッガーが死について語るとき、それは人が現に死んでゆく時に何を考えるかということについて語るのではないのである。たいていの場合、死に際した状態は反省に向いたものであるとは言い難い。この分析において重要なのは人が現に死の床にあって何をおもうかではなくて、生のただ中にあって、迫り来る死はどのような意味をもちうるかということなのである。人は、健康でまだまだ先の長い人間であっても、しかしいつかは死ぬことに気付きうる。この事実は考えてみるに価することである。実際、私は自分が確実に死ぬに違いないなどと知る必要すらなくて、ただ自分が死にうると考えるだけで足る。たとえばライプニッツはいつかは人がすべての病いを、死をさえも克服しうると信じてためらわず、不死も一つの科学的目標であるとみなしていた。しかしそのような可能性を認めたとしても、在らぬことの可能性を顧みるだけで充分に自己の恐るべき有限性は開示され、それと同時に自己の死について考えるときのあの恐しい単独性があらわになるのである。

おそらく感受性に富んだ真面目な思索者ならば、元気一杯で人生を楽しんでいるときにも、それほど思索力にめぐまれぬ人々が死の床で考える以上に、死の意味を深く理解しうるということがあろう。したがって、「地獄の一丁目まで行ってきた」ような個人的な体験がハイデッガーの説を支えているのではなく、またその説を理解するのに役立つというものでもないのである。

問題　死を把握しうるか？

先にも述べたように、エピキュロスは我々は決して死に出会うことがないと論じた。なぜならば、我々が在るかぎり死はないのであり、死が到るやいなや我々は居ないのであるから。まずいことには、基礎的存在論者にとっても、我々が死に出会えないという同じ論議が通用する。しかも一層まずいことには、死が人間存在の全体性を見渡しうる視点と見なされている以上、なおのこと、死が把握しえないものであるかぎり人間存在の全体性を見透すことも不可能だということになるのである。

ハイデッガーはこれを単なる形式的な難問として片付けず、多くの頁をさいてこの問題を展開している。実際ここでの彼の書きぶりはほとんど推理小説作家を思わせるようなところがあって、はじめ謎を全く解き難く思わせておいて、それだけ一層最後の謎解きが輝かしくはえるようになっている。ついでながら言っておけば、これこそは偉大なる教師としてのハイデッガーの魅力の本筋であって、決して顰蹙すべきものではないのである。しかしとにかくこのジレンマは、魅力的に書かれていようといまいと、現にあるのである。もし死のみが我々に全体的視点を与えてくれるのだとするならば、実存論的カテゴリーとしての死はいかに実現されうるのだろうか？

ハイデッガーは次のように語る。現存在が在るかぎり、現存在はいまだしである――つまりその可能性がすべて完全に実現されているわけではない。しかし現存在が死ぬやいなや、それはすでにない（少なくも現存在としてはすでにない）。したがって、現存在の全体的な完全な見透しは不可能であるかのごとく見える。人間存在にとって存在することは何を意味するのかという全体像は、すべての可能性、すべての在り方が試され、実現された時にでなければつかめない。しかしそれが充分になされるのは人の一生が終った時のみである。そしてその時には、人はもうその全行程をかえり見ることができなくなっているというわけなのである。

この袋小路から抜け出す一つの道は、他人の死を分析することであるとも考えられる。我々は他人が死ぬのを見て、死んだ人々も本質的には我々自身とかかわりないものと考え、いわば「他人の靴に自分自身を押し込んで」みるのである。しかしこのようなやり方はハイデッガーの反論にあう。彼の分析によれば、人は他人の死ぬことをいくら解明してみてもそこに死の意味を発見することはできない。『存在と時間』の第四七節では全節をあげてそのように他人の死を通じて死を理解することは不可能であることが示されている。他人の死の現象へのハイデッガーの鋭い洞察には何の解説も要るまい——とにかく、これは袋小路から抜け出すうまい方法ではないのである。

ハイデッガーによれば、解決の鍵は現存在の存在の内に含まれている「いまだに」という要素の性格を正しく把えることにある。が、この「いまだに」の要素に注目しなければならないというのはどういうことなのだろうか？ さきに述べたようにジレンマの一つは、現存在の存在には常に何か「未解決 outstanding なもの」、つまり何かまだ起っていないものが含まれているという事実にある。我々はそれぞれが、いまだに隠されていて、まだ問わるべきものとして開かれていない未来というものをもっているからである。しかしハイデッガーは、もしこの「いまだに」の要素が「実存論的」に見られるならば、ジレンマは解決され、全体としての現存在はたしかに把握が可能であると論じる。したがって、問いはつぎのようなものとなる。「人間存在にふくまれるいまだにの要素はどのように解釈されなければならないのだろうか？」

ハイデッガーはまず「いまだに」について幾つか考えうる解釈を、ただし誤った解釈を出してみせる。第一に現存在の存在の「いまだに」は道具存在的な性格をもったもの（たとえばまだ支払いの済んでいない借金が「未解決」であるがごとく）ではありえない。また事物存在的でも（たとえば三日月のときに月のあとの部分がいまだに見えていないように）でもありえない。なぜならば現存在はつねに事物存在や道具存在以上のものであり、その二つを一緒にしたものでさえもないのである。むしろ、人間存在の「いまだに」の要素は、すでにそこにある何かなのである。現存在はまさしく、すでに自分の「いまだに」なのである。この性格については、すでに投企としての了解の分析において調べたのであるが、ハイデッガーはここで死の問題に関してなお一層視点をしぼっているのである。

現存在はすでに自らの「いまだに」である。この性格は、人の死について適用されるにふさわしく正しく理解して、誤った解釈に陥らぬようにしなければならない。たとえば、ハイデッガーは果実の成熟の比喩をしりぞける。我々は果物は未熟な内からその成熟したものがあらかじめ含まれていると言い、モーツァルトの若い頃の未熟ではあるが、快いオペラに、のちの交響曲となるべきものが聞きとれると言う。もちろんこうした言い方もことと次第によっては正しいのであるが、現に生きて存在している現存在においてその「いまだなる死」がいかにしてすでに問われうるものとなるか、という真に「実存論的」な意味を反映するものではない。

我々がいま探し求めているのは必然的に現存在の終りを含んでいるような視点である。我々は実存をその全体性において、すなわち終りまで完了したものとして知りたいと願っている。ハイデッガーは次のような区別をもうけて、この全体性が問い求めうるものとなるようにしている。すなわち、人は終りへ向っているということを知るために終りに在る必要はない、ということである。マッケリーとロビンソンの訳によれば、「Being-at-an-end (Zu-Ende-Sein) 終りに在ることではなく、Being-towards-an-end (Sein zum Ende) 終りへと向っていること」によってその視界は得られるのである。つまりそれはどういうことかと言えば、全体性の視野を得るには私が死んでゆくものであると気付くことで充分だということである。私の「終り」を見るためには、実際に死んでみる必要はない。

このハイデッガーのたてた区別は、単にうまく言葉を並べ変えたというだけなのだろうか？ それとも我々の実存論的な問いに重要な助けとなるものなのだろうか？ 「終りに在ること to be at one's end」と「終りに向っていること to be going to end」(Zu-Ende-Sein と Sein zum Ende の訳としては私はこちらの方を採る) の区別がさきほど「ジレンマ」と称したものの解決になるというのはいかにしてなのだろうか？

そもそも、実存の「全体性」とか「完成」とかを把握するに必要な視野を得るためには現実に死ななければならないという話の方こそ、いったいどのような理由に基づいているのだろうか？ このようなことが言えるのは、我々の求めているものが、人が一生の内に現実に経験することと全体の記録であるかぎりにおいてであろう。その場合には確かに、全体像を成立させようとすると困ってしまうことになるであろう。しかし我々は誰か一人の現存在の現実の経験についてその全域を把えようと求めているのではない。それではせいぜいのところ単に一個の人生の特殊な記録が得られるだけのことであろう。我は経験に興味があるのではなく——死の経験にさえも興味はなく——在らぬことが可能であるという現存在の一般的な意識に興味があるのである。この意識が究極的な視界を与えてくれるのは、人の死が経験に終りをもたらし、それによって一個の現存在が現に生きる人生を限っているからではなく、死に向っているという意識が人の実存をそのようなものとして限界づけるという意味をもっているからである。実際に、もし何らかの仕方で人が死の経験をもちえたとしても、そのような意識が、死に向っているという意識よりもはっきりと人の実存の仕方を限界づけうるものではあるまい。かくして「自分が死に向っている」(Sein zum Ende) という意識は、現存在を全体として把握するのに必要な「全体的視野」を、我々の探究に与えてくれるのである。我々は、この視野を得るために、「現実に終りにある」(Zu-Ende-Sein) という何らかの公共の経験を探し求める必要はない。言ってみれば、このような区別のおかげで、オカルト主義者になる手間が省けたということなのである。

しかしながら、このような区別をしただけでは充分ではない。ハイデッガーも言っている通り、我々はただこの視野を消極的に手に入れたにすぎないのである。今や、終りに向って在るとは何かということを積極的に、詳しく調べ上げなければならない。

だがハイデッガーはいきなり死の実存論的意味を分析し始めるのではない。第四九節において彼は、この分析において何をしないかをもう一度はっきりさせておこうとしている。おそらく気の長い読者でも、このような寄道は少々煩わしく、衒学的にすぎるように思われることであろう。しかし、このハイデッガーの分析に足がかりを求める作家がこれほど文学界に満ち満ちているところを見ても、彼が自説に対するおびただしい誤解を予想したのは当然のことであり、このような節をもうけてそうした誤解をとり除けておいたのは適切なことと思われるのである。(このような節であらかじめ注意しておいても、多くの読者が相も変らず誤解しているのを見ると、このような節もどれだけ効果があるのかと疑いたくもなろう。しかし、少なくともハイデッガーが誤解を除く努力をしたことだけは否定できないのである。)

第四九節の主眼点は、死の実存論的分析はその源泉を、死の現象を扱った旧来の分野のどこから借りてくるわけでもない、ということに尽きる。ハイデッガーの死の分析は、その問題の生物学的記述とは何の関係もない——たとえばそれは、「いつ生命が離れ去って死が始まるか」をもっと正確に言えるようにしようとしたりするのではない。また、ハイデッガーは心理学的分野の話をしているわけでもない——そういう話では、死それ自体よりも生の最後の数瞬間におこることの方に興味が向いているものである。ハイデッガーの分析が神学的問いにかかわっているのでないことは言うまでもない——死のあとに何かあるのかどうかなどということは問われすらしない。だからこの死なる現象に関してハイデッガーのとっている態度は有神論でも無神論でもないのである。ハイデッガーは死に対するいわゆる道徳的とか倫理的とか呼ばれる態度に興味を見せているのでさえない——死が「悪」であるかとか「罪の贖」であるかとかいったことに関する問いは全く彼の分析のうちに入って来ない。こうした様々の分野の学者達——殊に神学者と心理学者達——がこぞってハイデッガーの分析を利用しているからと言って、彼が自説をそうした分野から区別したのが間違いだったというわけではない。彼はその分析がこれら他の分野にも役立つことを否定しているわけではない。ただ、これら様々の分野が、それぞれ自分の方法論のうちからハイデッガーの説に対する反証を示しうるとすることを退けているのである。

死の存在論的意味

死の存在論的見方に関するハイデッガーの記述は大きく分けて四段階に分けられる。それは㈠、現存在の三様の開示の仕方——実存性、事実性、頽落——に従った死の分析。㈡、日常的世人自己がいかにして死の意義の正しい把握を妨げるかの記述。㈢、死の「確実性」に関する記述。㈣、死に向っているとはどういうことかを本来的に了解することの意味。の以上である。この最後の要素は、章の終り近くなってあらわれ、本来的実存をそれとして扱っている第七章（第二篇）への美事な橋渡しをつとめている。

ハイデッガーの死の解釈のこれら四つの項目を順に見始める前に、この分析において使われる主要な用語について一言述べておきたい。この節で分析さるべき実存論的カテゴリーをハイデッガーは Sein zum Tode と呼んでおり、マッケリーとロビンソンはそれを Being-toward-death（向死存在）と訳している。この場合私は、もっと自然で使い慣れた to-be-going-to-die（死に向って在ること）の方が、Sein を to be という自然なかたちで訳せるばかりでなく、ハイデッガーがドイツ語で言わんとした意味をより正しく伝えているのではないかと思う。と言うのは、この実存論的カテゴリーの内にあるのは、死ぬことの現実の体験ではなく、またいつの日か自分が死ぬであろうという事実をくよくよと思いつめることでもないのである。この用語が意味しているのは、存在するのを止めることの可能性の実存的意識、すなわち、私が死に向っている（going to die）ということの意識なのである。

一、いかにしてこの、私が死に向っているという実存論的カテゴリーは存在論的なものに成るのだろうか？　現存在はその実存性、事実性、頽落を通じて開示されるのであったが、ハイデッガーは、前出の章で明らかにされたこの開示の構造に従うのである。

a)　現存在の実存性は死について何を我々に語るのだろうか？　実存性は、可能性の投企である了解によって与えられるものであったことを思いおこそう。死はたしかに現存在にとっての可能性である。事実、すでに見たようにこれはまさに現存在の存在に的をしぼった可能性なのである。また現存在の存在に的をしぼるにあたってこれは三通りの仕方でなされるのである。

(1)、私の死が私自身のものであることが示される。私は独りで私の死を死ぬ。ハイデッガーの言い方によれば、それは徹底的に私自身のものである――すなわち、「もっとも私自身的な」ものなのである。もし何か私自身のものといえるものがあるとすれば、それこそ私の死なのである。

(2)、それは私自身のものであるから、他の誰とも共有することはできない。たしかに、互に同じ理由のために死ぬという意味でなら、恋人同士とか殉教者とかは死を「共にする」と言われている。それも、そういう人々は時には同時に、同じ死に方で死んだりする。しかし、そうしたことは真に同じ死を共有することではない。なぜならば私のみが、私にとって死んでゆくことがいかなる意味をもつかを知ることができるからである。この、私の死を分かち合うことができないということを意味するのは「非関係的」(unbezüglich)という言葉であって、この用語は論理学における同じ言葉とは全く何の関係もない。

(3)、最後に、私が死の可能性を投企するとき、それは死を何かしら避け得ないものとして私にあらわすことになるのである。それは不可避的可能性である。この性格をあらわしてハイデッガーが使っている言葉は「追い越し難い」unüberholbar ということである。

これら三つの性格は全体として、死が「人のもっとも自分自身的な、非関係的な、追い越し難い可能性として自らを顕す」(注7)ということを明らかにしている。経験に即して言えば、私の意識が死に気付くと、私が本当に死んでゆくということ、そして死ぬ時には独りで死ぬのだということが投企されるのである。

(注7)『存在と時間』(下五九頁)。

b) すでに見てきた通り、現存在の開示性は了解がみずからの可能性として投企し得るものに限られるわけではない。情態性あるいは気分に帰されるべき要素もまた常にあることを忘れてはならない。それでは、情態性が我々の死に関して告げるのは何であろうか？まず第一に、情態性の主要な特色は、我々自身によっては変え得ないものを開示することであるところから、死が何か我々の選んだりするものではなく、我々に押しつけられるものであること――もう少し実存論的な言葉で言うならば、我々はそこに投げ入れられてあるのだということが解る。現存在の被投性は我々が死にゆくものであるという意識の内に自らを顕す。しかしそのことを我々に開示する気分は、恐れでも恐怖でも苦悩でもなくて、不安というものである。この不安という現象についてはすでに論じた通りであるが、ハイデッガーの不安の解釈が独特のものであったことを思い出せば、すべての人が死ぬからというだけですべての人が死にゆくことの意味を悟っているわけではないということは明らかである。また、死の瀬戸際まで行ったものが必ずしも不安――死にゆくことの意味の開示を反映する唯一の情態性である不安を経験しているというものでもないのである。

さきの考察を思い返してみるに、不安は我々を我々自身に直面させるものであった。それは普通の意味での死の恐怖ではない。事実、この気分の描写をみてみるとむしろ、ふだん慣れ親しんだ世界の内で突然自己の存在が疎外されてしまうことといった意味が強いのである。したがって、不安は現存在にそれが死にゆくものであることを開示する情態性である、ということは、それほど明々白々のことではないのである。なぜならばそこでは、死の事実性の充分な意味が明らかになるのは、むしろ滅多におこらぬ不安の意識においてだけだということが言われていたのだからである。ここでも、死の意味を理解するのは悲惨な体験をくぐってきたような者ではなく、死について正しく思考する者――すなわち存在論的問いの影響のもとに思考する者だということが非常に強調されている。このことは以下の節の、世人自己による死の意識の回避を考察する内にだんだん明白にされてゆくはずである。

c) 開示の構造にかなうものとしてはもう一つ、死の意味の特色として頽落をあげなければならない。ハイデッガーによれば、現存在は死の意味への直面を避けようとするものなのである。それは、世人自己はあたかも死が存在しないかのごとく装うとか、人は事故死をもたらしそうな事態を避けるものであるとかいうことではない。頽落は無論世人自己の内に非本来的に生きようとする現存在の傾向のことを言っているのであるが、ハイデッガーは第五一節全体を使って、世人自己が死の意味の真の了解を避けようとする様々の仕方を描き出している。しかしその節にとりかかる前に、現存在の開示の構造にしたがって死を解釈することの意義と方策をもう一度よくかえりみておいた方がよいであろう。

その解釈の主要点はただつぎのようなことにすぎない。つまり、さきにみた各節で、開示の三様の構造は現存在の意味が配慮であることを示した。そしてその同じ構造をもった解釈にしたがって、死の意味もまた配慮に基づくことが示される、ということなのである。ハイデッガーは、現存在の存在は配慮であるというあの実存論的に中心となる所説をここでも決して捨ててはいない。死の意味の分析においても、その説は弱められるどころか、むしろ、死の正統的な理解は開示のもつ性格によってのみ可能であることが示されることによって、死においてさえも配慮の構造の厳としてあることが明らかにされているのである。もちろんただ常識的なレヴェルにおいて、人が死の意味を配慮という形で解釈しようとするようなことがあっても驚くべきことではない。しかしそういうことではなくて、特にハイデッガーの場合において死と配慮との関係をつねに念頭に入れておくことが大切なのである。

二、我々はいまや現存在の日常性へとたちもどって、非本来的な自己がいかに死を解釈するかを見ておかなければならない。特に世人自己は、死が本当に我々のものではないかのように死を解釈する。なぜならば世人自己というものは、他人と分かちあえず、一般的なものへと平均化してしまえないような意識や経験は何でも避けようとするのだからである。世人自己が意識を誘惑して死を自分自身のものでないかのごとくに思い込ませる時のやり方は、死をつねに現実性として扱い、決して可能性とはみなさないという仕方である。こういう言い方は奇妙に聞こえるかも知れないが、可能性は現実性よりも重要であるというあの全く反伝統的なハイデッガーの主張を思い出してみるならば、少しも奇妙ではない。それどころか、これは考えてみればなかなか含蓄のあることなのである。もしも私が死をただ現実性としてのみ扱って、決して可能性として扱わないとしたならば、私は決して自分自身の死のことを考えることができないことになろう。私に意識のあるかぎりは、現実的な死は誰か別人のものである。現実に死ぬのは他人だけであって、したがって死が正しく私にとって有意味であるためには、それが可能性として見られなければならないのである。ところが、世人自己は常に、可能的であるものよりも現実的であるものを重視する傾向にあるのである。死にゆくこと（Sein zum Tode）の意味を悟るということにおいては、可能性の優位ということは特別の意味を帯びる。すなわち、非本来的な見方にしたがって死が何か現実的（actual）なものとのみ見られている場合には、死への気付きにともなうあの居心地の悪い感覚は、何か現実にそこに在るものを恐れる気付きになってしまうのである。死を開示する非本来的な気分は恐怖なのである。一方、本来的な気分は現実の出来事を恐れおののいて見つめるだけではなく、不安という気分において可能性に注目する。先ほどなされた恐怖と不安の区別のことを思い起せば、そこでの話が本来的な死のリアライズと非本来的なリアライズとの区別についてちょうどぴったりあてはまるのがわかるであろう。不安は決して何か現実的なものに気が付くわけではない――それはむしろ、我々の注意を諸可能性へとさしむける。そして他方、恐怖はつねに確たる対象をもったものなのである。

この論議をたどってゆけば、当然に、私は私自身の死を恐怖することはできないということになる。(私は何か現実的なものを恐れなければならないわけだが、私自身の死は現実的なものではない。それが現実的になったような時には私はもう恐れることもできなくなっているのだから。したがってそもそも私が死を恐れているというときには、私は誰か他人の死を恐れているわけなのである。) そうした理由で、死への非本来的な関わり方が死を「恐れる」ことなのである。

これに対して死を不安に思うというのは、自分自身の死の可能性にうす気味悪く気が付くことである。そこで我々の世人自己は、こうした本来的な死の了解を覆い包もうと策を弄してつとめるのであって、死を恐怖の対象となる事件とかものとかのごとく扱おうとするのである。自己は、出来事としての死を恐れているうちに、この自己が存在しなくなりうるのだということを、ほとんど無意識に、気付くまいとして避けてしまう。このことを一口で言えば、現存在の頽落は非本来的実存が死への直面から逃がれるようにして、死を開示する、と言える。

現存在の非本来的な様態が死から逃れることであると規定したからといって、ハイデッガーは普通人が死なないように用心することまで非本来的だと言っているのではない。つまりここでもまた、死という現実の出来事のおこる状況や条件の話をしているのではないことが大切なので、死が可能であることを知ることがその人にどのような意味をもつか、という話なのである。この節を雑に読んだのでは、ハイデッガーはすべての人々に、まるで隠者のごとく、かの来るべき最後の時をうつうつと待ちつづけろと強制しているように思い誤るかもしれない。しかし現実の死の経験を避けることが非本来的なのではなくて、我々の非存在の可能性の充分な意義に目をつぶることが非本来的なのである。

鋭い目をもった読者ならば、様々な実存論的カテゴリーにおいて、非本来的な様態は本来的な様態とそれほどひどく対立しているものではないという印象をもつかも知れない。世人自己は「ずる賢こ」すぎるとでも言えるほどである。我々の自己欺瞞は、たとえば我々に死などというものはないと思い込ませようとするような下手なやり方はしない。世人自己は我々に超人の力や不死を信じ込ませようとするのではない。それは我々に「ああ、そうさ、我々もいつかは死ぬんだ。」と言わせておいて、ただその言葉のもつ刺すような意味深さを取り除いてしまうのである。周知のように、嘘のうちでも一番大きな一番うまい嘘は、つねに真実とすれすれに近いところにある嘘である。そしてこのことは存在論的に意義のあることなのである。ハイデッガーの真理の解釈においては、非真理が真理を覆い隠すとされていたことが思い出される。すなわち真理はつねにそこにある。ただ隠されているだけなのである。このことは特に、非本来的な死の観点の場合に明らかである。我々が死んでゆくものであること——我々が死んでゆくことが確実であることさえも非本来的な実存様態は否定しない。ただ、そうした言葉の意味が微妙に弱められてしまっているのである。したがって真理を探すにあたって、我々は何か新しい現象を求める必要はなくて、ただより開示的な解釈を求めればよいのである。真理のありかは非真理のありかと同じである。真理と非真理をわけるのはそれのありかではなくて、それを見る視点なのである。そして死の現象の解釈は存在の意味の「より存在論的」な理解をはたす新しい視点への大事な一歩なのである。

三、死についての本来的な記述にうつる前に、死の確実性に対するハイデッガーの解釈についても一言述べておかなければならない。日常性は死の確実性を単に「経験的な」仕方でのみ解釈している。我々は死について「経験的に確信」しているのである。しかし経験的な知はそれが「いつ」のことであるかということで限界づけられ、規定されるのであるが、死がいつであるかということは不確実である。したがって死の不可避性のトゲはそのいつであるかの不確実なことによって柔げられているのである。ここでもまた世人自己は本来的な理解のもつ充分な意義を微妙にほうむり隠してしまう。世人自己は賢くも、死の不可避性、確実性をあからさまに否定しようなどとはしないが、ただ、我々がいつ死ぬかに関する不確実さのもとに、その意識のもつ威力をうずめ去ってしまうのである。「いつの日か私も死ぬだろう」という日常的な言葉が本来的になりうるのは、むごくも最初の語がひきむしられて、むき出しの「私は死ぬだろう！」だけがとりのこされた時にのみである。あるいは先ほどからの訳に従って「私は死んでゆく」と言ってもよいが、そう言う時にのみそれは本来的にひびきうるのである。

さて我々は、人がいかにして日常的な観点によって、死の意味の完全な理解を避けるかを見てきた。今や死に向っていること（Sein zum Tode）の意味の本来的な理解を見てみることとしよう。

四、本来的に死に向っていることのハイデッガーの解釈を理解するために重要なことは、ハイデッガーが自ら詳述していることであるが、この問題の特異性を心得ておくということである。先ほどの非本来的観点の分析を通じて、すでに本来的観点の特色も二、三わかっているわけであるが、それによれば死の本来的な意識は、死んでゆくのは世人自己ではなくて我々自身だということを強調するに留まらない。それは我々が死を現実的な出来事として見てはならず、つねに我々自身の存在の可能性として見なければならないということをも強調するのである。しかしながら、このことに関する難点は明らかである。すなわち、我々が何物かに向うということは（つまり、何事かを行なおうとするということは）、その出来事や経験の現実化を目指し求めるのでないとしたら、いったいどうして可能であろうか？　ということである。ハイデッガーは死を未来の現実性として見るのは非本来的な見方であるということを主張する。ところが彼は本来的な観点を「可能性に向って在ること」として描いているのである！　この言葉は、何事かの実現を目指すという以外の意味をもっているというのだろうか？　可能性ということを何かが現実的になることとして解釈するのでないと、たしかにその可能性は希薄で無意味な論理の遊びになってしまうように思われる。そこで、問いは次のようなかたちをとることになる。「いかにして我々は、死に向っていることを何か「現実化を目指している」のではないこととして解釈し、なおかつそれを意味のある可能性とすることができるだろうか？」

この問いへの解答は、「可能性に向っていること」、言いかえれば「可能的になろうとしていること」とはどのようなことであるのかを正しく理解することにかかっている。この「に向っていること」が何事かの「現実化へと向っていること」でないことは最初から解っているのだが、それでは、一体それはどういうことなのだろうか？　ハイデッガーはここで一つの区別をもうけているが、それは現存在の死についての論議だけにかかわるものではなく、現存在の存在としての時間においても重要な意義をもつものである。ハイデッガーが言うには、何事かに向っていることには二つの様態がある（すなわち、人は二種の仕方で何事かに向いうる)。あるものを一個の現実として待ち受けるときには、来たるべき出来事は「期待」(expect, Erwarten) されている。一方あるものを可能な在り方として思いやるときには、それは「先駆」(anticipate, Vorlaufen) されているのである。ここでもまた翻訳ではなかなか微妙な意味あいが伝えられない。Vorlaufen という言葉には「先駆ける」とか「とび込んでゆく」とかいった語源的な意味が含まれているのであるし、Erwarten というのは受動的にただ待つことである。しかしそうした微妙な意味合いを理解するのに、ドイツ語で生まれ育たなかったことを徒らになげくことはないので、ここでは何も「言葉の魔術」が云々されているわけではない。要するに、ドイツ語で生まれ育った人でさえもが、ただこの二つの言葉で区別された途端に何もかもがぱっと解るというものではないのである。英語での読者の場合と同じように、その人達にとってもこうした用語はもっと詳しい説明をうけて注意深く取り出され、使われなければならないのである。

それでは、人が「期待」とは全く違った「先駆」という仕方で何事かの可能性を目指すのだという主張は、どのような根拠をもっているのだろうか? その区別は、人が死をどのように見やるかの分析から生じたものである。いつの日にか起るであろう出来事としての死は私にとって無意味である、とハイデッガーが論じているのはたしかに正しい。もしそうであれば、エピキュロスの論議が正しいことになる。つまり、死を知ることは不可能であろう。しかしそれでは死はいかにして私にとって意味をもちうるであろうか？　それはまさに、私が生をいかに観るかということにおいて意義をもつのである。次のように考えてみよう、純粋に思弁的、論理学的なレヴェルでは、二つの可能性がある——在るか、在らぬかの。（これはハムレットの台詞ではない。ここでは純粋に論理学的レヴェルで話をしているのだから。）しかし、もしも論理的には在らぬことも同じく可能なのだとすれば、人が在らぬのではなく在るということには何らかの理由がなければならない。すなわち、在るということには、純粋に論理的な意味以外の意味がなければならない。もしも在らぬことが不可能だというのならば、人はあの昔のスコラ哲学で言う必然的存在者たる神になってしまう。したがって存在しないことが可能であることを知ることによって、在ることができるという可能性へと注意が向けられることになる。つまり、死を現実性として、眺めやることは、もはや可能的ではないことを眺めやることであって、したがって自己の存在可能性から手を引いてしまうことである。しかし、死を現実性としてでなく可能性として眺めやるということは、実は自己の存在可能性に注視することなのである。

哲学史にいくらかでも親しんだ読者にとっては、このような設問の仕方はライプニッツの充足理由律を思いおこさせることであろう。ハイデッガーはこの『存在と時間』においてはそれに触れていないが、これに続いた『根拠の本質について』（Vom Wesen des Grundes）という著書において、充足理由律の根拠は自由であると大胆にも言い切っている。そこでの論議のすすめ方はこの場合と似ていて、まず、在らぬことも論理学的には在ることと同じく可能であることが主張される。そこで、在らぬことの可能性に直面することによって、在らぬのではなくて在ることの根拠がなければならぬという意識が生じる。ここでは実質的な原因のことを言っているのではなく、意味の話をしているのであるが、ともかく我々は二つの問いを問うことができる。在ることの意味は何か？　という問いと、在らぬことの意味は何か？　という問いである。もしもこの二つの問いを現実性において考えるならば、それは両方共無意味である。なぜか？　まず第二の問いを先に見てみよう。もしこの問いで「現実に在らぬことは何を意味するか？」と問うつもりなのであれば、この問いはただちに全く無意味であると言える。なぜならば、私が存在しなければ私にとってそもそも意味などということがなくなってしまうのだから。このことは、少なくとも非存在に関する第二の問いに関しては充分明白と思われるが、この二つの問いは両方同じ論理学的価値をもったものであるから、第一の問いについても同じことが言えるはずである。つまり、もしその問いが私の現実性についての問いであるならば、それは私が現実に居ないことについての問いと同じく無意味なのである。

この二つの問いがそもそも意味をもちうるためには、それは可能性として意味をもつのでなければならない。その場合には、二つの問いは共に非常に大きな意味をもつことになる。そこでは二つの問いは我々に、我々の有限性についての理解を与えるものとなるのである。私が在らぬことが可能であると知ることは、同時に私が在ることができることを開示する。私は在るも在らぬも自由である。ここでもまた、この「自由」は私が自由に自分自身を創造したり破壊したりできるという意味ではない。それは、私が在ることもでき在らぬこともできるという事実を充分に把握するか、それを把握しないかについての自由なのである。本来的な実存とは、自己の存在可能性を充分に意識していることである。(もちろんそこには、「存在しないこともできる」という可能性も含まれなければならない。)

それだからこそハイデッガーは、先駆が本来的実存の可能性だと言うのである。現実的な存在や非存在をではなく、可能的な存在と非存在を見やることによって、私は存在論的な問いを意識するようになる——その意義の詳細にわたってはっきりと述べたてることはまだできないにしても。さらにハイデッガーは、人間の何たるかを問う旧来の哲学的観点から、人間の可能性の問いへと問題をうつすことによって、死の本来的な見方は不健全でも運命論的でもないこと、むしろ自己の有限性を雄々しく意識する積極的なものであることを明らかにしているのである。

ところで、我々がハイデッガーの死の分析から学ぶべきものは何なのだろうか? 私には、次の二つが、人の死の意識のもっとも重要な特色であるように思われる。一つは、死はとりわけて在ることの意味——いわゆる存在への問い(Seinsfrage)に焦点をあてるということである。「死へ向っていること」という実存論的カテゴリーは人間の非存在の能力を意識することであるから、この実存論的カテゴリーは存在に気付くことと直接に関わっているわけである。

第二の特色はさらに一層示唆的なものである。つまり、死への気付きはハイデッガー哲学をもっとも一貫してつらぬく所説を明らかにするのであって、それは、可能性は単なる未来の現実性以上の意味をもつということである。人間存在として私は可能性の領域に住んでいる。そして本来的実存が自覚されるのはこの可能性の領域なのである。ハイデッガーは、可能性を単なる非現実性によっては規定できないことを明らかにする。たとえば、何かある重大な決定にともなう道徳的な責任といったものは、現実に下された決定によって起った出来事自体よりも、はるかに大きな実存論的意義を含んでいる。現実に起った出来事を単に記録していっただけで存在の意味がてらし出されるなどと思うのは、実存のもっとも重要な特色である責任ということを看過するものなのである。

我々はさきに、死の到来を、単に死亡広告欄に一片の事実として記されるような未来の出来事として考えるのは非本来的であるというハイデッガーの見解をみた。しかしながら、死が一つの現実的な未来の出来事と見なされずに、それでいてなおかつ有意味な可能性であるということは理解し難い主張のようにも思われた。というのは、その主張によれば、可能性には、それが未来に実現されるかされないかにかかわらぬ意味があるということになるからである。では、可能性は、現実のものになるという以外にどのような意味をもちうるのだろうか？　そこで実存論的な答えとして出てきたのが自由ということである。この答えは、たしかに可能性を単に論理学的に研究したところで出てこない答えであって、そのために、ふつうこれは心理学とか感情の研究に属するものとされているのである。しかし自由の問題を感情の研究にあずけてしまうというのは、それから存在論的、普遍的性格を奪ってしまうことである。死を、非存在の可能性の実存論的意識であるとし、ただ可能性としてのみ本来的意義を有するものと示したことによって、ハイデッガーは自由と本来性の問題を存在論的に意義のあることとしてあつかうための布石としたのである。

次の章では、本来性の意味が論ぜられており、この問題がもう少し突っ込んで問われていくはずである。しかしさし当っては、非存在の可能性（在らぬことができるということ）を見つめることによって存在の可能性（在ることができること）が開示されること、そしてそこでは、「可能性」はもはや単なる「いまだに現実的でないこと」という抽象的な論理学的機能としては見られておらず、人間存在が実存する本質的な在り方として見られていること、を知っておけば充分であろう。そしてその本質的な在り方には「自由」という名が与えられているのである。こうして見ると、ハイデッガーの死の分析は不健全な絶望をあらわすどころではない。それは自由と本来的実存の源なのである。

第七章　本来的実存〔第五四節―第六〇節〕

　ドストエフスキーの『カラマーゾフの兄弟』には「大審問官」という題の章があって、そこでは自由と安全確実性との間の偉大な闘争のさまが力強く描かれている。ドストエフスキーは、この問題にキリスト教における問題という形をとらせているのではあるが、この素晴しい章に示された人間存在への洞察は、単なる一つの宗教的見解をはるかに越えたものである。「大審問官」の主題は次のようなものである。もしもキリストが今日の西欧キリスト教社会に戻ってきたとしたなら、彼は教会自らによって拒否されるであろう。なぜならば公の教会というものは、ほとんど機械的とも言える宗教制度によって安全確実性を与えてくれるものであって、そこでは救いを得るためには何をなし、何を望んだら良いのかがきちんと解っているのに、ところがキリスト自身は少しもそんな安全確実性は与えてくれず、ただ自由のみを与えるからである。教会の枢機卿である大審問官は、再び甦ったキリストを、人々に対する愛情を自分ほどは示していないと言って非難する。枢機卿が言うには、自分は人々に欲しがるものを与え、従って彼等をしあわせにしてやる。それなのにキリストは、人々が欲しがっている安全確実性による平安を奪い、その代りに自由という恐るべき重荷を背負わせるのである。

この偉大なロシアの作家の素晴しい感受性と洞察力は、ほとんどあらゆる人生の局面をえぐり出しているので、ここでこのような大傑作を枠にはめて解釈しようとするのは本意でない。しかしながら、この「大審問官」はハイデッガーが『存在と時間』第二篇の第二章で語っていることと直接むすびついており、大いに学ぶべきところがあるのである。両者は共に、自由の二様の性格に対してその鋭い目をむけている。第一には、自由は自由である者の肩に恐るべき重荷をのせるものであり、何をしてでもよいからそのずっしりとした意義のもとから抜け出したいと人に思わせることの多いものである。第二には、それは秩序だった世界の安楽と平安から自由なる者を孤立させてしまうのである。さらに両者は、自由の喪失と自己の本来的性格の喪失が同じものだということを認める点でも一致している。枢機卿は自分がキリスト教の本質を否定する、まさにその瞬間においても、自分がキリスト教徒だと本気で信じている。非本来的な自己は、本当は何か選択の余地を残しているのに、それを覆い隠してしまっていながら、得々としてすべての問題を解決してしまったつもりでいるのである。世人自己にとってもかの枢機卿にとっても、選択はすでになされており、もうそれ以上の選択の余地はなくなっている。あとはただその帰結にしたがって生きていくだけである。

ハイデッガーはこの第二篇第二章を始めるにあたって、本来性は究極的にはどこに位置するのかをごく簡潔に述べている。つまり自由がそのありかである。彼が指摘するには、選択を避けることによって人は非本来性の落し穴におち込む。実は選択が可能となるような基盤を見出すことが問題なのである。しかしながら、大審問官の枢機卿の例でも見られる通り、選択や自由の可能となる基盤、すなわち本来的自己はすでに見失なわれてしまっている。したがって第二篇の課題は本来的自己のありかを捜すことなのである。

「大審問官」では、枢機卿が再び甦ったキリストをまた葬り去らねばならないと思う。その理由が何らの憎しみでないことは明らかである。ただ枢機卿は真のキリスト教徒の何たるかを知らなかったのである。ドストエフスキーの見るところでは、本来的なキリスト教徒は自由なる者である。自由を重んぜず、救いへの安全確実な道をとる者は非本来的キリスト教徒なのである。

自由が本来的実存における決定的要素であるという主張の正しいことをさし当り認め、さらにまた、この「自由」というものの意味を知る前に、本来的自己のありかをつきとめねばならぬということを認めるとすると、そこで次のような問いがうかび上ってくる。我々はいかにして本来的自己を開示しうるのか？　我々はいわば自由の中枢をいかに解剖しうるのか？

あらかじめひとつの点について注意しておかなければならない。本来的自己についての主要な洞察を、どのようなところから、どのような在り方から得てくるにしろ、それは日常的現存在にもまたあてはまるものでなければならない、ということである。ハイデッガーの哲学は何か「特殊な経験」とか神秘主義に基づくものではないということをもう一度強調しておかなければならない。本来性の源泉は、（たとえぼんやりとにしろ）すでに了解されている領域の内にあるのでなければならぬ。一番最初から我々は、現存在が基本的な存在了解（Seinsverständnis ――存在の意味を了解していること）をもっていること、そして実存論的分析論の課題は解釈を通じてそのぼんやりと了解されているものを特定する（主題的にする）ことなのであること、を強調しつづけてきた。したがって、解剖すべき自由の中枢は、日常的様態の内にあることになる。すなわち、中枢を刺激し、反応をひきおこすのは解剖そのものなのであり、それが本来性ということなのである。

人を直接に自らの本来的自己へとふり向かせることのできる源泉は、ハイデッガーによれば、良心の声である。人によってはこの主張はとんでもないものに思えるかも知れない。現代フロイト流心理学の、罪を軽視し、罪という考え方を取り除こうと努めているような傾向から見れば、これは正統派心理学へと舞い戻る全くの邪説と見えるかも知れない。しかしハイデッガーに言わせれば、罪とか良心とかいうものは自由の基盤となる本来的自己をさらけ出す偉大な人間的実存論的カテゴリーなのである。ハイデッガー自身の述べるところを調べ始める前に、このハイデッガーの中心的主張のいくつかの側面を、常識的、直観的レヴェルで考えてみるのも無駄ではあるまい。

自分に気が付くこと（self-awareness）にも様々な種類がある。純然と経験的にたしかめられる自己の証《しるし》（たとえば自分専用の道具、自分のはきふるした靴、鏡にうつった自分の姿など）といったものもあるが、その外にも、自己の主観的作用に中心をすえた自己―気付きの様態といったものもある。たとえば、かの有名なデカルトのコギト・エルゴ・スムという理性の発見における自我がそれである。こうした各様の気の付き方もたしかに「自己」についての何事かを開示するものではある。しかし問題は、これらの様態は私自身の単独な自己を自己として開示するのだろうか？　ということである。自己をその痛いまでの「自己性」において開示するようなたぐいの経験が他になにかあるのではあるまいか？　ここで我々は、「本来的」という言葉がドイツ語の eigentlich という言葉の訳語であったことを思い出さなければならない。この言葉は「私みずからの」というようなときの「みずからの」という意味をもつ「eigen」を語幹としている。したがって「本来的《アイゲントリッヒ》」な自己性を捜し求めているということは、自己の単独な「自己性」を顕す開示性をさがし求めているということなのである。

たいがいの人間存在の経験の範囲内で自己に焦点をあてるようなものといえば、その一つに罪というものがある。明らかに、道徳的な意味において問題にされる自我（エゴ）のうらには、あらゆる知的作用は主体をもたなければならないという単なる論理的要請とは違って、一種の個別的人格が考えられている。たとえばもしも私が、友人に理不尽な苦しみを与えた者の「自己」について考えるならば、その時私はその責任のあるのが誰なのか——私である、ということを痛いほど意識せざるをえない。読者はそのことを確かめてみるのに、一寸した思考実験を試みてもよかろう。もしも構わなければ、過去において行なったことの内で、何かあまり誇るべからざるような、打ちあけたところ実は恥としているようなたぐいのことを思い起したのでも良い。それは「客観的」にはごくつまらないことでも構わないが、ただ、心から「あんなことはすべきでなかった」というたぐいのことでなければ意味がない。さて、そこで「誰がそれをしたのです？　誰のせいなんですか？　誰がその行為の罪を負うのですか？」と聞かれて、「はい、私がやりました」と答えるときのその「私」のもつ意味を、「我思う、ゆえに我あり」の「我」と比べてみよう。はじめの方の「私」にはあって、後者の「我」には必ずしも含まれていないものは何であろうか？　ハイデッガーは罪や良心（ここではこの二つの語の意味はあえて曖昧なままにしておく）においてはじめの方の「私」が語られるときにはそれは実存論的意味をもつが、それがあとの方の「我」においてはある意味では欠けているのだ、と語る。

　少なくとも非反省的、直観的なこの段階では、我思う《コギト》の純粋に主観的な作用の内には含まれていない「罪ある自己」に気が付くことがあるように思える。分析哲学者のなかでさえもH・L・A・ハートのように、文章には記述的意味にも命令的意味にもあてはまらない、帰属的（ascriptive）意味があるなどと言う人もいる。そして我々が目下の問いをすすめてゆこうと思っているのはこうした帰属の関係（reference）にむけてなのである。もうしばらく今の線にそって問いをすすめていってみよう。さきに、罪ある自己への気の付きようには何か「本来的」なものがあると言った。たとえばあなたが何か道徳的に悪いことをしたとしてみよう。もしも自分がこれこれの行為をなしたという事実を反省するならば、あなたは責めのありうる者としての自分自身に気が付くことになる。あなたが罪ある者なのである。しかしながら、それに気の付くその瞬間に、新たな選択があらわれる。つまり、あなたは自分の罪を自らに対して否定しようとすることもできるわけである。ただ、それをするのに、かくかくの行為が現に行なわれたことを否定するのではなくて、自分の行為を決定したのは外的要因によるものだったと言って否定するのである。それが極端になれば、どんな行為も自由ということはありえないので、誰にも全く罪などなくなってしまうのだとまで言われかねない。少なくとも、自分の罪を軽くするのにそれを外的状況のせいにするというのは、よくある方便である。そして一方それとは逆に、あなたは自分の罪を認め、自分がその行為の責任者であり、それにともなう罰に価するとみとめることを選ぶこともできるのである。こうした選択は全くありふれたものである。しかし、そこにはどのような意味がひそんでいるのだろうか？　ハイデッガーは、もしも人が自分の罪の重荷を避けることを選ぶならば、彼は同時に自分の自己に気付くことをも避けているのだと言う。罪を避けることによって非自己的（非本来的）自己となり、一方罪に直面することによって自己的（本来的）自己となるのである。

これまでのところの探究では、人は本来的になるためには何か芳しからざる行為をひとつ実際にやっていなければいけないという、何やらうさんくさい結論へと導かれてきてしまったようにも見える。もちろんハイデッガーの分析はそんなことを言おうとしているわけではないが、なぜそんな意味があてはまらないのかをはっきりとさせておかなければならない。現実に悪事を犯した者だけが本来的だというのでは困るし、また我々としても本来性が特定の行為の事情に依存しているなどと言うつもりのないことは明白である。なぜならばここでの探究の主眼はまさに、存在論的な、あるいは実存論的な意味をもった外的事情などといったものは存在しない、ということなのだからである。したがって、ハイデッガーが言っているのは、本来的であるのは何か個別的な行為の罪を実際に経験したということではなくて、良心を持とうとすること、もし万一罪を犯してしまった場合にはいさぎよく罪を感じようとすることなのである。

ここでもまた、常識的なレヴェルである程度までは理解することができる。明らかに、本来的な自己とは良心の声にみずからを開いている自己である。ある人がどんな良心にも耳を借そうとせず、そして一切どんな罪をも感じようとしなければ、その人は人たることの気の付きようにおいて「欠けて」いると言えるであろう。しかし、ハイデッガーの主張はもっとはっきりとしたものであって、良心を持とうと意志することこそが本来性の基礎であると言い切っているのである。と言うことはつまり、良心をもとうと欲しないことが非本来的なのだということになる。したがって、全く何ら罪に問われる可能性なしに生きようとする者、罪の可能性そのものを拒もうとする者は、世人自己のかげに隠れた、非本来的な者なのだと言える。

ここ一世紀ばかりの間に心理学や刑法の分野では、多くの不幸な人々が病理学的に言って罪責をひきうける能力のないものとして扱われてきているが、それが明らかに人道的なことであることはここでも否定しない。たしかに、道徳的に不正な行為をした当人が、自分が何をしでかしているのかを理解する能力を全く欠いているという場合がよくある。そうした場合には、罪に問うということは行われない。さらに一歩すすんで、罪が病理学的なかたちをとるような不幸な人々や、罪に気が付いてもそれが少しも償いへとむかわないような人々もいる。しかしそれにもかかわらず、多くの知的な人々の間には、あらゆる形態の罪をこうも無雑作に手ばなしてしまうということについて漠とした不安の念があるであろう。あまりにもさっさと心の内から罪を追い出してしまおうとする人々には、一種の人間の尊厳の喪失がうかがわれる。おそらく、良心をもとうとするのは良いことなのだろうと人は感じる。ハイデッガーの主張は今あげたような曖昧な感覚をはるかにこえたところにあるのではあるが、私はこのような例をあげてみることによって、ハイデッガーが本来的実存の開示に用いる罪や良心のより厳密な解釈のための、いわば心の準備をしておこうとしたのである。

　このように言ってくると、読者は『存在と時間』を一種の「実存的倫理学」のように解釈したくなるかもしれないが、それは当っていない。しかしたしかにこの節を誤って倫理学的研究と解釈する危険は大きいので、この機会を借りて、ハイデッガーが自分の著作を「基礎的存在論」と呼んでいるのはどういう意味なのか、また、人間存在のこうした解釈がその他の哲学的企図の基盤をなすのはどのようにしてなのかということを、もう少し詳しく描き出してみることにしよう。

　罪の実存論的‐存在論的構造の研究は倫理学の分野に属しているのではない――実際、ハイデッガーは、倫理や道徳が罪の理解から生じてきたのであって、その逆ではないと主張するのである。従って、罪は一つの実存論的カテゴリーとして道徳の基礎なのである。これはいささか伝統的見解にそむくものであって、伝統的見解ではふつう、罪はすでに確立された道徳律に依るものとして解釈されるのである。ふつうには人は、罪というものを、ある定められた行動規範にそむいたためにおこる心理的反応と考える。そしてまたそうした説をおしつめてゆけば、そのような既成の規範、慣習がなければ、罪もまたないだろうということになる。従って伝統的見解は、罪が倫理的機構、道徳律に依っていると言っているわけなのである。

ハイデッガーの見解によれば、倫理、道徳は罪を前提としており、罪が道徳に先立っている。では、いかなる理由によって罪が先立つと主張されるのだろうか？　試みに、理性が我々になすべきことを告げてくれるという倫理学説について考えてみよう。たとえばカント主義者であれば、理性は我々にすべての人間存在を手段としてではなく目的として扱うようにと、あるいはすべての行為は普遍化できるものでなければならないと、教えてくれると言うであろう。それでは、そのような原理が受け入れられてはじめて、それへの違反によって罪を感じるということも起りうると言うべきなのであろうか？　それとも、そのような格率の形成に先立って、人は理性が示してくれるような導きを探し求めざるをえないような態度をとっているのだろうか？　もっと素朴な言い方をすれば、私はまず何を為すべきかを発見したり学んだりして、その後にそうした格率に背いた際に罪を感じることになるのか、それとも、私はまず第一に良くあり、あるいは本来的にあらなければならぬという呼び声を聞き、しかる後にその望みをとげるために倫理的、道徳的命法をうち立てるということなのだろうか？　もしも後者であるのならば、罪（良心）は倫理の基礎であるが、もしも前者が正しければ、倫理が罪の基礎である。ハイデッガーは罪が道徳や倫理の基礎であると論ずるけれども、それはハイデッガーの問いが次のようなものだからである。道徳とか倫理的理解というもののあることは認めるとして、そもそも正しいことを為し、何をすべきかを知りたいという傾向、欲求がありうるためには、人間の意識において何が前提にされていなければならぬか、という問いである。

かりに私が、私は何をすべきだろうか？　と問うとしよう。そして理性が（理性だけで独立にか、あるいはまた他の「機能」の助けをかりるにしろ）私がすべきことは何であるかを告げてくれるとしよう。そこで私は、なぜそのすべきことを為すべきなのだろうか？あるいは、おそらくそれよりもっと重要なことであるが、しかし私はさらに問うことができる。なぜ私は何をすべきかなどと自問したのだろうか？　私の意識の構造の中にすでに私がすべきことをするのが真に大切なことだという一種の確信がなかったとしたら、一体どうしてそんなことが問いうるだろうか？　してみると「なぜ私は為すべきことをしなければならないのだろうか？」という問いは実は無意味な問いなのではあるまいか？　つまり「為すべし」は、何らかの形での真正な存在にあらかじめかかわりあっているということをそもそも前提しているのではなかろうか？　すべての道徳律や倫理的了解の問題においては、人が責任を取り得ること、罪を負ったり正当とされたりすることが可能であることが前提となっている。そのような前提がなくては、道徳は全く理の通らぬものとなってしまう。「どうして善くなくてはいけないのか？」は「善くあるためには何をすべきであるのか？」よりも深い問いである。しかしながら、ハイデッガーの思想において覚えておかねばならぬ重要な点は、この「なぜ善なのか？」の問いは目的論的にというよりは実存論的に答えられなければならないということである。それはつまり、この問いに将来の希望という点から答える（もしも善くしていれば幸福になれる、といったふうに）ことはできなくて、あらかじめある本来性への実存論的意識という点からのみ答えうるということなのである。

道徳に罪が先立つというこの洞察は、基礎的存在論の原初的性格を美事に見抜いたものである。後年に至ってハイデッガーは「存在論」という言葉を、自分の思想を表現するものとしては使わなくなってしまったが、しかしそれでも彼は、在ることの意味の学こそが他のすべての分野の基礎であるという根本主張を取り下げたわけでは決してなかった。彼が「基礎的存在論」という言い方を止めたのは、それが絶えず形而上学の一種と誤解されてばかりいるからという、それだけの理由にすぎない。彼のこの罪解釈の場合などは、存在論の優位をうたったその主張が実にはっきりとしている。道徳的命法の性格といった形而上学的問いは、罪とか道徳とかいった存在論的性格に基づいているのである。『カントと形而上学の問題』においてハイデッガーが指摘しているところによれば、倫理とか道徳とかいった分野はライプニッツ-ヴォルフ学派の伝統的見解においても「特殊形而上学 metaphysica specialis」と呼ばれるものに属していて、つまり伝統的哲学者でさえもこれをもっと原初的な「一般形而上学 metaphysica generalis（昔の「存在論」）」の上に基礎づけようと試みていたのである。ただこのような伝統的哲学者達の誤りは、存在論を一種の実体的宇宙論と解釈して、ただちにもう一つの別種の「特殊」形而上学としてしまったことにあった。ハイデッガーにとっても基礎的な分野は存在論に外ならないのであるが、それは諸実体の存在論ではなく、実存の存在論なのである。もしもカントの、道徳は形而上学の問いであるという見解を受け入れるならば、「一般形而上学（存在論）」こそはその分野の基礎でなければならない。罪の実存論的‐存在論的性格が倫理に先立つことを示すことによって、ハイデッガーはここでもまた、基礎的存在論が原初的分野であることを示したのである。

こうした主張が有効であるかどうかを評価するためには、ハイデッガーが罪とか良心とかいう言葉で何を言わんとしているのか、またなぜ罪とか良心とかが自由という本来的実存の核心をさらけ出すのかをもっと詳しく調べてみなければならない。しかしながら、実際に本文を読み解いてゆくにあたっては、なぜハイデッガーが良心や罪の分析をすることを選んだかを知ることが不可欠である。また同時に、単に彼の罪の説がこれこれのものであるということだけを知っているのでは充分でないことも強調しておくべきであろう。今までのところではなぜ罪が重要かということを簡略に述べておいたが、今やこれらの言葉がハイデッガー流の分析によればどのような意味をもつかということにとりかかることができよう。

良心の解釈

ハイデッガーの良心の解釈は、現象学的記述としてはかなり単純明快なものである。良心を解釈するにあたっての彼の目的はただ本来的実存を決意性として最終的に分析するというところへもっていくことである、ということを心に留めておくかぎり、二、三重要な性格を指摘しておく以外ほとんど解説の必要はないであろう。

前の方の節で、ハイデッガーはすでに、現存在の開示の構造を、実存性、情態性、頽落に基づくものとしてうちたてているが、良心の開示も大体はそのパターンをなぞっている。ただ一寸はずれているのは、「頽落」は本来的現存在の性格となりえないということである。そのためハイデッガーは開示の第三の要素として語り（Rede）をおいているが、これは良心を一種の呼びかけとするハイデッガーの解釈が語りの開示にぴったりとあてはまることを考えると、とりわけ適切なやり方と言えるであろう。良心の本質的性格は呼びかけである――そしてそれに対応する本来的実存の様態は沈黙を守ること、つまり聴従なのである。心すべきは、我々が静かにして良心の呼び声に耳を傾けないかぎり、決してそれが聞こえてくることはない、ということである。

では、良心を呼び声として語るということはどのような意味をもつのだろうか？　基本的にはそれは次のようなことである。良心を一種の呼び声として扱うことによって、良心の性格のもつ四つの要素が明らかにされるが、これらの要素は良心を「感情」とか道徳律の侵害にともなう心理的恐怖などと解したのではうかうかと見すごされてしまうものである。これら四つの要素はいかなる形態の呼びかけにも妥当するものであって、呼びかけというものがある時には、㈠呼びかけをなす者、㈡呼びかけられる者、㈢それについて呼びかけられている事、㈣それへと呼ばれている事があらねばならない。呼びかけを他の形の語りと区別するのはこの最後の一点である。（単にひとに話しかけるのではなくて、呼びかける時には、ある行動や注意の方向が期待されている。つまり人は誰かに、注意するようにとか用心深くするようにと呼びかけることがあるわけである。）

ハイデッガーの良心の分析においては、これらの四要素はすべて自己である。㈠、呼びかけを行う者は自己である。㈡、呼びかけられる者も自己である。㈢、それは自己について呼びかけられるのである。そして最後に、㈣、人は自己へと——すなわちおのれ自身の単独的、本来的自己へと呼びかけられるのである。無論、これらの要素はすべてそれぞれ自己の異なった側面を反映している。たとえば呼びかけを行う自己は不安（Angst）の内にあって「不気味な」（unheimlich）ものである。すなわち、呼びかけを行う自己は群集に属しているという居心地の良さを失った自己なのである。これは良心というものが実際におこる場合のことをまことに鋭く洞察したものであって、我々が否応なしに「良心の問題」に心を悩ませる時には、ひどく淋しく、孤立した心持がするものである。一方、呼びかけられる自己の方は、まさに世人自己の内に埋没している自己であり、呼びかけはその自己に、世人自己のつき合いを止めよという呼びかけなのである。その呼びかけが自己に関するものだというのは、良心は自己が今ある実存の様態——本来的なものであるにしろ非本来的であるにしろ——へと目を開かせるものだという意味においてである。そして、それが自己に本来的であれと呼びかけるという意味において、呼びかけは自己への呼びかけなのである。

このように良心を解釈することの利点は明白である。まず第一に、自己の外に何か「神」とか神秘的な実体とかを求める必要がなくなる。さらに、これによって良心という現象を何ら特定の道徳律によることなしに表現することが可能となる。したがって、本来性への呼びかけはいかなる道徳律にも先立つものであり、そうした規則は本来性に到達するための単なる道標として助けになるだけのものなのである。（それだからこの意味では、ハイデッガーは『エウチュプロン』におけるソクラテスの問いを受け入れることであろう。（訳注　プラトンの対話篇『エウチュプロン』において、ソクラテスは敬虔なもの、の偶有的な性質ではなく、その一般的な本質を問うている。））それにしてもハイデッガーの目的に関して最も重要なのは、ここで注目の焦点が決定的に自己の実存へとむけられたということである。自己の実存はこれまでのところは非本来性や形式の定まらぬ実存論的カテゴリーのかげにかくれていたのであるが、ここでそれが注目されるに至ったのである。

しかし誰かが罪あるものとなることが真に可能でないかぎり、良心などというものは無意味になってしまうであろう。このことは、このように抽象的に述べれば至極当然のことのように思われるが、現実にはその真実はしばしば見落されている。というのは、多くの人々は罪抜きで良心を手に入れようとあせっており、まるで道徳律はそれを犯した時にはどうなるかという考慮ぬきで立派に守れるとでもいったふうだからである。実際、道徳律の基礎を罪におくということは、まさに啓示的なことなのである。そうしたわけで、ハイデッガーの良心解釈においても罪は重要な役割をはたしているのである。

罪を実存論的に解釈してみると、借財とか法律の施行とかいった事実的な出来事から発生するものとは考えられない。それはまた、単に行為の責任の一形態と考えられることさえもできない。まして報復への恐れなどと考えられるべきではない。それは、「罪有るものであるとはどういうことか？」という問いの形で考えられるべきものだったのである。(もちろん「どのような場合に罪になるか？」でもなければ「罪ある時はいかに感ずるか？」でもない。)

ハイデッガーは「罪あること」を否定的存在の一形式と解釈する。すなわち、罪は「……でない」を含んでいるということである。それはどんな意味なのだろうか？　これが「何かを所有していないこと」を言っているのでないことはたしかである。ハイデッガーは「罪ある存在」の「……でない」は、いかなる類の事物的存在と解すべきでもないと注意している。罪あることの内に含まれている「……でない」は、現存在の有限性の「……でない」なのである。ハイデッガーが言うには、罪あるということは現存在が非性（……でない、という性格）の基盤であるということである。この「……の基盤である」は、ふつうの罪の解釈である「……に責任がある」の背後にある実存論的意味である。したがって、「非性の基盤である」ということは現存在が非性根拠（Grund—基盤）であるということになる。それでは、この「非性 nullity, Nichtigkeit」とは何であろうか？（私は、全面的にというわけではないが、Notness という訳の方が良いのではないかとも思う。）それはつまり、現存在の可能性はすべてありうることであるのと同時に、「でないこと」ができることでもある、というのである。あることの能力は現存在にあってはでないことの能力でもある。（ここでは「在らざること」と言っているのではない。そう言ってしまうと、前章で論じた死の概念が入ってきてしまうからである。）可能性としては、誠実であることは不誠実（誠実でないこと）の能力に対立している。存在論的に言うならば、罪が単独なる自己へと焦点をあてるということは、自己が可能性を受け入れるばかりでなく可能性を排除することもできるというその能力に焦点をあてているということなのである。

　ここから二つのことが帰結するように思われる。一つは、現存在は常に罪あるものであるということである。これはもちろん、現存在がいつも何か恥とすべきことをやらかしているというようなことではない。それは、現存在は存在するかぎり、そのような仕方でしか存在しないことの根拠であるといった仕方で存在するということなのである。第二点は、罪あるものであるということは、それに関するいかなる知識よりも原初的だということである。ここにもまた、人はまず罪を知らなければ罪あるものとはなりえないという旧来の考え方からのハイデッガーの離反を見ることができる。存在論的に言えば、人はもともと非性を有しているのであって、その前に自分がすべきことからの逸脱をはっきりそれと意識しておく必要はないのである。

　要点をまとめれば、良心が自己から自己への呼びかけとして解釈されている以上、現存在にとって自己であるか自己であらぬかの選択が意味あるものでなければならない。そして後者の自己であらぬことの可能性は、現存在が非性の基盤であること――罪に根拠づけられているのである。

　良心を単に呼び声として描くだけでは充分ではない。それは現存在の実存論的カテゴリーであるものとして――すなわち実存性、情態性、語りとの関係において開明されなければならない。まず実存性から考察していってみよう。

　我々の記憶するところによれば、実存性は可能性の投企である。それは了解という機能をもっているのであって、了解とは実存論的に言えば可能性を投企することなのである。では良心においては何が投企されるのだろうか？　罪ある存在が、である。経験的に説明すれば、それは、私の可能なあり方の内に罪あることがあるという意味であり、そして私は、私が自分の非性の根拠であること、私は自分のもっている可能性のどれを受け入れるも捨てるも自由なのだから、私の現にあるところのものに対して責任を負っているのだと知っているという意味なのである。私はまた、私の罪はただ全く私ひとりのものである（私の「際立ったかたちで自分のもの」である）ことにも気付いている。罪においては私はもはや「世人」の騒々しさから守られてはいないのである。

良心を開示する情態性は不安である。我々はすでにこの現象をくわしく描き出してしまっているので、ここではただ次のことを強調しておけば足りる。つまり、不安は現存在を「世人」からうとうとしく（不気味に）感じさせることによって単独化を行い、存在と非存在の恐るべき可能性へと目を向けさせるということである。

良心を開示する語りの形態は沈黙を守ること——聴従である。もしも我々が本来的実存への呼び声を聞こうというのであったならば、それが聞こえるように静かにしていなければならないことは明らかである。この特別の性格は、逆に非本来的な語りの主要な様態が騒々しさであることを際立たせる。「騒々しく」しているときには人は耳を傾けることができないのである。

これらの性格をすべて一まとめにすると、良心における現存在の開示は以下のように描き出される。すなわち、「不安へと自らをととのえて、自己のもっとも固有な罪ある存在へとみずからを沈黙のうちに投企すること」(注1)である。ここのところを注意深く読みかえしてみるのは非常にためになることである。ハイデッガーは良心のこの開示をさして「決意性」(Entschlossenheit ——語源的に、開示性 Erschlossenheit とつながりがある)という言葉を使っており、そこからも我々は、良心と罪の分析が、本来的実存のこうした描写に集約されることを見てとることができるのである。

(注1)『存在と時間』(下一六四頁)。

決意性

ハイデッガーが「決意性」という言葉を、本来的実存を描き出すのにもっともふさわしい言葉として選んだということは、彼の哲学の一般的な展開に見あったことである。「決意性」とは Entschlossenheit の訳であって、これにはまた「決定」「解決」「決心すること」等の意味があるが、自由や選択と密接な結びつきのあることも忘れてはならない。常識的な次元では、この主張は解り易いものである。たしかに本来的であるということはしっかり覚悟ができているということであり、自由に自分自身の生き方を選ぶことができるということである、等々。

この言葉は、自由なるものとして責任や罪の内に根拠づけられた、その個人固有の自分自身の実存へと焦点をあてる。しかし、本来的性格のこの側面——すなわちそれが「私自身のものであること」に固執しながらも、ハイデッガーは「本来的に自分の自己であること」としての決意性は、世界における他者や、世界-内-存在からの離脱、孤立を意味するものではないことを強調する。というのは、自己とは結局のところ、本来的自己でさえも、もともと他者と共にあり世界の内にあるものだからである。したがって、本来性は決して隠者の孤独や世界の出来事へのストア風な無関心を意味するものではないのである。そこで言われているのはただ、自己を自己として明らかに認めること、自分の生き方については自分ひとりが責任をおっていることを悟ることであり、そしてそれによって世人自己の奴隷となることが避けられるのである。

「決意性」を本来的実存として用いることに慣れても、それと同時に良心と罪とはやはりこの実存の仕方の本質的根拠であることを心に留めておかねばならない。したがって、決意性は罪や良心を締め出してしまうような尊大な自己主張ではなく、また、自己の権利の頑固一徹な主張でもない。決意した人間は罪あるものであり、自分で罪あるものであることを知っており、また良心をもちたいと欲している。まさしく、自分の良心と罪の性格に気付くことにおいて、人は決意的になるのである。

人は決してただ「決意を固め」ているのではなく、必ず何かについて決意しているのだという反論ができるように思えるかもしれない。つまり、決意性は状況を必要とする。ハイデッガーもこの「状況」の概念を分析しており、ここでもそれについて二、三言っておくべきであろう。まず第一に決意性の「状況」は世人自己にとっては可能ですらない。状況をつくり上げているものは何かと実存論的に言えば、それはまず一連の出来事があってその中で現存在が自己の決意性を確立するといったものではない。むしろ、決意した現存在として（そして決意した現存在としてのみ）状況はすでに現前していると言うべきであろう。状況を作りあげているのは本来的現存在であり、状況が本来的実存の背景をなしているのではない。こう言うと奇妙に聞こえるかも知れないが、その意味するところは明白で究極的には正しいものと私には思われる。この主張の根拠となっているのは、可能性は現実性よりも重要であるというあの本質的な考え方である。状況とは、現実的な出来事が可能性のほうを重要とみるような「態度」によって「是認」されてできあがるといったものではない。状況は現存在の可能性の投企との関わりにおいてのみ存在するという方が正しいのである。

　いずれにしても、我々は「状況」のことをどんな風に言うだろうか？　我々は、ある状況が「感動に満ちた」ものであると言ったり、「非常に危険な状況」であると言ったりする。つまり、人間的な状況が存在するためには、可能性がなければならないのである——すなわち、状況の意味は単に実際に起った事実や出来事をただ聞き取っただけでは表わされないのであって、我々が「状況」と呼ぶものを作り出すのはそれに対する人間の気遣いや関心の量と熱意なのである。(私はここで、ふつう英語で使われている「状況 situation」という言葉を分析すれば、いつでもそれがハイデッガーの言う意味にあてはまると言うつもりはない。ただ、「状況」という言葉が、たしかにハイデッガーの言う高度な意味にぴったり一致した人間の一側面を表わしていることもあるのを言いたかったまでである。)ともかくも、「状況」の意味は人間存在の可能性の投企に注目することによってのみ真に反映される、というのも意味のあることであり、ハイデッガーは現存在の実存論的カテゴリーとしての「状況」の意味を、まさにこうした特別の使い方に限定しようと望んでいたのである。

それでは、『存在と時間』の構造との関係では、本来的実存のこのような解釈はどういうことになるのだろうか? 本来的実存を正しく把握しようとする試みにおいて、ハイデッガーはまず自己を孤立させた。この「全体」を時間の内に存在論的に根拠づけようというのが次章での課題であるが、現在のこの節はとりわけて自己の意味の解明として見られるべきである。ハイデッガーが罪と良心とをこの場合の実存論的カテゴリーとして選んだのが本来的自己を解明するのに最も適切であったということはすでに明らかとなった。ここで最後にもう一度そのことを考えてみるのも、彼の論議のしくみを見ていく上で助けになるであろう。

旧来の哲学も、常識で反省してみた場合と同じように、自己について二つの直接的かつ明白なイメージを与える。その第一は、コギト（cogito）としての自己、すなわち考えるものとしての自己である。そしていま一つは経験的実証によるものであり、私は自分自身の経験を持ち、自分自身の身体（少なくともその一部）を眺めることができ、それによって「実在する」経験的自己を見出すのである。しかしこうした自己の解釈は、有効なものではあるかも知れないが、ある欠陥をもっている。極く単純化して言ってしまえば、コギトの自己は「一般的にすぎ」、一方経験的な自己の方は恣意的にすぎ、個別的なものに頼りすぎており、つまり「特殊すぎる」のである。コギトの自己は抗し難い論理のすじ道によって我々に押しつけられる。それは自己というよりは「主観」である。そして厳密に言えば、経験的な自己は自己ではなくて「対象」である。

これに対して、自由で本来的な実存、これにとっては現実性ばかりでなく可能性も意味のある実存としての自己は、恣意的でもなければ抽象的でもない。罪は個別的な現存在に焦点をあてるが、それは恣意的ではない仕方においてであり、現実性や偶然的な出来事によって限定されてはいないのである。それはある意味では、純粋理性の抽象的で観念的な公式と、現実的経験の直接的で有限な世界とを結びつけるものなのである。

したがって、罪と良心とは本来的実存に焦点をあてる。本来的実存は現象学的には「先駆的決意性」（anticipatory resoluteness, vorlaufende Entschlossenheit）と解釈され、そしてまたこれについては『存在と時間』においてもこの解説においても当然詳しく論じられているのである。ただここで、本来的実存を正式に存在論的に定義すれば、これは在ることの意味に気付いている実存形態である、ということを忘れてはならないのである。つまり先駆的決意性のうちに存在するということは在ることの意味に気付いているということなのである。

第八章　時　間〔第六一節―第七一節〕

この著作の題を見れば、時間というものがハイデッガーの思考において中心的役割をはたしているということは明らかである。第一篇の予備的分析の全体を通じて、また第二篇でもそのはじめの二章において、時間はすべての実存論的分析が導かれてゆく焦点であるように思われた。そしてこの前の章では、時間の分析がどんな風に進められてゆくかが、なおいっそう強く予感されたのであった。

が、いろいろな、ほのめかしやヒントはあったにしても、時間の分析の主なところはおあずけになったままである。時間の分析を、「全体であることの可能性」の論議と関連して導入したりするのは奇妙にさえ見えるほどである。実際、主題としての時間はこの章でも後のほうになるまで登場しないほどなのである。この章は六つの節に分かれているが、その内の最初の四節は時間の分析とは何ら関係がない。つまりこの章の丸々三分の二は時間分析をおあずけにしたまま進められていくわけである。しかも遂に時間が論ぜられる時にも、それはまるで竜頭蛇尾か、そうまで言わずとも全く第二義的なことのようにも見える。時間は、本来的自己性の論議に一種の追伸として添えられているように見えるのである。

ところがこのようにうわべが示しているのとは全く逆に、この章の、そしてまさに『存在と時間』全体の中心問題は、現存在としての人間が「在る」ということはつねに「時間的に在る」(to be temporal) ことであること、また存在の存在論的意味は時間であることを明らかにすることなのである。が、このような主張はただ説明すればことたりるものではなく、その根拠を示すことも必要である。存在は時間であるという時ハイデッガーは一体何を言っているのだろうか？　この主張の根拠として彼はどのような証しをたてるのだろうか？

これは当然、この節についての最も重要な問いであり、ハイデッガーが時間性の論議にたった三分の一章しか費やしていないという事実はあっても、私としては、それらの問いを考察することをこの章の解説の目標にしようと思う。とは言え、はじめの四節も全く見過してしまうわけにはいかない——殊に第六三節は分析の循環的構造をとりあつかったもので、無視し難いものである。したがって、この章のはじめの四節も簡略にせよふれておくこととする。

予備的粗描〔第六一節〕

さきの節においては、決意性と先駆という二つの重要な概念が実存論的に分析された。決意性は自己の責任と罪とに気付いている自由な良心として見られ、そこでは可能性に力点がおかれていたのだった。また、先駆は未《いま》だなる（可能的な）死を見やることであった。これらの分析はどちらも、人間存在の全体像を与えるために必要なものであった。しかし、実存のこれら二つの側面をいわばバラバラに知っただけでは充分ではないのである。

では決意性と先駆とはいかにして結びつけられるのだろうか？　すなわち、それがこの章の課題となるのである。つまり、そこからして本来的実存のこれら二側面が結び合わされうるような統一の源、存在論的根拠を得るということが。そしてその課題をなしとげていく内に、「実存するということは本当に何を意味するのか」の問いは「在るということは本当に何を意味するのか」の問いへと変って行く。最初の問いには、人が実際にあくせくと生きてゆくその仕方を反省することによって答えうる。しかし第二の問いは、そうした実存の仕方を支えているより深い根拠を捜さざるをえない。第一の問いの「実存するとは何か？」に答えるものは先駆的決意性における自己自身への豊かで多様な了解である。が、第二の問いの「在るとは何か？」には、単なる実存の諸様態をこえて、それらの様態に意味を与えているような究極の大本へとさかのぼってはじめて答えられる。そしてそれこそが時間性なのである。

本来的実存の二つの側面（先駆と決意性）を了解するための究極的根拠は、単なる実存論的レヴェルにとどまることはできない。というのは、そこはすでに調べ尽してしまっているからである。また一方で、その存在論的根拠の理解は決してただ恣意的な解決ではありえないので、それは実存論的分析の上にうちたてられ、その内に見出しうるものでなければならない。したがって、「本来的に実存するとは何か？」という実存論的問いへの答えが、はじめて存在論的構造への扉を開くということになるのである。第六一節はまさにこの問題の、その過程にのみ注目しており、我々が実存論的問題から存在論的問題へと移行するのはどのようにしてなのか？　を問うているのである。ここではその問いに答えようとする試みがなされてはおらず、あとに続く節にあらわれるような答えをただ粗描しているだけである。

先駆的決意性〔第六二節〕

この節を理解するカギは、ここでハイデッガーは先駆性と決意性の実存的な〔実存論的ではない）結びつきについて語っているのだということをはっきりさせておくことにある。ハイデッガーによれば、先駆性と決意性の統一はまず実存的分析の段階で成就されねばならない。後につづく節では存在論的な段階でも成しとげられることになるのだが、それがまずこの段階でなされなければならないというのは、現存在が決して完全に「存在論的」な存在でないからである。すなわち、存在論的洞察はいずれも、実存的自覚という在り方の内に働くものであり、実際そこにその問題としての根をもつのでさえある、ということなのである。

序文のはじめの方で（上四八頁）ハイデッガーは二種類の実存の自覚を区別している。実存的自覚は、自己自身の実存を単に「なり行きまかせに」決めるようなやり方として規定される。実存的自覚は存在的自覚と等しく置かれていると思われる。一方、実存論的自覚は実存の構造の理解であって、そのことから存在論的自覚に近付いているのである――これまで見てきたように、完全に一致するのではないにしても。「実存論的」ということの正確な定義を下すことは難しいが、しかしその言葉の使われ方から、ハイデッガーがそれで何を言おうとしているのかということは明らかである。実存を一個の存在者として自覚していることが実存的自覚なのである。そして実存を実存しているかぎりで（つまり物や実体としてでなく）自覚するのが実存論的自覚である。

さてそこで、ハイデッガーは先駆性と決意性との関係を、自己の実存的自覚の段階においてうちたてようとする。そしてそれが成しとげられれば、そこからその関係が、存在論的見通しを見せるのが調べられよう。このように存在論的に言ってつねにより低いレヴェルから始める（実存的自覚は存在論的には実存論的自覚よりも低い）という方法は、ハイデッガーの分析を通じて見られるものである。たとえば分析の一番最初からして日常性と非本来性の見地から、すべての実存論的視野がきずかれていったのであった。しかしながら、ハイデッガーはいかにして決意性と先駆性との結びつきが実存的レヴェルで存在することを示すのであろうか？

　その方法は非常に簡単で、こういうことである。本来的先駆性の特色を調べてみるならば、たとえそれが実存的レヴェルであっても、決意性が先駆性の本質的な要素であることは明らかである。同じようにして、先駆性を注意深くのぞいて見れば、それが決意性をひめていることが解る。いわゆる先駆性と決意性の結びつきなるものは、それらがいずれも互の内にすでに含まれているということに存するのである。

　決意性は現存在にそれがつねに罪あるものであることをあばく。そしてそういう形で、決意性という観念の内にはすでに「それが在るかぎり」とか「それの終りまで」とかいう概念が含まれていることになる。罪あるものであるということは、責任があるということ、生きるかぎり責任へ向けて自由になっていることを意味する。ところが「生きるかぎり」ということは死の自覚を秘めている。ところで罪ありとして在ることは実存の本来的な在り方なのだから、そこに含まれた、ないことが出来る、という自覚もまた本来的である。そして本来的な「死に向って在ること」とは先駆性なのである。似たようにして先駆性を調べてみれば、決意性がつねに実存論的にそこに秘められているのがあばき出されることであろう。

たしかに、先駆的決意性に関してこの節をくわしく批判的に研究してみれば収穫が多いことであろう。しかし『存在と時間』の全体的な展開から見ると、この節の意義は単に低いレヴェルでの結びつきが確立されたということ、そしてこのような分析が完了したあとではじめてより高次の存在論的記述にすすみうる、ということにある。現象学的な示唆に富むものではあるが、ここに関してこれ以上論をつくす必要はあるまい。

存在への問いの循環〔第六三節〕

解釈一般の循環する本性についてのハイデッガーの見解のことはすでに述べておいたが、いまやこの一般的な構造を、存在の意味という特殊な問いにあてはめてみる時がきた。ハイデッガーが解釈の循環性を、漠然と見られていたもの、あらかじめ把えられていたものが、しだいにそれと目指されてくっきりとしていく過程として示していたことを思い出そう。言いかえれば、解釈学的分析は何か全く新しいものを捜しに出かけてゆくのではなくて、それがすでに「知っていた」り感じていたりするものに目を向けるのである。解釈学的過程は、それが全体から部分へ進み、また全体へもどってくるという点で、たとえば言語体系から単語へ、そしてまた言語体系へとすすむ場合と同じように、一つの循環である。それでは存在の意味を問う場合には、こうした諸段階は何なのであろうか？　そしてその過程はどのようにあてはめられるのだろうか？

実存論的分析は、すでにあらかじめ私が存在の意味の漠たる理解をもっているという事実に基づいている。しかしもしも私が存在の意味をすでに知っているのならば、なぜことさら存在の意味を発見するために在ることの様々な在り方（実存論的なもの）を分析したりするのだろうか？　存在の意味についての私の最初の理解はあまり深いものでもなく、主題的となってもおらず、歪められているからであり、そしてそのように不確実で明晰を欠くがゆえに隠蔽されて（非真実で）あるからである。このように言うからと言ってしかし、在ることの意味に気付いていることが全くぼんやりとしたものでしかないと言っているのではない。その意識を意味深いものにすることが大切なのである。（たぶんより意味深いものにと言う方が良いのであろう。というのは、すでに存在の意味に気付いているというときに意味は存在しているのだから。）

実存論的分析の用語を用いるとき「意味」とは何であったろうか？　すでに第四章で見

たように、意味は予持（あらかじめ手に入れられているもの）、予視（あらかじめ見られているもの）、予握（あらかじめ把握され、考えられているもの）の上に構成される。そこで我々がすべきことは、いわばこれらの一般的な言葉に存在の問いに独特な予‐構造の特有の形をあてはめていくことである。

存在への問いの予持とは、本来的に「一個の全体であることの可能性」（Ganzsein können）である。存在への問いの予視は、自分自身で「在りうること」（Seinkönnen）であり、予握は現在の実存論性である。

こうした言葉にはどのような意味があるのだろうか？ 解釈の予持はいかなるものでも、問題となっている主題との原初的な関係に現存在が全体として巻き込まれていることを示している。したがってこの予持なる言葉の意味は存在の意味に対する現存在の全体的、総体的なかかわり合いそのものである。つまり存在への問いにおける予持とは、現存在にとっては、全体として在りうるという事実なのである。（このことにおいて最後の二章が本当に意義をもったものとなってくる。）

逆に言えば、現存在がその実存を全体的な視点で把握することができなかったなら、実存論的分析は不可能である。現存在があらかじめ全体としての自分の実存に死の可能性の自覚によって気付いているからこそ、現存在は存在の意味に関して尋ねることができるのである。したがって、存在への問いの解釈をなしている予持とは、現存在の「全体として在りうること」そのものなのである。

存在への問いの解釈における予視は、その人自身で在りうること、である。これは、存在の問いを問いつつある現存在がその問いを見つめる視点は、それ自身の実存である、ということである。存在的な問いは、つねにその対象を他の存在の内に捜し求めるのであるが。(そして存在的に自己を問う場合には、「自己」さえもが他者のように扱われるものなのだが)、存在論的な問いは自分自身で在るという自由そのものに視点(予視)を置くのである。それが単なる自己自身の存在ではなくて、自己の存在可能性であることに注目してほしい。つまり自己自身の存在の自由は、そこから存在の意味の問題をさぐるべきポイントなのである。

存在への問いの予握は実存論性である。そのことの意味は、人が様々の存在現象を解釈するさいの主要な概念、主題は存在への問いだ、ということである。人間存在を科学的対象の線にそって、あるいは形而上学的実体として問うのでさえなくて、実存論的問いは端的に在ることとの意味を問うのである。

このことをはっきりとさせる一つの方法として、これまでのところ『存在と時間』で現に言われてきたことをかえり見てみよう。方法論を浮きぼりにするために、まずハイデッガーの語ることはすべて正しく正確だとしてみよう。彼はどこで情報を手に入れてきたのだろうか？　これまでのところの分析に含まれている真理にはどうやって到達したのだろうか？　彼は自己自身の実存をかえり見てそうすることによって、自分のやろうとしている探究に真に通じている基礎を得たのである。まず第一に、彼は自分の存在というもののあることに気付き、そしてまた、その存在の幾多の経験、態度を一つに結び合わせている、自己の存在についての一つの考え方があるのに気付いた。この結合は、自己自身を在らざることのできるものとして眺めうることに由来する。一生というものは、それが始って終るがゆえに統一と全体性をもつ。このことによって、実存なる概念には意味があるのである。この現実の関わりの全体性を概念における全体へともたらすものが予持なのである。

　実存の概念上の全体性ということに加えて自分自身がある可能性をもっているということの理解によっても、ハイデッガーは分析をすすめることができる。それはつまり、自分自身の実存は単なる現実的事実としてでなく、彼独自の可能性という面からしても意味深い、ということである。これを自覚することによって、すべての解釈にとって必要な予視、つまりある視点が与えられる。

　最後に、人間存在の様々なできごとや経験を首尾一貫した構造にまとめ上げるその手段、手がかりとなりうるのは実存論性という考え方である。ハイデッガーが様々の人間の経験や意識を唯一の主題――つまりこの場合には存在の意味への問い――のもとに書き表わすことができているとすれば、単に自分自身の個人的な実存構造の性格を、鋭く、しかしあれこれでたらめに見透かしただけのものではなくてそこに真正なる哲学的分析を行なう基盤があるのでなければなるまい。

実存の問題が実存の事実を前提しているということは障害にならない。というのもどんな形の問いもみなこの本質的な循環性をもっているからである。在ることの意味への問いが循環していると言ったからとてその問いは単に同じことを繰り返すという意味ではないのである。それはちょうどベートーヴェンのソナタを聴くようなもので、何度も聴いておなじみになっているからといって、聴く楽しみが減りはしない。実際、何度も何度も聞いたことがあってこそ、ベートーヴェンのソナタは深く人の耳をうつのである。ソナタを知り、それに通暁するほど、それは意味深く聞こえてくるのである。

それと同じことで、我々は自分の実存を「すでに知っている」とは言っても、我々が実存論的分析を通じてその構造になじめばなじむほど、それは何度も聞いたソナタのように我々に意味深くなるのである。

しかしながら、ソナタの本当の美しさというものが、ちゃんと耳をすまさずにただ聞こえているというだけでは伝わってこないように、実存の本当の意味が我々の指の間からこぼれ落ちてしまう危険も充分にありうる。ベートーヴェンのソナタのようなものは創造的に聴かなければならないのだが、こうした聴き方はソナタを単にバック・グラウンド・ミュージックとして聞くような聞き方にとってはほとんど暴力的なことに見える。しかしこの「暴力」なしには、解釈の循環はただの無意味な繰り返しにおわってしまうのである。我々は実存している。そればかりでなしに、我々はある程度まで自分の実存を理解している。しかしながらこの理解に肉付けをほどこし、主題的なものにして、完璧にしなければならない。と言っても我々の実存に意味を与えるために何か他のもの（例えば神とか目的論的ヒューマニズム）に向う必要はないので、我々はただ我々自身の実存に向えばよい。「循環」の要点を一口に言えばこういうことである。つまり、我々の実存の意味は我々の実存の内に在る。そしてそれが本当ならば、実存の意味を見出すには自己の何たるかを分析しなければならぬ。

ハイデッガーは、実存の日常的な解釈に暴力を加えなければならぬと主張する。しかしそれは決して日常的視点を勝手に拒否することではないのである。日常的視点は決して捨て去られるのではない。それは超越されるのである。

配慮と自己性〔第六四節〕

存在への問いの循環的性格を論じていくと、時間性と時間の分析にとりかかる前に最後に一つ考えるべき問題がうかび上ってくる。すなわち自己の問題である。それが焦点となるべき問題であるということは解りにくいことではない。我々は実存について語っているのであり、実存するのは自己なのであるから。しかし、今までのところまでに論じられてきたことすべての他に、それに加えて一体何を語りうるのだろうか？

ハイデッガーのこの節の目的は、一つは否定的な、一つは積極的な次の二点を強調することにある。第一点は、認識論に基づく自己の伝統的学説の本質的な誤り。なぜならばそれは自己を対象か、さもなければ主観としてしか解釈しないからである。カントでさえも、ハイデッガーによれば、自己を主観として見ているのである。第二点は、自己は実存論的に眺められなければならない、ということであり、それはつまり自己を配慮という現象の内に根拠づけられたものとして見るということである。これらの二点をはっきりさせるためには、二、三言っておくだけで充分であろう。

ハイデッガーはここのところでしばらく、カントの、「我思う」における純粋に論理的な「我」としての自己の分析について時を費やしている。彼は、デカルトが自己を名詞として分析しているのは誤りだとしている点でカントと一致している。しかし一方、自己を単に主観として解釈しているということではカントに不賛成を示している。ハイデッガーのカント批判の主要点は、カントが相変らず「我」を何か事物存在的なものとして解釈しているということであり、カントが自己の存在論的定義をするに至っていないということである。カントは自己というものを、人が経験において世界の中で出会うものとは何か異なった別のものとして見ているが、これだけでは自己が実体的客観性をもっていること――それが「物」であること――を折角否定したのに、その否定も全く力を失ってしまう。なぜならば、カントがしたように、合理主義者の犯した誤謬推理を破るだけでは充分ではなく、さらに一歩すすめて、自己の存在論的構造を性格づけなければならないからである。カントは自己をいわば「論理的空間の内に」残してきてしまったのである。孤立した主観としての自己についての問いはただ存在論的な問いである他はないのに、これは自己を、カントの反論にもかかわらず、一種の存在者としてしか扱わなかったのである。

それでは、自己の正しい存在論的な性格づけとはどんなものであろうか？ これは、現存在の世界‐内‐存在に即して分析しなければならない。自己は孤立した主観ではなく、また他の諸々の存在者のごとく世界の内にある存在者なのでもない。自己とは「気づかう私」である。したがってあるがままの自己を露わにするにふさわしい問いの道は、存在的ではなく存在論的なのである。自己は気づかいの現象の内に構成されている。ということはつまり、孤立した独立の主観を産む「我思う」の分析から出発するのではなくて、自己をすでに世界の内にあるものとして描かざるをえない「我は気づかう」から出発するのだということである。

それでは、自己とは、「我」とは一体何なのだろうか？ それは、本来的実存を通してあばかれ、非本来的実存においては覆い隠されているところのものである。したがって自己とは本来的なものを非本来的なものから区別する特質となるものであり、その内容は、在ることとの意味に気付いているということなのである。自己は一つの物であるというよりは、むしろ実存の一つの状態とか性格とかいったものに思える。というのは、非本来的実存においては我々は自己を失なったり、覆いかくしたりするのであるが、もしそれが実体であるとしたならば、そんなことは一寸できないことであろうから。であるから、ここで「とは何か」と問いかけることのできる相手は、自己ではなくて現存在である。現存在がその存在に気付くたびごとに、それは本来的にその自己なのである。

こうしたわけで、自己は実体ではない。それは存在の一特性であり、そしてその存在もまた実体ではない。現存在ひとりが「実体」である。したがって決して「自己とは何であるか？」などと問うてはならず、「自己であるとはどういうことか？」と問わねばならない。このように尋ねてはじめて、存在論的な答えが意味をもちうることになる。

この性格づけをもって、現存在の純粋に実存論的意味は完成することになる。今や、現存在の実存論的な意味をではなく、存在論的な意味をたずねるべき時がきた。我々はすでに現存在の存在が配慮であることは見てしまっているのであるから、問いは「配慮の存在論的意味は何か？」ということになる。その答えが「時間性」なのである。

時間の分析

ハイデッガーが現存在の存在を時間と解釈したことは、一寸考えると、彼がカント以来の流れにきっぱりと別れを告げたしるしであるように思えるかも知れない。時間を内感の形式とするカントの解釈は、それを現象の領域でしか使えぬものと限っているからである。物自体と実体《ヌーメナ》とは、カントによれば時間系列には属さないからである。したがってハイデッガーが現存在の存在は時間であると断言したことは、たしかにカントの見解の大胆な否定のように見える。

しかしながら、実際にはハイデッガーの実存論的解釈は外見ほどカントの説に抵触しないのである。カントの説の内には、ハイデッガーの解釈を大いに支持するものが二つある。それは、㈠、カントにとって、時間は内感の形式であり、時間は経験的自己を特徴づけるということである。それはたしかに論理的主体を特徴づけるのではない。そして論理的主体というものは、純粋に形式的な主体であって、探究の基となるべきいかなる内容ももたないのである。㈡、しかし、ハイデッガーにとってさらに重要なのは、カントの哲学における構想力の役割であって、これは時間と合理性との二つの特徴をかねそなえているのである。その著書『カントと形而上学の問題』において、ハイデッガーはカントに難題を課して、彼は構想力に関するその説において深遠な真理を隙間見たが、ついにそれを充分に展開することはできずに終ったとしている。

ハイデッガーの時間に関する論述におけるカントの影響を示すことはあまり必要とも思えない。この問題に関してハイデッガーの著わしたものが、カント学派の主流に一致しようがしまいが、それはそれとして全く自立したものである。しかし、ハイデッガーが時間とか時間性とかいうことで何を言おうとしているかを正しく理解するならば、『存在と時間』の著者がカントの超越論から決して遠からぬところに居ることがわかるのである。

ハイデッガーの時間解釈が究極的にどのような影響をおよぼしうるかを考えてみる前に、まずしてしまわなければならないことは、彼が何を言っているかをすっかり理解することである。ハイデッガーが現存在の時間的分析を、先駆的決意性としての本来的実存の性格づけから引き出してきたということは是非とも覚えておかなければならない。実存論的記述から時間的解釈を抽出するのに用いられた問いの形は次のようなものである。「先駆的決意性が存在するということはどのようにして可能であるのか?」答えは「未来があるからである」(未来があるであろうからではない)である。

ハイデッガーの分析の主題的展開は、はっきりと心に留めておかなければならない。第六五節においては本来的実存の時間的基盤があらわにされ、過去、現在、未来という時間の三つの脱自態が存在論的に分析される。時間は現存在の存在として開示される。すなわち現存在にとって在ることとはつねに時間の内に在ることとである。したがって『存在と時間』という表題は「在ることと時間」なのだと言えるのである。

しかし、第六六節においては、もしも時間が現存在の存在であるのならば、現存在の実存の構造の全分析が、この時間的構造に関して繰り返されなければならぬことが明らかとなる。我々が今までのところ現存在の実存について見てきたのは、単に実存論的発見にすぎず、それを存在論的発見とするためには、時間という線にそって解釈し直さなければならない。殊に実存論的了解はよく分析し直さなければならないのである。

そこで、第四章においてハイデッガーはすべての実存論的カテゴリーを時間的展望から見直している。一連の実存論的カテゴリーが時間というより深い基盤のもとに分析し直されたのちには、二つの課題が残ることになる。一つには、時間は現象として表わされて歴史となる。そうして第五章では歴史の存在論的基盤が評価される。第二に、第六章ではハイデッガーの時間観が伝統的見解と対照させられる。そしてそれをもって『存在と時間』の公けになった分は終りとなるのである。

さて、ハイデッガーの時間と時間性の分析は、配慮の存在論的記述をもって始まる。

時間性と配慮〔第六五節〕

非反省的な常識的なレヴェルでは、人間存在の基盤が時間であるという主張はそれほど受け入れ難いものでもない。たしかに、我々の行為はすべて時間の内で行われるものであり、また我々が人間存在をさらに深くかえりみるときにも、それを一連の出来事や、来るべきことへの希望や期待や恐れや思いめぐらしといったかたちで考えることが多いのである。しかし、このようにただ非反省的に時間を実存の根拠として受け入れただけでは、まさにいかにして人が時間を実存の根拠として考えうるのかということが位置づけられずに済んでしまう。すべての人間的出来事が時間の内におこると言っただけでは、時間が実存の根拠だと言ったことにはならない。従順な読者ならば、一読しただけで何となく漠然と、時間が実存の根拠であるという主張を受け入れてよいような気になるかも知れない。しかし、その主張が分析によって明らかにされ、確立されてからでなければ、それが哲学的に言って意味のある支持であるとは言い難いのである。

「より深い意味」とか、あるいは「存在論的意味」とかが、問われている場合には、「いかにしてこれこれのことが可能であるか？」が問われているのだと考えてよい。ハイデッガーが意味ということを定義して「そこへと可能性の第一の投企がなされるところのもの」と言っているのは、そういうことなのである。しち難しい言葉をぬきにして言えば、ハイデッガーの定義は次のように翻訳することができる。つまり、私が何かの意味を尋ねているときには、その何かを可能にしているものを問い求めているのである、と。たとえば、科学の意味は何かということに関するカントの問いは、科学がいかにして可能であるかを——つまりカテゴリーを考えることによって答えられる。また、自由の意味を問うならば、自由を可能にしているもの——自由な人間の個人的意志や人間の尊厳といったものについて答えたのでよかろう。こうしたことが、ハイデッガーが存在論的意味を問うというときに言っていることなのである。

そこで、目下問われているのは、「配慮の意味は何か？」であって、この問いは「配慮などというものがあることは一体どのようにして可能なのか？」という形をとることになる。まえの二章では配慮としての現存在の実存論的意味が展開されたのであったが、今や我々はこう問わなければならない。「配慮は（そしてまた、本来的配慮である先駆的決意性は）どのようにして可能であるか？　現存在の存在を可能にしているのは何か？」と。

我々は先駆的決意性が現存在の存在可能性の本来的様態であることを見た。したがって我々が現存在の実存の可能性や根拠を問うときには、その問いを先駆的決意性とのかかわりにおいて形造らねばならない。先駆的決意性は「自己の可能性へと向っていること」として明らかにされたのだったが、それではそもそも何事かに向っているということはどのようにして可能なのだろうか？　まさに未来があるからに他ならない。しかし、未来を有するというのはどういうことなのだろうか？　未来というものは、「時の路上で」ただ我々の来るのを待っているような「未だいたらざる今」なのではない。未来が人にとって意味をもつのは、人が未来へと向って行くからなのである。未来を有するとは、予期し、期待し、待ち望むことである。そのようにしてのみ未来は意味をもちうる。もしも未来が単なる「いまだいたらざる今」であったとしたならば、それはまったく我々にとって意味をもちえないことであろう。

我々は皆未来があるだろうということを知っている。しかし、時間についての込み入った諸説を云々し始める前に、ただ率直に、我々の生活において未来が意味のある意識、意味のある概念として存在することがいかにして可能なのかを反省してみたらどうだろうか。たとえば私はこの章の完結を待ち望んでいる。また私はこれまで仕上げた分の仕事からいささかの満足を期待している。未来は私にとって、いまだいたらざる今という抽象的な仕方で意味をもっているのではない。未来が私にとって意味があるのは、それが私の存在する一つの在り方だからなのである。まさしく未来は、一つの在り方として本来的実存の究極的前提であることが明らかとなる。多種多様な形態の気の付きようや思考や計算は、すべてある程度は、未来へ向っての、かつ過去からの、存在という基本的な態勢を前提しているのである。
ハイデッガーがこの節で語っていることは非常に深遠であって、もっとも厳しい批判者達も、ここでは彼の素晴しさを認めざるを得ない。彼はここで、時の内に在ることの意味を現象学的に記述している。ハイデッガーの自問している問いが「時の内に在るとはどういうことか？」であって「時とは何であるか？」ではないことに注目してほしい。これは一般的な現象学的精神にのっとったものであり、複雑な形而上学的先入見をさけ、我々の思弁にではなく我々の問いにとって近付きうるものに注目したものなのである。我々はすべて時の内に在る。我々はたしかに、時の内に在るとは何かをかえりみることができるのである。

ハイデッガーは未来を「……へ向って行くこと」と規定していたのであって、この言葉——これはドイツ語ではただ普通の「未来という言葉にハイフンを突っ込んだだけ(Zu-kunft)なのだが——が言わんとしているのは、期待し、予期し、待望し、自己自身を……へと向っているものと感ずる気付きのことなのである。そしてこの気の付きようのもっとも洗練され、かつ迫力のある形態は、自己が居なくなることへ向っている、死に向っているという理解であって、これについてはすでに、「死へ向っている存在」についてのところで考察した通りである。

時間の三つの脱自態の内でも、ハイデッガーの分析にとっては、未来というものが抜きんでて重要である。実存の所在《ありか》は現在ではなく未来がになっているのである。このことは殊に可能性の優越ということに関連して強調されねばならないのであるが、この可能性の優越ということはもちろんハイデッガーの思想において中心的な考え方なのである。未来について重要なのは過去であって、現在は三つの脱自態の内では一番重要性が少ない。未来については、「……へと向うこと」として特徴づけられているのをすでに見たので、今度は過去を取り上げねばならない。

過去が現存在にとっていかに意味をもつかの解釈として、ハイデッガーは ich bin gewesen という言葉を選んでいるが、これはしばしば「私はあった（I was)」と訳される。しかし、ハイデッガーはここで、ドイツ語においては sein（在る）の過去形が助動詞としてこの動詞を用いているという事実を強調しているのである。したがって文字通りに訳せば、I have been の代りにドイツ人達は I am been と言っていることになるのである。マッケリーとロビンソンは、それを I am as having been（私は在ったものとして在る）と訳して、ハイデッガーがこの言葉にこめた意味合いを強調している。つまり、過去が現在の意味において意義をもつことを強調しているのである。

その要点は、この問題を極端に素朴なかたちで出してみるとおそらくよほどはっきりしてくるであろう。たとえば私が、過去というものは、すでにもはやないのであるから、全くいかなる意味も持ち得ない、意味をもつためには何かが実際に存在していなければならないのに、過去のものはもはや存在していないのだから、と論じたとしよう。そうすると、私が昨日した約束は、昨日というものはあらぬのであるから、全く何の意味も持たないということになる。もし本当にそんなことを言ったならば誰からも反対を受けることになるであろうが、しかし、このような屁理屈を反駁しただけでも、そこではあることが無意識の内に前提されていることが明らかになる。すなわち、過去には意味があるということである。我々はこのことを言うのに過去形を用いさえしない。我々は「過去には意味があった」とは言わないのである。それだけではない。我々が自分はたった今何ものであるかを考えようとしても、その我々自身をすでに在ったものとしても考えないことはほとんど不可能に近いのである。

それだけをとれば、こうした考えは少しも画期的なことには思えない。見たところあまりにも明々白々で、こんなことを、得々と述べる者は、解りきったことを言う奴とも言われかねない。しかし一方では、こうした明々白々なことをあらためて語るところから、非常に重要な点があらわれ出てくるのである。それは、過去も未来も、単に理論だけにたよって「もはやない」とか「いまだない」として表わすことはできないということである。過去と未来は意義があり、たしかに意味を有しており、そしてそのようなものであるから、人間存在と本質的に結びついたものとして見なければならないのである。記憶の現象を論じただけで過去の意義が説明できると思うのは間違いである。そのような論議は単に過去が意識にうつし出される機能が位置づけられるだけだからである。記憶を論じてみても、その過去がそもそも思い出されるものであるためには過去をどのように考えるべきなのかということは解明されないのである。

　このような考察から、いまや一層はっきりとしたかたちで問いをたてることができるようになった。「過去が我々にとって意義あるものであることを説明するためには、過去について何が前提されなければならないのだろうか？」また同様に、さきの問いもこの線に沿ってたてることができよう。「未来が我々にとって意味をもつためには、未来について何が前提されなければならないか？」。これら二つの問いに答えるには、過去と未来という二つの時間の脱自態を人間存在とのかかわりにおいて解釈しなければならないことに気付くことが先決である。未来は「私は向い行くものとして在る」という意味において意味あるものとなり、過去は「私は在ったものとして在る」という意味において意味あるものとなるのである。

　それでは、現在についてはどうなのであろうか？　時間に関する旧来の説においては、ふつう、現在は現実と存在とが意義をもちうる唯一の集中点として見られてきた。しかしそのような旧来の説においてさえも、この現在の優位については大きな問題があった。現在はいつ在るのだろうか？　カミソリの刃先のごとき現在などといったものが存在するのだろうか？　もしも現在が現実性の在所《ありか》だとするならば、現在はどの程度の広さに考えられなければならないのだろうか？　意識された一瞬のちにはその瞬間は昔ながらの「すでにない」過去の内に消え入るのだろうか？　そしてまた、いまだ到らざる未来の一瞬は、いまだに実現されていないがゆえに全く存在論的価値をもたないのだろうか？　あるいはまた、現在は単に、来るべき未来と去りゆく過去とを結びつけるものとしてのみ見られるべきなのであろうか？

こうした問題は、現在を意義の集中点とする者にとっては避け難い難問であるが、しかしハイデッガーは未来を意義の焦点としているので、これらの難点をまぬがれている。ただ、現在も真正なる時間の脱自態であることに変りはなく、これも実存論的に記述されなければならない。ここでも同じく難問を示すという方法をとる。我々はいかにして過去と未来が現存在にとって意味をもつかを尋ねたのだったが、ここでも現在について同じ設問をすることにする。

現在がいかにして意味をもつかという問いへのハイデッガーの答えは、現在をそこにおいて何かが起るようなものと見るのではなく、行動の現実的な活動として見る方向へと問いを引っぱっていっている。存在論的に考えれば、現在は現在を作ることなのである。そういうわけで、現在を意義あるものとしているのは行為の現実的活動である。まさにいかなる瞬間においてもそれを現在の瞬間として意味あるものとしているのは、我々がその瞬間に実際に為していることなのである。どんな「現在の瞬間」をもってきても、その原初的な意義は、人が自己自身の活動に行為として直接に気が付いているというその事実の内にある。したがって時間を孤立した瞬間や「今」のつながりと考えるようなことは、人の実存的体験とは全く関係のないことである。こうした理由によって、三つの脱自態の内の末っ子とも言うべき現在は、「現在を作ること」として解釈されるのである。

時間分析のこうした解釈をまとめるために、ひとつ思い切って単純化してみるのがよいであろう。一個の人間存在として私は未来を有している。それはつまり、未来が私にとって意義をもっているということである。そして未来に意義があるというのは、私の可能性の所為である。結局せんじつめれば、私が可能的な在り方をしうるというその能力が、未来の意味なのである。

一方で、私は行為をなし、自分自身で状況を創り出していくものとしてある。そして現在はそういう仕方で私にとって意義をもつ。現在はカミソリの刃先のような瞬間として意味があるのでもなければ、変化の測定から抽象されたものとして意味があるのでもない。私が現在の内にあるということの意味は、行為をなし、状況の内にあるということなのである。

最後に、過去が私にとって意味をもつことができるその基盤は、私が忘却したり記憶したりするということである。私が、記憶したり忘却したりすることができるような仕方で存在していないかぎり、過去は意味をもちえないであろう。

こうして過去、現在、未来の存在論的意味を論じるにあたって、私は「脱自態」という総称的な用語を用いてきた。もちろん、ただ前後のつづきをきちんと読んでくれれば、その意味はすでに一応定義されていて、この言葉はギリシャ語のエクスターシスから来ており、文字通りには「立ち出でる」ことを意味する。現在、過去、未来に注目するということは、時間と実存の広い流れ「から抜きん出て立つ」ことなのである。ついでながら英語の ec-stacy（恍惚）という言葉も同じギリシャ語幹から出ている。

時間性を脱自態とのかかわりにおいて解釈してはじめて、時間を正しく存在論的に見ることが可能となる。ハイデッガーはこれらの脱自態を、前章ですでに明らかにした本来的実存の構造から引き出している。前のほうの節において、本来的実存が配慮として論じられ、配慮の構造は、可能性の投企および、世界において出会う存在者と共にすでに世界の内に在ること、とを含むとされていたことを思い出そう。すなわち、配慮は三つの特色をもっている。㈠、それは、可能性に気が付くということにおいてそれ自身に先立っている。㈡、それはすでに世界の内にある。㈢、それは、他の現存在へのいつくしみという形であれ、現存在以外の存在者への見回し的関心という形であれ、それの見出す存在者と共に在る。

これら三つの特色は実存論的であるが、そこからハイデッガーは、それらの究極の可能性、根拠といった存在論的なものを問い求めていく。現存在が自己自身に先んじて在ることは、それのもつ存在論的未来のゆえに可能である。また現存在がすでに世界の内にあることは、それの存在論的過去によって可能である。そして現存在が存在者と共に在ることは、それの存在論的現在のゆえをもって可能なのである。

ハイデッガーの分析の基本的構造は次のようなものである。配慮の構造について述べてきたことが正しいとして、そのような構造が可能であるためには、そもそもどのようなことが前提されなければならないか、がまず問われる。答えは「その構造が配慮の構造と一致するような形を持った時間的存在者」を見出すことにかかっている。そうすれば、本来的実存の三つの特色は、時間の三つの脱自態の内に根拠づけられることになろう。未来というものを、罪、責任、可能性の自覚などがすべてそこからして発する根拠として描くなどと言うと、奇妙に思う読者もあることかと思われる。あるいはまた、過去をすでに世界の内に投げ入れられているものとしての自己の意義が明らかにされる根拠として定義し、現在を、行為や状況を可能としている根拠として定義することも同様に受け取られるかも知れない。また、たしかにそうした実存論的な気付きが存在するためには時間というものが必要であるということを示した点ではハイデッガーにも理があるけれども、そうした実存論的気付きとの関連から時間を語るだけでは充分ではない、と言いたい人も居ることかと思う。たしかに人は時間というものを、ただ実存の根拠というよりも広い意味に考えている。しかし、本当にそうなのだろうか？　人が時間について観念的な構造（たとえば、「今」なる瞬間の無限系列といったような）をこしらえ上げるということは、なるほどごくあたり前のことである。しかし我々は、そのようなこしらえ上げが、時間の内に在ることの意味を真に支えるものであるのか、いや少しでも反映しているものでさえあるのだろうかと問わねばならない。ハイデッガーが細心の注意をはらって避けてきたのは、まさにこのような、時間を一種の実体として扱うような「形而上学的時間」の構成なのである。彼は時間の存在的記述を避け、それによって存在論的なものを浮かび上らせるのである。

ハイデッガー流の解釈に対する次のような反論には、ハイデッガーがみずから答えている。もしも時間が時間性の脱自態として考えられるべきものであるとすれば、時間は自己自身の有限的存在の内に限られることになろう。ところが私は時間というものを、自分の存在の以前にも、またその後にも広がるものとして考えることができる。このように私の存在をこえて広がっている時間が現に私にとって意味をもっているという事実は、何らかの形でハイデッガーの所説を脅かすものではあるまいか？　これに対してハイデッガーは、そのような可能性は決して有限な時間性と接触するものではないと論ずる。私が私の死をこえて限りなく続いてゆく出来事を想像したとしても、時間はその時やはり時間化し限界づけているのであって、すなわち時間は有限なのである。

本来的時間は有限であるがゆえに、非本来的時間は無限である。さきに時間性の真の脱自態は自己自身を有限なものとする実存論的な了解の基礎であることが示された。時間をそれ以外のいかなる仕方で描くことも、時間を自己以外の何か別のもの――たとえば非自己、非本来的なもの、に基づくものとして描くことである。もしも無限の時間といったものが形而上学的に可能であったとすれば、それは決して実存論的な仕方で我々が近付きうるものではないであろう。せいぜいのところそれは高度に抽象的で思弁的な思考の産物であるにすぎず、いかなる人間活動の根拠ともなりえないであろう。時間が意味をもちうるためには、時間は我々自身の有限的時間性の脱自態から打ち立てられなければならないのである。

したがって、時間を主観的と考えることも客観的と考えることも、いずれも、そもそもいかにして時間を眺めるかについての本質的に実存論的な性格を看過している。時間と時間性とは、それらが独立的実体として概念化しうるからといって、またそれらが人間存在とは独立に意味をもちうるからといって、客観的であるとはいえない。かと言ってまた、それが直観の純粋形式であり、変化をはかるものさしにすぎぬからといって主観的だとすることもできない。時間と時間性は、人間存在が居るかぎりにおいて在る。しかし、それだからといってそれが主観主義だということにはならない。なぜならばそれは知識の問題や、いかなる活動の主体とも係わりがないことだからである。時間性はただ、我々が存在する在り方にとって欠くべからざる存在論的条件として顕わにされるのである。

第六五節において、ハイデッガーは時間性の実存論的特色を、くっきりとした輪郭で描いてみせる。彼は、四つの点を強調する。

一、時間性は配慮の構造を可能にする。我々はすでに、時間の三つの脱自態が由来するのは配慮の三つの特色からであることをみた。

二、時間性は脱自的性格をもっている。すなわちそれは、すでに見た通り、時間性はその究極の意味を、現存在に特有の脱自的な在り方から得ているということであり、したがって時間が時間性の基礎なのではなく時間性が時間の基礎なのである。

三、未来は三つの脱自態の内でも最も明確で意義のあるものであり、現存在の基本的な意味の中心は未来である。

四、最後に、原初的時間は有限である。この第四点は無限なものの可能性を閉め出してしまうものではなく、ただ時間の原初的な意味はその限界づける有限性にあるということを示しているのである。

これで、いかにして時間性が現存在にとって意味をもつかということの実存論的特色をざっと通観したわけではあるが、これはもちろん決して時間分析のすべてを尽くしたものなどではなく、単なる端緒である。第六六節においてハイデッガーは、もしも本来的人間存在の存在論的基礎が時間性であるならば、実存論的分析論の全体を、現存在の時間的性格という導きの糸のもとにもう一度くり返し、調べ直さなければならないと説明している。それだからといって、一つ一つの論議をいちいちくり返さなければならないということではなく、また同じ順番にやってゆかなければならないと言っているのでもない。ただ、主要な実存論的カテゴリーをもっと深く調べ直して、その底に横たわる時間の存在論的構造をあばかなければならないということなのである。

この繰り返しを現実に行なってゆくなかで、ハイデッガーの言わんとした充分な意義は次第に明らかにされていく。今までのところでは我々はただ、人間存在の基礎は有限な時間であるという大づかみの説を見ただけである。彼はさらにすすんで、前の方の分析ですでに顕れた主要な実存論的カテゴリーを、一段と詳細に調べ上げ、そこにひそむ構造がまさに時間的なものであることを示す。ハイデッガーは第四章をすべて、この「繰り返し」をなしとげるために費すのである。

繰り返し〔第六七節〕

配慮の構造が時間性であることは、簡単な概略ながらすでに、示された。したがってここでの「繰り返し」では、配慮の様々な性格——すなわち、了解、情態性、頽落——がすべて時間性という存在論的基盤に基づいていることが示されなければならない。自己省察的問いの解釈学的性格は循環的であるということを思い出せば、現存在の実存在のこうした重要な要素がいまふたたび、より存在論的なレヴェルにおいて評価し直されなければならないということは、決して驚くべきことではない。

ハイデッガーは配慮構造のこれらの要素のそれぞれを、時間の脱自態との関わりにおいて解釈する。ここのところの細かい論議は大部分そう難しいものではないので、私はただそれぞれの概要を描くにとどめておいた。ここで常に心に留めておかなければならないのは、ハイデッガーはこれら配慮の諸要素のそれぞれの存在論的根拠のただ時間的性格をあばこうとしているだけなのだということである。したがって、これらの解釈の目的はきわめてはっきりしている。時間性が配慮のすべての要素の基礎であることを示すことである。もしもハイデッガーの所説に反論したければ、時間性が配慮の存在論的基盤ではないことを言わなければならず、そう言えるためにはハイデッガーの解釈が誤っていることを示さなければならない。しかし、彼の解釈の底流をなすのは、周知の通り、在るとは時間の内に在ることであるという前提なのであって、彼の筋書の一貫性は（こまかいところで色々反論はあるとしても）まことに目ざましいものである。

時間性としての了解〔第六八節〕

了解の実存論的意味は可能性の投企であったのだから、この実存論的カテゴリーの中心となる脱自態は未来である。また、この先見るように、情態性の場合には中心となる脱自態は過去であり、頽落の場合にはそれは現在である。しかしながら、三つの脱自態はすべてどれも重要であるということははっきりさせておかねばならない。了解のもっとも代表的な脱自態は未来であると言っても、それは過去や現在が同じように了解の内に含まれているのではないと言うわけでは決してない。それは情態性や頽落に関しても同じことである。

了解は、可能性の投企としての実存論的意味においては、第一義的には認識の一種とは言えない。了解の認識的側面は、その実存論的側面から派生しているのであって、このことは前出の節においてもすでに注意しておいた。したがって、ここで考えなければならない問いは次のようなものである。「可能性の投企としての了解は、いかにして、その実存論的意義の時間的基盤をあばくように解釈できるか？」

了解は三つの脱自態のそれぞれとの関係において重要なばかりではなく、本来的と非本来的との区別という点でも重要である。我々は、本来性と非本来性の区別において了解が重要な役割をはたすことを覚えておかなければならないが、それは、非存在の可能性の投企においてはじめて、現存在は本来的に「死に向って行く」ことが可能な存在として自己自身を自覚するようになるからである。時間の三脱自態と共に、それぞれの脱自態においてみられる本来的と非本来的の区別は、了解の六つの異なった様態をなしている。それはつまり、現存在が自分自身の可能性を、時間の三脱自態のそれぞれにおいて、本来的に、あるいは非本来的に投企するということである。ハイデッガーは投企のこれら六つの様態を、次のように述べている。

	本来的	非本来的
未来…	先駆 Anticipation (Vorlaufen)	予期 Waiting (Expecting) (Erwarten)
現在…	瞬視 Moment-of-vision (Augenblick)	現前化 Making-present (Gegenwärtigen)
過去…	反復 Repetition (Wiederholen)	忘却 Forgetting (Vergessenheit)

了解の脱自態のうちで、未来はもっとも重要なものであるから、未来の投企における本来的と非本来的の区別を明らかにしておくべきであろう。先駆は本来的未来としての了解であり、そこにおいて現存在は「本来的に実存しつつ、自己自身を自分の『在りうること』として自らに先立たせる」(注2)のである。その意味はつまり、先駆においては、現存在は未来を自分自身の可能性として見ているということであり、未来は自己が存在の可能性に気が付いており、それをなしうるかぎりにおいて意味をもつということなのである。一方

で、非本来的未来は、可能性を現存在とのかかわりにおいて見ようとせず、単に日常の雑務をとりまく環境や出来事の面からのみ見る。予期という性格をもつ非本来的未来は、日常性において現存在が関心をもっていることとの係わりにおいてのみ可能性を投企するのである。

(注2)『存在と時間』(下二三四頁)

非本来的な了解というのが決して誤謬のことを言っているのではないということははっきりさせておかなければならない。本来的な先駆に対して、予期が未来にとって非本来的だというのは、未来の投企が意義をもつその仕方によるのである。非本来的様態は、我々の関心の対象についての可能性だけを投企する。一方、本来的様態は我々が関心をもつ可能性のみならず、そのことにおける我々自身の決定や決意をも投企する――つまり、我々の可能性を投企するのである。未来の本来的な投企は、その有限性と責任能力とを自覚しており、可能性の自覚を可能にするばかりでなく、現存在がそのような可能性においてはたす役割を自覚させることをも可能にする。いささか大まかな言い方をすれば、本来的了解(先駆)は現存在が未来へ向うことの内にあり、一方で非本来的了解(予期)は未来が現存在の方へやって来ることの内にあるのである。

現在の脱自態に関しても同じような区別があてはまる。瞬視と呼ばれる本来的現在は、現存在の自由を反映する行為によって、瞬間や状況を独特の使い方で用いる。非本来的な現在は、現前化と呼ばれるが、状況や行為を単に一種の自然的活動の一部としてしか見ない。非本来的現在については、非本来的日常性に関する節のところでさらに入念に分析されるので、ここでは考える必要がない。ついでながら、現在は三つの脱自態のうちでは最も重要度がうすいものであって、ここではただ三つの脱自態がすべて現存在の可能性の投企に基づいていることを示すことが眼目である。

一方、過去の方は未来と同様現存在の投企に重要な位置をしめている。ハイデッガーによれば非本来的な「在ったこと」を成り立たしめているのは忘却の実存論的性格であり、他方本来的過去は反復なのである。本来的過去と非本来的過去とに関するこの記述は、以下第九章における歴史論にとって非常に重要であるのみならず、ハイデッガーの歴史哲学一般にとって重要なものである。忘却と反復とが人間存在の真正なる様態であるからこそ、時間性が了解を通じて投企の存在論的根拠となることができるのである。過去的脱自性の意義は大部分歴史との関連において語られているので、それに関してはいまのところこれ以上解説を加える必要はない。ここで本当に大切なのは、三つの脱自態はすべて、本来的様相においても非本来的様相においても、究極的に了解を投企として認めさせる存在論的役割をはたしているということなのである。

要するにハイデッガーは、了解を解釈してその時間的根源をあらわにしたのである。しかしながら、了解は現存在《ダアザイン》の「現《ダア》」のただ三分の一にすぎない。配慮の存在論的意味は時間であると確信をもって言い切れるまでには、まださらに情態性と頽落とを時間性との係わりにおいて解釈しなければならない。

時間性としての情態性〔第六八節〕

あるかぎりの気分を、それぞれの時間的基盤が明らかになるように調べ上げるとしたら、それはうんざりするほど細々とした、ヘラクレスの十二の仕事（訳注 獅子退治、蛇退治、ヘスペリデスの園の生命のリンゴを持ち帰ること、その他十二の大業をなしとげてヘラクレスは神となった。その十二の大業のこと。）式のことになるであろう。だがそんなことはほとんど不可能なばかりでなく、不必要でもある。そんなことをするかわりに、ハイデッガーはさきに実存論的分析論において分析した二種の情態性を選ぶ。それは、非本来的様態の恐怖と、本来的実存の本質的特徴である不安とである。もしも、本来的実存と非本来的実存とを代表する不安と恐怖という情態性がそれぞれに、まさしく時間的基盤を有するのだということが示し得れば、情態性一般の時間性を示すという課題はなしとげられたのだと言える。したがってこの節における問いは、恐怖と不安とは、共にいかにして時間性としてとらえうるか、ということになる。

ハイデッガーは、情態性の中心となる脱自態は未来ではなくて過去であるとする。恐怖とはつねに未来の何物かに対する恐怖であるという事実に照らしてみると、これは一寸見には怪しげで、ハイデッガーが自分の構成に固執しているにすぎないように思われる。しかし、恐れることと不安になることの意味をよくよく考えてみると、ハイデッガーの洞察はより深いところに根ざしていて、ただシンメトリーを保とうとしたりしているのではないことが解るのである。

情態性の構造をなりたたしめている気分は、現存在がいかにしてその存在から背き去っているかをあばく。「在った」(Gewesenheit)というその事実が気分の根拠であり、従って情態性の根拠でもある。ハイデッガーはこのことを、気分は人を何物かへ戻しもたらすという言い方で説明する。すなわち、気分は本質的に「在った」に属する視点、位置へと人を呼びもどすのである。ここでもまた、未来や現在もまた本質的に情態性に属することは断っておかねばならない。ここではただ、気分が未来や現在へ向った特色もまた持っているにせよ、気分にまぎれもなく固有の脱自態は過去であると言っているだけなのである。

それでは、恐怖が未来的なものではなくて「在った」(過去)との係わりにおいて意味をもつというのはなぜなのだろうか? そのわけは、簡単に言ってしまえば、恐れている時には人はまさに未来から退いてしまうからなのである。恐怖は引きとどめる。実存論的に言えば、私が恐れている時には、私は在ったものとしての私の実存にありかを求めているのである。未来が私を脅かすがゆえに、私は、私の価値の中心、注目の焦点として、私が「在ったもの」としてそれであるような存在を作り上げるのである。いわば、過去はそこへと未来の脅威が爪跡をのこす防壁である。たしかに恐怖は脅威を未来の内に見る、しかし脅かされているものは、「在った」ものとして在るものなのである。恐怖は一種の「われを忘れること」であり、困惑である。「忘れること」は、さきに見たように非本来的な過去の特色であった。そして実際、恐怖が非本来的実存の様態として見られているのはまさに、恐怖が自己の存在の忘却を通じて人の目を存在への問いからそらすからに他ならない。過去的投企の非本来的な様態である忘却は、恐怖の本質的要素なのである。

非本来的なる恐怖が、過去の非本来的様態である忘却によって時間的性格を与えられているとすれば、本来的なる不安は過去の本来的様態たる反復によって時間化されるのでなければならない。また事実ハイデッガーはそのように論じている。「在った」の本来的様態である反復が、不安の存在論的根拠である。不安は、さきに見たところでは、無の自覚、いつもなら親しいものである世界からの疎外感であった。このように世界の内に投げ入れられ、巻き込まれていることは、一種の可能性の反復をあらわにする。

不安を「在った」という時間的脱自態に基づくものと解釈することは、のみ込み難いと感じる人も居るかも知れない。しかしながら、留意すべき重要なことは、恐怖と不安とが似たものであって、したがって共に「在った」という過去的脱自態に存しなければならないということである。そして本来的様態である不安は、反復・瞬視・先駆といった本来的脱自態とのかかわりから見られなければならず、非本来的様態である恐怖は、忘却、現前化、予期といった非本来的脱自態とのかかわりから見られなければならないのである。

頽落の時間性〔第六八節〕

了解や情態性と違って、頽落には全く本来的脱自態がない。非本来的であるということは頽落のまさに本性なのである。そればかりでなく、頽落の特色となる脱自態は現在であって、これはすでに見た通り、存在論的価値から言ってもっとも重要でないものである。もちろんこのように割り当てられているのは当然のことであって、頽落はその本質からして、我々を存在論的意義からそむかせるものなのである。

日常的な時間観では、ふつう現在が意義のある、現実性をになうものと見られている。現在に対するこのような観方は、出来事というものを、無差別的に観察しうる一連の現実的事実となしてしまう。これは、実体的形而上学者や科学者達の前提する時間観である。

しかしあいにくながら、存在論的観点から言えばそれは非本来的なのである。現実性を強調するような時間観は必ず現在を時間の基本様態として見ざるをえない。そしてまさにそういう現在は、単に現前化にすぎないような——つまり現実的出来事の背景にすぎないような現在なのである。

頽落の時間性はまことに簡単に説明できる。可能性よりも現実に重きをおくような時間の解釈が頽落に存在論的基盤を与えるのである。したがって、頽落との関わりにおいては、現在の存在論的基盤は、現実的存在者によって成り立っているような現在なのだと言える。一方本来的現在（瞬視）の方は、自由に選ばれ、決められた可能性との関わりから現在を見ているのである。

頽落における過去の存在論は、同様にして過去をいまだに意味をもった可能性として本来的に見る（反復）のではなく一連の「もはや現実的でない」出来事という点からみる（忘却）ような観点である。未来的頽落の存在論的基盤もまた、自己の「在りうること」（先駆）の可能的投企でなくて、現実的な「未だいたらざる」出来事（予期）に限られているのである。

頽落の時間性について述べるにあたっては、好奇心の現象だけが使われている。好奇心は見ることの非本来的な様態であることを思い起すならば、そしてまた、その本質は事物を無差別に、現実的事実、存在者を眺める者の「客観的」観点から見ることにあるのを思い出せば、時間的脱自態がみな非本来的様態において割りふられていることも、まことに容易に納得できよう。我々はすでに、非本来的な様態は世界を現実性の観点から観るのだということをみてきた。もしも本当に時間が実存の存在論的基盤であるならば、時間的脱自態が同じような構造をもつということは避け難いことであろう。

語りの時間性〔第六八節〕

この節に関しては、その重要性を示すにたった一言でことたりる。およそ近代の複雑な国語にはどれも文法上の時制というものがあって、文章がなんらかの時間的規定をもって整えられていなければ有意義な文章を語れないようになっている。そして言語それ自体が過去、現在、未来、過去完了、現在完了等の「時間性」にもとづいて構えられているならば、それはまさに言語の構造が、我々の意識及び我々が自己自身と世界を意識する仕方の究極的に「時間的」な性格をあばくものだということになる。

ハイデッガー自身が、配慮の構造の時間的な分析（下二五九頁）を美事にまとめ上げているので、ここでは何も注釈は必要ない。

世界―内―存在の時間性〔第六九節〕

実存論的分析論の一番はじめのほうで、実存することの第一の特色は、人が世界の内に存在することであると指摘された。したがって、「世界の内に在ること」は予備的分析の出発点をなしている。他のすべての実存論的カテゴリー――不安、了解、恐怖その他――はみなこの第一の、もっとも広い実存論的カテゴリーに基づいているわけである。

さてここで、今こそハイデッガーが「在るとは時間的に在ることである」という中心命題をもち出すときがきた。ハイデッガーは、すべての実存論的カテゴリーの存在論的基盤は脱自的時間性であると主張する。それはつまり、現存在の時間的特質が、実存論的カテゴリーとして知られる実存の様態を可能にするものなのだということなのである。

それではいかなる仕方で、時間的脱自態の存在論的基盤が世界‐内‐存在を可能にするのであろうか？　本当に、「世界の内に在るということ」は時間的なのだろうか？　そしてもしもそうならば、世界‐内‐存在を可能にする存在論的基盤は、どのような特有のかたちをとっているのだろうか？

配慮の時間性〔第六九節〕

「配視」という言葉で言いあらわされているのが、人が日常的なものに取りまかれているなかで行なうようなたぐいの「見ること」であって、たとえば事物に、それを使うことにおいて関わる（道具的存在）ような仕方がその一例である。そこで、今問われている問いは次のようなことになる。「我々が道具として世界と日々に関わっていることの内には、いかなる仕方で我々の時間的性格が含まれているのだろうか？」この問いは、さらに一層存在論的に言って重要な意味をもつような言い方をすることもできる。「我々の脱自的時間性はいかにして我々が道具としての世界（道具的存在）にかかわり合いをもつことを可能にするのだろうか？」これに対するハイデッガーの答えは、大まかに言って次のようなものである。

人と道具とのかかわり合いは、待ちかまえることと保持することとから成り立っている。ところで予期と保持とは共に現前化の特色である。我々はすでに、「現在の内に在ること」は行為をなしたり状況に応えたりすることの内に実存論的意義を持っているのであることを見た。そして非本来的な現在の様態はそのような活動を単にその現実的なかたちにおいて扱い、自己の単独的な投企を見おとしてしまうのである。したがって、道具とのかかわり合いは、派生的には非本来的過去たる忘却ともまた関係する。それというのも、自己は、道具的存在とかかわり合う内に自己を忘れてしまうからなのである。

今述べたのは、いかにして道具的存在が時間性に基づくかのごく荒い概要であるが、これについてはさらにもっとよく考えてみなければならない。ここでのハイデッガーの論議を見るにあたって鍵になるのは、「予期」と「保持」という二つの用語の使い方である。これは少しもむずかしいことではないので、道具を使って日常忙しく働き回っているときには、人はつぎに何が起るかをわきまえていて、それによって行動する。たとえば熟練したドライヴァーは、自分の経験からの保持によって、自分の自動車がどういうアクセル操作をしたらばどのように応えてくれるかを知っている。彼は今アクセルを操作しながら、変らぬ同じ反応を待ちうけ、予期しているのである。それは未来とか過去とかの要素なのでは決してない。むしろ、それは現在の現実的活動を作り上げているのである。ドライヴァーは、アクセルを踏み込むにあたって「私は加速するであろう」などと一人言したりするわけではない。彼は、アクセルを踏みながら「私は加速している」と感ずるのである。

結局のところ現在というものは、実存論的には唯行動や状況との関わりにおいてのみ意味をもっていると言える。道具との「かかわり合い」などというものが可能であるのは、ひとえに実存論的に意味のある現在なるものがあるからに他ならないのである。そしてそれこそが、現存在の時間性が実存論的現象を基礎づけると言うときに言われていることなので、「基礎づける」というのは「可能にする」という意味なのである。したがって道具的存在としての世界にかかわり合うこと、つまり道具としての世界に巻き込まれていることが可能となるのは、実存論的に意義のある現在――すなわち、活動における目的、機能、反応を待ち構え、保持すること――のためなのである。

ハイデッガーは、正常に働かなくなった道具のことを盛んにもち出す。この否定的な道具的存在を強調することによって、我々が実際に道具というものに関わるのはどのような仕方によってなのかが、なお一層鮮明に描き出される。基本的には、あらゆる種類の道具の「……のために」はそれを使うに際して顕れる。だが一個の道具のもつ目的は、その道具が、突然はたらかなくなった時にこそもっとも鋭くうかび上ってくる。はたらかなくなってしまったものの凍りついた「……のために」は、円滑に動いてくれる道具よりも一層我々に切実にせまるのである。

ここでは世界とのこのような交わり方を、機械をモデルにした言葉を使って描いてみたが、我々が語っているのは人が世界と関わる一般的仕方についてなのだということは忘れてはならない。我々がこの世界-内-存在という最も原初的な仕方で関わるのは、複雑な機械ばかりなのではなく、ドアの把手、森の小径、ナイフとフォークといったものすべてなのである。ドアの把手を回すといった何でもない行為ですら、予期と保持とから成り立っているのであり、現前化という非本来的現在の時間的脱自態によって意味を与えられているのである。

道具的存在から事物的存在へ〔第六九節〕

先程の分析で、配視的配慮の世界（すなわち役に立つ事物として見られる世界）がいかにしてその存在論的基礎を時間の内にもつのかが示された。しかし、世界を見る見方にはもう一つあって、そこでは存在者はもはやその有用性の観点から眺められるのではなく、単なる「事物として」、すなわち事物的存在として見られるのである。この事物的存在がいかにして時間的基礎をもつのかが説明されない内は、ハイデッガーの仕事はまだ終らないのである。

この問題を解決しようとすると、すべての認識論の基にひそむ一つの非常に困難な問題につきあたる。それは、「実践と理論との関係や如何？」という問題である。大まかな言い方をさせてもらうとして、道具的存在の世界を一種の実践とみなし（つまり、道具を使って道具とかかわる世界なのだから）、事物的存在の方を一種の理論とみなすならば、人間がいかにして、単に事物を使うことから、事物の諸性質を観ずることへとその活動を転ずるかの問題は、存在論的な意味をもつことになる。このあたりが、いわば科学哲学のようなものにハイデッガーが最大限近付いているところと言えよう。

さて、事物的存在の時間的構造を示すという比較的単純な課題は、もう一つさらに難しい問題とつながっている。すなわち、道具的存在の時間的基盤が解明されてはじめて、道具的存在から事物的存在への「移行」も、納得のいくように説明されることになるということである。というのも、事物的存在はすでに、その時間的構造の示されている道具的存在から派生しているのだからである。

たとえば人は二つの仕方で金づちに関わることができる。彼は、木の棚に釘を打ち込むためにそれを使うことによって、道具としての金づちにかかわり合いになることができる。また一方では、彼は金づちを一つの対象物として観照し、その物理的、あるいは形而上学的性質までも考察することができる。ハイデッガーは第一のような関係の状態を道具的存在と呼び、これこそが、現存在が世界と関わるもっとも原初的かつ直接的な仕方であると確信している。第二の関係は事物的存在と呼ばれ、これは派生的なものである。したがって第一の関係が起ったことによってのみ生じるのである。しかし、ここで探求しなければならないのは、つぎのような問いである。すなわち、「いかにして第二の関係は第一の関係から派生しうるのか？　人が金づちを使うことからそれを観照するにいたるのはいかにしてなのか？」

まず第一にハイデッガーは、実践と理論とはそれぞれ互に全く独立に見られてはならないことを主張する。実践は常に幾分かの理論を含み、理論は常にその実践を有する。純粋に知的な理解の不可能なること全然没理論的な実践活動への没入の不可能なるに等しい。ここにおいて非常に重要なのは、熟慮的判断の過程であって、これは本来理論的なものではなく、実践活動に属するものなのである。この熟慮的判断の構造は「もしも……なら……である」というもので、たとえば「もしも私がこのレヴァーを引くならば、この車が回り出す」の類である。したがって熟慮的判断は人の世界の見方を道具的存在とのかかわり合いから事物的存在へと変えるものではない。またこの熟慮的判断の過程は、保持と予期とに基づいているゆえに時間的性格を有しているのである。

しかし、私が理論的態度をとっているときには、私はもはや一つの道具としての存在者の「もし……ならば」の機能にかかわり合っているわけではない。まさに、そうした類のかかわり方こそ、私が実践から理論へと移るときに捨て去るものなのである。したがって、実践から理論への移行を成り立たせているのは、私の存在の仕方の変化である。私が事物を全く新しい見方で見る、と、私に沿ってその事物は本当に違ったものになるのである。

その変化をもう少し解りやすくするために、一例をあげてみよう。たとえば、心臓外科医（これは実践の領域に属する）と生命活動における心臓のはたす役割について新説をうちたてようとしている生理学者の違いを考えてみてもよい。両者とも直接に人間の心臓を問題にしている。両者を考えてみると、それぞれ実際に心臓を目の前にして立っているのが目に見えるようである。しかし、外科医にとっては、事物存在的存在者としての心臓がいかなるものであるかなどということは眼中にない。種々の筋組織、動脈、弁等々は、命を救うという彼の究極目的のために使われる道具である。そして外科医として患者の治療を行なっていく際に、彼は当然熟慮的判断をなしている。もしこの筋組織をつまめば、この弁を閉じれば、そうすればこれこれの作用が起るであろう、と彼は判断する。（これは彼が経験を通して保持し、この場合も同じ様なことが起ることを予期しているのである。）こうした熟慮的判断はかなり複雑なものでもありえて、ある程度は思弁的とさえ言えるものである。たとえば手術の最中に何か突然の反応が起って、様々の可能性を素早く計算する必要にせまられるようなこともあるからである。もしも心臓が突然止ってしまったりした場合には外科医は、心臓マッサージの必要があるか、アドレナリンの注入か、ショックをあたえるか、あるいは自然に脾動の回復を待つかといったことを素早く考慮しなければならない。しかし、そういった熟慮的判断はすべて道具的存在との関わりにおいてのみ意味をもつのであって、つまりそれは実践の領域に属しているのである。

さて一方、理論家の方はどうかと見れば、彼も心臓や心臓の模型を見ているのではあるが、その見方が、ある事をなしとげるための道具として見ることから、単にその事物的存在において見ることへと変ってきている。理論家は存在者の諸性質を見る。彼は様々な要素の機能を計算するのではなく、それらを存在者として思弁的に観照する方へと頭が向いているのである。たとえば、一体弁は心臓の一部と見なすべきだろうか、または身体の全体的な生理活動の一部と見るべきだろうか、と彼は考える。こうした問題は、生命活動をよりよく解釈できるような学説をあみ出すためには非常に重要である。しかし、そのことは生きた体としての心臓には、外科医の判断が関わるようには直接にかかわってこない。

重要なのは、両者にとって心臓はたしかに違うものである――すなわちその「存在」が異なっているということである。そればかりでなく、理論家の存在と外科医の存在は異なっている。なぜならばその職業活動において、両者の在り方は互に全く違ったものだからである。理論家は道具的存在の「もし……ならば」という熟慮的判断に巻き込まれていない。彼は心臓を、いやその瞬間には全世界を自然――すなわち、事物存在的存在者の総体――として眺めている。この心臓がこの瞬間にここでといった個別性はもはや重要ではない。重要なのは一般的世界であって、時間・空間は問題でない、というのは、それらは単に存在者の諸性質として見られているからなのである。世界を事物存在的存在で成り立っているとして見るのも、存在の一つの理解である。そして世界の見方がその存在の理解にぴったりと沿って導かれていればいるほど、その世界の「見方」はうまくゆくのである。たとえば、数学的物理学が成功しているのは、それが「事実」に厳密にしたがっているからなどではなくて（単純な事実などといったものはないのである）、数学的なものの見方に沿って展開されているからである。カントの認識論に親しんでいる者にはこのこともさほど目新しいことにも思えないかも知れない。しかし道具的存在と事物的存在との関係全体にてらして考えてみると、まことに印象深い事実なのである。

　科学的活動というものはある存在了解の線に沿った投企だと見るのが正しい理解なのだとすれば、科学は本来的実存に根付いているのだということになる。人によってはハイデッガーが科学の位置をおとしめようとしているように感じているかも知れないが、これを見ても決してそんなことはないことが解る。科学は本来的了解の一般的領域の内に含まれるのである。ただ、ハイデッガーがたしかに低く見ているものはあって、それは科学の方法論に関する誤った見解（実証主義）とか、技術を一つの生き方とみる人々――すなわち現実的出来事をこえた可能性の投企の意味を認めないような人々――とかである。

　自然を事物的存在とする科学的投企は、主題化の一つの形である。主題化とは、問題になっている事柄を自己の存在了解にてらして全面的に投企することである。たとえば『存在と時間』は主題的な探究だと言える。そして科学もまた主題的な性格をもっているのである。しかしいずれにしても主題化が起るためには、現存在は主題化される存在者を超越しなければならない。これもまたきわめてカント的な所説であって、その要点はごく簡単なことである。つまり、そもそも何か主題化といったことが起るためには、主題化を行なう者（または主題化を可能とするような前提）は、主題化されるものの一部ではあり得ない、ということである。しかしながらここにそう単純にはゆかぬ問題がでてくるので、それは、この超越という問題全体をいかに見るべきかということなのである。

超越の時間性〔第六九節〕

超越の問題は西洋の思想史における古典的な問題である――ただし「超越」なる言葉は今日と同じ意味でいつも使われていたわけではない。なかんずくこの言葉は似たような言葉である「transcendent」とははっきり区別しておかなければならない。そちらの方は、宇宙における神の位置を表わす神学上の用語である。「超越 transcendence」は人が人間の経験全体をかえり見ることのできる状態とか位置とかいったもののことなのである。カントは自分のような哲学の仕方を「超越論的 transcendental」と呼ぶ。それは、彼の哲学がいかにしてこれこれの事（たとえば経験）が可能であるかと尋ねるところを出発点としている、ということである。超越の問題は哲学すること自体に固有のものである。つまり常に、人間のある活動の説明それ自体がいかにして可能かと尋ねることができるのである。

たとえばもし我々が科学のカント的説明を受け入れるとしても、いかにしてカント自身は自分の説明の諸要素を知り得たかということは常に尋ね得る。どのような経験の説明にしても（たとえ経験一般の説明にしても）、その説明のとっている超越論的視野がいかにして可能かという説明をその内に含んでいないかぎりは、その哲学的立場はつねに重大な疑問にさらされていることになる。

実際のところ、哲学者というものは皆神のごとくに、少なくとも一種の神のごとき視点を我がものとしているように語らざるを得ないように思われる。こうした問題にはこみ入った矛盾が入り込んでいるのである。たとえば一人の経験主義者がいて、感覚的経験だけが真なる判断をしうると言うような場合を考えてみても、その「すべての真なる判断は経験に基づく」という文章自体は経験に基づいているのだろうか？　もしもそれが経験に基づいていないとしたら（そして確かに基づいていそうもないのだが）、まさにその文章の意味がそれ自体を裏切っていることになる。もちろんこうした超越に対する反論は克服不可能なものではない。しかし「超越問題」として知られるものがいかに重大なものであるかはこのことからも知られるであろう。

ハイデッガーは、現存在は存在者の世界を超越しなければならないと言っている。これは全くはっきりしていることである。なぜならば、現存在が存在者の世界を超越することができなかったとしたなら『存在と時間』に見られるような存在者の説明そのものが不可能なはずである。しかし、現存在がこうした存在者を超越するのはどのようにしてなのか？　ハイデッガーが「世界の超越」と言う時には、その「の」は主格的所有格であって、世界は超越されるものなのではなく、超越するものである。そしてもし世界が超越するのならば、一方でそれは何を超越するのか、世界をだろうか？　世界はそれ自身を超越するのか？

ハイデッガーにおいては、世界がそれ自体を超越すると言っては混乱を招く。「世界」という言葉がここでは二つの異なった意味に使われているからである。すべての手前存在的対象、すべての手元存在的関係の総計としての世界ならば、これはまさに現存在の世界‐内‐存在によって超越される。存在論的な「世界の内に居ること」が自然という意味での「世界」を可能にしているのである。ここからして、実存的世界‐内‐存在は「目前の手元存在」としての世界を超越するのである。しかしこの超越それ自体は、時間性の存在論的基盤によって可能とされる。したがって、超越を可能とするのは時間性ということになる。ではハイデッガーはいかにしてこの還元を果たすのであろうか？

私が道具の使用者として世界に関係する時、世界が私にとっての道具であるとき、世界は私にとって次の三つの仕方で意味をもっている。㈠、私が直接にかかわっている道具は私のためにという形で意味をもっている。現存在が世界の内に様々の道具を投企するのは現存在のためなのである。㈡、世界はまた、私が統御しえず、逆に私の気分を決定するような数々の避け難い特質の背景として存在する、という形でも、道具、設備としての意味をもっている。㈢、さらに、世界を構成している道具を私が使うことの内には、何か他の事を遂行するためにこそ行動をするということの理解が含まれている。様々の道具は、それが為すべきこと、その目的をはたすためにすることという形での、独立の意味がそなわる。（金づちは釘をたたき入れる、という意味をもつ。）

世界-内-存在の意味をつくり上げているこれら三つの意義は「地平」と呼ばれ、これら地平のそれぞれが時間の脱自態に対応する。「のために」は未来の地平である。これはどういう意味かと言えば、私が直接に世界と関わりをもつたびに、世界を私が存在するための道具の全体として使っており、世界が私にとってそのような形で意味をもっている時には私は将来的である——つまり未来をもっている、ということなのである。このゆえに、未来段階の地平が「……のために」なのである。

「地平」という用語はハイデッガーにおいては、ある特定の脱自態的脱自態段階にとって可能な在り方の全領域を意味するものと考えられる。現在の地平は「……するために」である。それはつまり、私が手元存在（道具）としての世界に関わり、行動をなし、状況を見極める（そのことが現在の実存論的意味でもあるのだが）たびごとに、私はそれを一種の目的をもって為す（なぜそう行動したのか？　これこれを為しとげるためだというふうに）ということである。こうして、現在の地平は「……するために」なのである。そして過去の地平とは「……に面と向って」であって、それは気分とか心の状態をつくり上げるのである。

世界における在ることの意味は「……するために」「……のために」「……に面と向って」の三位一体に存することはすでに明らかにされている。そして今やこの三様の意義が時間性の脱自態の地平を与えるものであることが示されたわけである。しかしそれでは、どのようにいかにしてこれが超越をなしとげるのであろうか？

主体が客体と関わるためには現存在がすでに世界の内に在るという事実の内に、いいかえれば手元存在的対象と関係からなる世界と、現存在との間の関係の基盤がすでに存在していなければならない。つまり主、客関係を可能にしているのは「世界の内に在ること」である。「自然」をつくり上げている存在者を超越するためには、その超越的踏み出しがそこへと踏み出すべき存在の道（世界‐内‐存在）がすでになければならない。我々は「脱自態」とは「踏み出すこと」であることを心にとめなければならないのである。

以上の論を整理してみると次のようになる。

超越するとは「こえて行く」ことである。
しかしそれには「行く場所」が要る。
したがって超越は脱自態があるからこそ可能である。
しかし脱自態はどこでもないところへ「踏み出す」わけにはゆかぬ。そこには地平がなければならぬ。

しかし地平とは時間的な性格をもつ。

それゆえ超越することは我々が時間的であるからこそ可能なのである。

論じ方が厳密な形式を整えて居り、またハイデッガーの語法が極めて厳格なので、ともすれば論議が一般の理解の土俵をはなれるという傾向をうむ。しかしながら、我々はいま少し深くこの新しい教義を調べてみなければならない。あまりハイデッガーの用語にとらわれないで言うならば、それはいったいどのような意味なのだろうか？

主張されているのは、全く単純なことで、次のようなことである——そもそも哲学が可能であるには、何らかの形での「超越」が必要である。ハイデッガーが主張するのは、我々が世界内の諸存在者とその使用とを超越しうるのはまさに我々が有限的なものだからである、ということである。我々の有限性が我々に超越をもたらすのである。

私が世界と関わる様々の仕方は、すべて私が意味のある過去、現在、未来をもっているということに帰着する。しかしどのようにして過去、現在、未来は私にとって意味をもちうるのか？ それは私の実存構造のゆえにである。つまり、私が実存しているのは、時間的脱自態をもつという在り方においてなのである。これらの脱自態は、それぞれの内において、一種の踏み出しが可能であるような構造をもっており、その踏み出しによって私は自己の実存構造をかえりみることができるのである。したがって、私が時間的に在らず、有限的でなかったとしたなら、超越することはできない。超越は時間性の上にきずかれているのである。

超越の問題はカントの時代以来非常に興味深い歴史をもっている。それはヘーゲルやその他の観念論者達にとって重大な意義をもったテーマであった。しかしながら超越の真の意義は実存にあると論破したのはニーチェである。『ツァラトゥストラはかく語りき』においてニーチェは、人それ自身がすべての物の価値の転換、いや価値そのもののくつがえしへと「越えて行かねばならぬ」と語っている。なぜならば「神は死んだ」のだから。もはや哲学をなり立たしめるのは無限の視点ではなくて、超人という有限の視点なのである。

ハイデッガーはニーチェに強く影響をうけていて、ニーチェの激烈な言葉遣いや価値への関心にはならわなかったが、超越の基礎を有限な人間においているところは、たしかに彼の後継者であるといえる。実際ハイデッガーは、超越の存在論的根拠そのものが人間の有限性だと論ずることによって、ニーチェよりもさらに一歩をすすめている。

論じていることは簡単なことなのである。地平をもった時間的脱自態なしには超越はあり得ない、ということなのである。

第七〇節・第七一節に関する注意

ハイデッガーは、時間性に関する章を終えるにあたって、その最後に二つの短い考察をつけ加えている。第七〇節では現存在の空間性もまた時間性に基づいていることが論ぜられ、第七一節では、時間性としての現存在の日常性がもつ究極的な意味は、次章で現存在の歴史の意義が問われるのを待って明らかにされるべきであると語られている。これら二つの節は、彼の哲学の新たな展開というよりは、これまでの分析のしめくくりといったものであって、いずれも説明は必要ないであろう。

時間性の分析についての注意

歴史がどのようにして可能となるかについての研究に向かう前に、時間性の章について二三の注意を付け加えておくべきであろう。この章はいささか回りくどい章だったのである。そこでは時間性の分析があまりにも細部にわたり過ぎて、メッセージがいささか弱められ、伝わり難くなってしまっている傾きがあった。ハイデッガーが時としてポイントを拡げ過ぎているように見えるのも事実である。人間的実存の一般的性格の時間的構造を論じるハイデッガーの議論は充分強固に見えはする。しかし第一篇で見出された実存論的カテゴリーの全てが時間性の上に基礎付けられるようにしようと、シンメトリイやバランスを求めて無理な努力をしているように見えなくもない。とは言え、こうした欠陥にも関わらず——この分析を実際に水も漏らさぬほど完璧に果たすことが出来たとすれば、それはもはや欠陥とは言えないわけだが——ハイデッガーの分析の説得力は圧倒的である。

ハイデッガーは人間の実存の意味が人間の時間性に基づいていると言う。ハイデッガーが、このような洞察をある種の直観や神秘的な把握に頼らずに主張しているのは驚くべきことである。ハイデッガーは人間が人間自身について反省する場合の一切の仕方を入念に細大漏らさず探し出し、そこに時間的な基礎を見つけてくるのである。さらに注目すべきは、ハイデッガーが、そもそも哲学するという能力そのもの——超越——の分析までも時間的解釈の線に沿って達成していることである。ハイデッガーが、実存する存在者としての人間にとって時間がどれほど重要であるかということについて、ハイデッガーの存在論的教義を受け入れたがらない人々にとっても真に注目すべき現象学的記述を達成しているということも付け加えておこう。期待あるいは予期としての未来、行為と状況による現前化としての現在、そして想起と忘却としての過去、についての記述は、哲学的な解釈というものの最上の見本である。ハイデッガーの時間論の射程の長い効果を頼りに、大いに思弁を展開してみたいという誘惑に駆られないではないが、此処では抑制しておくべきであろう。

第九章　歴　史〔第七二節―第八三節〕

一九六八年のオリンピック大会で、リー・エヴァンズという名の若者が四〇〇メートル競走で一等になって金メダルを授けられた。二等も三等もエヴァンズと同じくアメリカの黒人で、この三人が表彰台に登ってメダルを受け、国歌が吹奏されるのを聞く間、全世界は固唾をのんで彼等が何かしでかしはしないかと見守っていたものである。というのも、エヴァンズの勝った前の日、二人のアメリカ黒人選手が表彰台でいきなり拳を上げるブラック・パワー式敬礼をして国歌吹奏の厳粛を傷つけ、人々をあきれさせていたからである。結局この二人の選手は試合出場停止をくらって会場であるメキシコから追い帰されてしまった。今興味津々に三人を見守る人々は、エヴァンズ達も同じことをやるのだろうか？と待ちかまえていた。もしやったとすると、アメリカ選手達は続々とオリンピック大会を退くことになって、アメリカのイメージにも傷がつくし、競技も面白くなくなってしまいそうであった。

さて表彰台にのぼったエヴァンズたるや、運命の偉大さの象徴であった。その身体はあくまでもしなやかに、すんなりと、若く強くてたくましく、顔はあくまでもハンサムに、それは平等を目指してもがくアメリカ黒人の縮図とも言うべき姿であった。彼はおのれの「黒き実存」のさだめを背負い、彼の人種と彼の祖国の運命は、共に等しく彼の一挙手一投足の上に凝縮したのであった。メキシコの風はさやさやと彼のトレーニングパンツをそよがせ、髪を乱した。彼は頭《こうべ》を高くもたげ、神妙に国歌吹奏に聞き入ったのであった。人はみな、この若き青年が自らのさだめ、彼の祖国の運命、および彼の人種の運命等々を雄々しくも耐え忍ぶその美々しく凜々しい姿に胸うたれたのであった。かくして金・銀・銅メダルの授与は全世界の耳目を集めた歴史的大事件とはなったのであった。

このような例をひいたのも、人類の歴史について語るときにはどうしても運命という言葉を避けることができない――実際、運命という概念抜きには全く無意味になってしまうような出来事もある――ということを示さんがためであった。しかし「運命」などという言葉はうっかり使うとはなはだ鼻もちならない低俗なことになってしまうので、心ある哲学者達はふつうは、せいぜいのところ真理にはあまりかかわりのない一般的社会通念とか心理的態度とかに関連してこの言葉を語るだけである。

しかしながら、ハイデッガーはあえて、運命が歴史性を可能にするのだと論じる。「歴史性」とは、ハイデッガーにおいては、人が自己自身を歴史の内なる存在として了解するときのその実存論的自覚のことであり、そのようなものとしてこれは歴史的意識、歴史的探究の究極的基盤、根拠となるもののことである。つまりハイデッガーにとっては、運命をもった者として自己を実存論的に眺めることが、人間の歴史を可能にしているのである。

いかにして歴史は可能であるかの問題、またそれに付随して、歴史的知識の性格、方法、前提といった歴史哲学的問題が、十九世紀において特別に研究の焦点となった。なかでもヘーゲルやドイツ観念論の人々がそうであったが、カール・マルクスやヴィルヘルム・ディルタイのような人達の著作にも非常にそうした傾向が見られた。しかしながら、そうした思想家達の内に、歴史の分野を運命などといった不安定な基礎の上にすえた人が僅かでも居たかどうかは疑問である。それにもかかわらず、ハイデッガーがかくも異端的な主張をするのを聞いて、何だか直観的に正しいような気がするから不思議である。それは、こうした歴史解釈は、何はともあれ歴史の哲学をひどく身近なレヴェルへひきつけるはたらきをするからであろう。このような歴史観の最大の利点は、現存在を中心的な存在者として組み入れているということにある。つまりそうなれば、もはや存在しない出来事や事物を基にして、したがって厳密な意味ではあらぬものの上に学問を築かねばならぬという躓きの石はとり除かれることになる。何となればこの解釈にしたがえば、歴史の基礎は、もはや存在していない人々、品物、状況、出来事にあるのではなく、実存している人間の現存在――運命を有する現存在こそが歴史の基礎なのだからである。

そもそもハイデッガーが歴史の問題に首を突っ込んだということは、時間を人間存在の存在論的根拠とする彼の解釈からして当然のことと思われる。意義をもった過去たる歴史への関心というものはたしかに、人間存在の時間的構造の一つだからである。しかし実を言えば、ハイデッガーの歴史への関心は、彼の時間論の枠をこえ出たものである。歴史は反省的自己の性格に根本的な影響を与えるものであり、したがって人間存在の存在論的基盤を正しく理解するには、その前に歴史というものを完全に説明しつくさねばならないのである。

それゆえに、自分が何であるかを理解することのみが、歴史に実存的に意味のある基盤を与えうるのである。まさしくリー・エヴァンズの場合がそうであって彼が胸うつ切実さで自分自身を了解していたことが、あの金メダル授与という出来事の歴史的意義をなしていたのである――そしてその歴史的意義そのものが、リー・エヴァンズの個人的さだめ、および国家的、人種的運命に根ざしているのである。

運命が人間の歴史性の根拠であるというハイデッガーの主張は、さらに徹底的に調べてゆかなければならない。そしてまた、『存在と時間』のこの最後から二番目の章を一節一節を追って解説していくのは、彼の見解を明らかにするのに最もよい方法である。というのは、大体においてこの章はあまり難しすぎず、読者の方である程度積極的な読み方をしてゆけば、納得できるところも多いからである。

歴史の実存論的説明（第七二節）

ハイデッガーは歴史の問題を、現存在の実存論的分析論の完成ということと関連してとりあげる。今までのところ現存在を眺める中心的視点は、現存在の「在らぬことができる能力」――すなわち死――の自覚の上におかれていた。だが現存在の死は誕生に始まる一つながりのその終りとして見ることができる。それでは、「誕生」とは何か？　また、誕生と死との間の期間は何なのか？　人の一生をなし、個人的現存在の歴史をなしている人間の体験のあの拡がりは何なのか？　ここにおいて歴史の問題は、ハイデッガーのもっとも一貫して問いつづける哲学的問題の基礎となる。そしてその問いとは、「人生において様々の体験を一人の人間が『有する』というときのその統一はいかにして説明しうるか？」という問いである。

このような問題を説明する伝統的なかたちの一つは、一種の霊的実体を想定して、それがうつろいゆく出来事の流れを通じて存続しているとするものである。しかしこの考え方はカントの誤謬論ですでに手ひどくくつがえされており、それがなくとも、この段階に至ってハイデッガーが実体的霊魂の説をとるなどということは全く矛盾したありえないことである。

しかしながら、この問題は相変らず残っている。もしも人生が我々に多様なる経験や出来事を与えることを認め、なおかつこれらの経験をもつ自己の統一というものを保存しようとするならば、何らかの説明が必要である。問題点を実体的霊魂から形式的主体へとこっそり移し変えてしまうようなやり方も、ハイデッガー的観点からは受け入れ難い。なぜならば彼は一貫して、孤立した「私」とか主体とかいったものは存在しないこと、そうではなくて、すでに世界の内にあり、すでにその配慮と関わりとによって性格づけられた自己があるのだということを説きつづけているのだからである。

現存在の実存論的構造はどんなものかと言えば、その存在の一部（つまり、それが在ると言われうる一つのあり方）が誕生と死との間にあることであるような、そうした構造である。ここではその統一を説明するのに、その存在者の実体性を想定する必要はなく、出来事を経験の対象として説明するためにその主観性を想定する必要もない。ここではただ、この存在者（現存在）が幾多の出来事を通じて自己自身を存続するものとして意識しうるようなものであるのはいかにしてであるのかを説明しさえすればよい。誕生と死との間にひろがり延びているというのは、現存在の一つの在り方であり、この「ひろがり延びること」が現存在の「歴史化 historicizing」なのである。

このような解釈からはただちに幾つかの興味深い結果が生まれる。歴史は、過去の事物、いや出来事からさえもはなれて、実存する現存在のうえへと移る。歴史上の「事実」を意味あるものにする歴史的意味を人間存在が持ちうるのは、人間存在が誕生と死との間に拡がり延びるという仕方で実存しているからに他ならない。すなわちハイデッガーにとっては歴史の「問題」はその特殊な方法論にあるのでなく、その認識論的側面にあるのでなく、またその形而上学的前提にあるのですらなくて、ただ、そもそも歴史化することの可能性のみが問題なのである。

それでは、これら人間存在が過去に関わり合い、過去を有意義にするために、人間はどのような仕方で存在しているのであろうか？　答えは、もし本当に歴史なるものがあるのであれば、それを可能としている何らかの実存論的、存在論的基盤があるのでなければならない、ということである。そして、その歴史を可能にしているものを言い表わす実存論的用語が「歴史性 historicality (Geschichtlichkeit)」である。この実存論的カテゴリー——歴史性——を現象学的に解釈することが今や必要となったのである。

しかしながら、この歴史性の現象学的記述にとりかかる前に、現存在が「歴史的」なるものをいかに眺めるのかを簡単に見ておくのが順序というものであろう。

現存在の歴史化〔第七三節〕

「歴史」という言葉の様々の使い方を簡単に、しかし鋭く明らかにしたあとで、ハイデッガーはその言葉がどのように適用されるかという特殊な、しかし面白い問題に目を転じている。たとえば、過去においては使われていたが現在では単に歴史的な意味しかもたずに存在している道具のようなものを考えてみる。リンカーンのパイプという例をあげてみよう。我々はそれを、我々にとってのそのものの意味は過去における道具として（道具存在的）の意義にあるという意味で「歴史的」と呼ぶ。それでいて、それは博物館の陳列ケースの中に横たわって、我々の前にその単なる事物的な（事物存在的）姿をさらしている。そして、今でもそれを道具存在的に使おうとして使えないことはないけれども（今でもそれで煙草をふかすことはできる）、そんな風に使ったときには、それ独特の歴史的意義は失なわれてしまうのである。

そのパイプが今日まだ現存しているという事実があっても、我々がそれを歴史的なものと考えることをさまたげることはできない。なぜか？　それは、そのパイプの使用（その道具的存在）が過去に限られていて、それの事物的存在としての存在が現在にあろうとも、そしておそらく未来へ及ぼうとももはや変ることがないからである。

このことは、リンカーンのパイプの例のみならずおそらく他のすべてにあてはまることであろうが、ここにおける「歴史的」という言葉の意味について何が語られているであろうか？ それは、歴史的なものとは単なる事物存在的な存在ではなく、世界への実存論的関わり合いなのだということを告げているのである。ハイデッガーにとって「世界」という言葉の原初的な意味は、人がその内へ道具の使用者として巻き込まれるということ（配視的配慮）だったのが思い出される。したがって、世界を歴史的に意義あるものとして描き出すのは、世界の内にそなわった道具の使用なのである。もはやなくなってしまったもの――あのもはや存在しない「世界」――とは、パイプへの配視的配慮（つまり、くつろぎの道具としてパイプを使うこと）という形をとったリンカーンの世界内存在のことなのである。ただし、パイプそれ自体はまだ現存している。したがって、存在者はただそれだけで「歴史的」であるのではなく、それらの存在者が実存的に関わり合った「諸世界」が歴史的なのである。しかしながらこうした意味での「諸世界」は現存在の実存論的カテゴリーであって、したがって現存在のみが歴史的である。歴史的なのは、現存在の世界内存在なのである。

歴史的に重要な道具というもののこの分析が実に美事なのは、それが実存論的意味に関するハイデッガーの説全体を雄弁にうきぼりにしているからである。これは確かに、リンカーンのパイプが「歴史的価値」をもっていると考えられるのは、それを使った者がエイブラハム・リンカーンだからだ、という普通の言い方に抵触するものではない。しかしながらそういう言い方の中で我々は、「歴史的」という言葉の意味は、現存在の世界内存在にかかわっているのだ、という自分の判断を、おのずから、あらわにしているのである。リンカーンを歴史的に重要なものとしているのは、彼の誕生から死への彼自身の延び拡がりであり、いまだに現存する彼のパイプに歴史的重要性を与えているのは、その延び拡がりの間に彼がそれを使っていたということなのである。また、ピラミッドの暗き廻廊をへめぐれば心は古《いにし》えの歴史へと飛びたつが、それもただピラミッドがそこに存在しているがゆえなのではなくて、ピラミッドが古代のエジプト人達の日常生活における「世界」の一部をなしていたがゆえなのである。

それでは、歴史とは何についての歴史なのであろうか？　それは、その人達の誕生と死との間の拡がりが過去の意義を造り上げているような現存在の世界についてである。一言で言えば、歴史が様々な現存在の、それぞれの世界内存在における歴史性についての歴史であるばかりでなく、逆に歴史の根拠をつくり上げているものがそれぞれの現存在の歴史性でもあるのである。

歴史性の機構〔第七四節〕

さきに、現存在の歴史性を与えているのはその世界内存在であることを述べた。しかしもちろん、世界内存在ならどんな形のものでも歴史的に重要性をもつというわけではない。世界内存在の特に歴史的なあり方の根本機構が明らかにされなくてはならない。リンカーンのパイプが、たとえばリンカーンの床屋のパイプよりも歴史的に意味があるというのは、どういうことによるのだろうか？　また、ゲティスバーグの演説の書かれた古い紙の方が、リンカーンの洗濯物の勘定書よりも歴史的に重要なのはどうしてだろうか？　これを見ても、どんな形の世界内存在でも歴史性の基盤になるというものでないことはたしかである。

ハイデッガーによれば、本来的歴史性を可能にしているのは運命と遺産と宿命とである。ここで「本来的」という言葉がさしはさまれているのは、意味のないつけ足しではない。もしも歴史の本質が現存在の実存であるならば、当然本来性ということが問題となってくる。我々は非本来的現存在の歴史性にかかずりあうべきではない。というのは、それは自己自身のものならざる歴史性であり、したがって全く歴史的に意義のないものとなってしまうからである。そうではなくて、人はいかに本来的に、一個の歴史的意義のある現存在として存在しうるかということを解釈し、明らかにしなければならない。

ハイデッガーは歴史性を基礎づけるものとして三つのことを上げているが、それは「遺産」、「運命」、「宿命」である。あいにくハイデッガーはこれらの言葉を特にはっきりと定義してはいないのであるが、彼が実際にこれらの言葉を使っているその使用をよく見てみれば、彼の言おうとするところを大体つかむことは可能である。自己の「遺産」とは何かと言えば、自己のひきつぐ伝統を、自己が世界内存在としてその「内に」居る「世界」をつくり上げている重要なものとして実存論的に自覚することと言えよう。ハイデッガーは自己の遺産を、自己が被投性の内において「たち帰る」ところのもの、という言い方をしている。そしてそれは本来的な「たち帰り」であるから、決意性と責めを負うという性格をもつものでなければならないのである。

ここで言われているのは、およそ次のようなことである。自己の遺産とは、自己自身の了解に直接かかわるような過去の出来事についての様々な物語や解釈を理解することによって成り立っていると思われる。例えば、初期のアメリカの家族の一人一人は、アメリカ独立戦争や、そこで示されたアメリカ魂といったものを自分自身の個人的に大切なことの一つとして見ていたであろう。しかし、自分の祖先が実際にこれこれの活動にたずさわっていたと知ることばかりが遺産をつくり上げているのではない。その歴史にともなう栄誉と責めとを共に雄々しく引き受けることこそが遺産をつくり上げるのである。現存在が決意してあるのは、自己の伝統や家族の歴史を単に知ることによってではなく、その歴史の形成につぎ込まれた人間の決意のもつ価値、判断、弱さ、強さ、誇りなどといったものの意義に自由に自己を賭すことによってなのである。ハイデッガーの語っていることの要点は、自己の遺産がこのような決意的な仕方で実存論的に悟られないかぎり、本来的歴史性は不可能であるということだと言えよう。自己の遺産の内における自己の位置を受け入れているかどうかは極めて不確かで明らかにしにくいという事実はあるが、それがその本来性をうすめるものでは少しもない。したがってたとえば、D・A・R・（訳注　独立戦争当時に結成された婦人愛国団体）のメンバーと言えども、実存論的な意味では「アメリカの息子」としての自分の役割を正しく真正直に受け取っているみなし子ほどには「遺産」を有していないと言えるのである。

一方「運命」という言葉は、ハイデッガーにおいては自己の有限性の自覚という意味で使われているようである。現存在の歴史性の三つの特色の内で、運命はもっとも重要である、というのも、時間的な存在者としての現存在をさらけ出すのが運命だからである。では、自己の運命とは有限性の自覚の意味であるというのはどういうことなのであろうか？ここで、「運命」という言葉が「ギリシャ的な」意味で使われているなどと考えないようにしなければならない。つまり、神によってしくまれた出来事に自己の実存が次々と出くわしてゆく、あらかじめ定められた道という風に考えてはならない。運命とは、自己の有限なる可能性のことであり、またそれらの可能性の流れの内においてなされる自己の選択や決定の意義のことである。このように、自己が運命的であるのは、自己の可能性のただ中における自己の決意性のゆえである。たとえばシーザーがルビコン川を渡ったとき、その行為を運命的なものに、したがって歴史的に重要なものにしたのは、渡るにあたっての彼の決意性であった。そしてそのように行為することのシーザーの決意が我々にも意義をもつのは、我々自身にもまた本来的——すなわち決意的——歴史性が可能であるからに他ならない。このことから当然、決断力のない人間（非本来的な人間）は運命をもつことができず、したがって歴史性をもつこともできないということになる。

最後の「宿命」は、或る国民とか国家とかについてのみ言われる言葉である。これは、たとえば「一国の運命」などと言われるような意味で、全国民的レヴェルにおしひろげられた一種の運命である。それをハイデッガーは「一国の宿命」という言い方をするのである。「遺産」や「運命」と同じく、「宿命」は本来的歴史的実存の特色であって、これなしには歴史性はなりたちえない。これは現存在の他者との共存在に基づいており、人は自己の属する集団・国家・国民・宗教が歴史の流れの内であらわす宿命を自覚しなければならないのである。あいにくとハイデッガーはこの言葉がどのように適用されうるかを敷衍していないので、どの程度に広く、あるいは狭く、この言葉をあてはめてよいのかが明らかでない。したがって人類全体の「宿命」という言い方をしてよいのかどうかは疑問のままである。

歴史性の実存論的基盤について語るに際してハイデッガーは、右に述べたこれら三つをひっくるめて「運命」と一言で呼んでいるようである。この広い意味での運命は、「無力なる優れた力」と言われる。それが「無力」であるのは、人間の有限性を変えることのできないものだからである。しかしそれは、それ自身を、死と責との可能性にむけて決意して居る、したがって自由であるものとしてみずからを確立するがゆえに「優れた力」なのである。こうした自己の運命―遺産―宿命という観点からのみ自己の世界内存在の意義を充分に悟ることが可能であり、それを悟ることによってのみ人は本来的歴史性に到達することができるのである。

さて、運命を歴史性の基盤として実存論的に描き出したあと、ハイデッガーの次の仕事は運命それ自体が現存在の時間性に基づいているのを示すことである。ここまでのところで運命が扱われてきた仕方にしたがえば、このような問題はさほど難しいものではない。現存在の運命、すなわちその歴史性は、その実存の脱自的基盤によってのみ可能である。つまり、現存在がおのれ自身の可能性に開かれて自由であるがゆえに、現存在は本質的に未来的なのである。そして本来的未来において現存在は死の可能性を自覚することになる。同時にそれによって、誕生と死との間に延びひろがる自分の「生涯」を見つめる最終的視点をうるのである。また、在ったものとして、現存在は自らの遺産をも自覚するが、その自覚が過去をもつということに意義を与えるのである。未来と過去とは本来的現在（瞬視）を作り上げている行為や状況にとっても意味をもつ。したがって自己の運命は現在における決定や行為とも本質的に結びつけられているのである。このようにして、運命は人を「時代的」にしている。運命に基づいた人の歴史性は、人を「時代の子」たらしめるのと同時に、「時代を越えた子」たらしめるのである。

ハイデッガーの運命の分析の真骨頂は、運命が時間性に基づいていることを示そうとしたことにあるのではない。そんなことならばすべての実存論的カテゴリーにあてはまるのである。そうではなくて、ここで大切なのは、歴史にとってもっとも重要な脱自態が未来だということである。(少なくとも歴史性が本来的たらんとすれば、そうでなくてはならない。) 本来的歴史性は現存在の未来とのかかわりにおいて意義をもつのであるが、それは現存在が自己の可能性へと投企する時、それを自己の遺産と運命のかかわりにおいてするからである。この行為(これが自己の本来的現在を成す)と可能性への投企(これが自己の本来的未来を成す)とは共に歴史的に重要なのである。そしてこのことは、歴史とは死んだ過去ではなくて生きた現存在の特色であることを語っているのである。

前の方の節で、過去的脱自態における本来的了解の様態は反復であることが指摘された。歴史性は可能性の本来的反復であり、それも以前にあったことへただ単に隷属するのではなく、過去の状況に意義を与えた決断と責めとを分かちもつという仕方での反復なのである。したがって、「生きている過去」などと言ったからとて未来を否定することにはならない。むしろ、未来が本当に自己自身のものとなるのは、このような仕方で未来を把えることによってなのである。そして先にも見たように、「自己自身であること」こそが「本来的」なことである。人は運命的に、遺産からのみ真に可能性の意義をつかみうる。遺産なしには、可能性をつかんだにしても、それは自己自身のものとはならないのである。

歴史性と世界史〔第七五節〕

この節におけるハイデッガーの探求は次のような問いへと導かれてゆく。「なぜ歴史を単なる現実的事件の連続にもとづいて築くことが不可能なのか？　なぜ歴史を遺産・運命・宿命といった実存論的概念に基づけることが必要なのか？」これに対するハイデッガーの答えは、歴史は、諸事実がどのような連続の内にいかにつながり合っていようとも、そうした諸事実に関するものではなくて、決意的現存在が内に居るその「世界」についてのものである、ということである。「世界史」という言葉で、ハイデッガーは、たとえば「ドイツ史」や「ロシア革命史」に対するところの、全人類の歴史研究のことを言っているのではない。ハイデッガーの言う意味においては、ロシア革命史も、人類の歴史における主要事件をいささか寄せ集め的に叙述したものなどと比べては、よほど立派な「世界史」の見本と言えるので、それもそうした寄せ集め的世界史では、個々の国家や国民の

「宿命」や「運命」が看過されてしまうからなのである。

この場合のハイデッガーの問いについては、さらに次のようなことを問題にすることができる。——歴史を一連の事実として説明することはできないというのはなぜか？　もしもそのような歴史観を考えてみるとすると、それら異質の事実の統一を説明することはどのようにして可能であろうか？　自己ひとりの経験をとってみても、その多様雑多な経験のただ中にあって、それに統一の原理を与えているものは何であろうか？　主観（エゴ）がこの統一を与えているのであって、したがって主観は歴史的なのだと言うことができるだろうか？　ハイデッガーは主観は歴史的でないが世界は歴史的であると言う。彼がこのように語る理由は何であろうか？

経験の流れの統一を、主観とか霊魂とかエゴとかいうものをおくことによって確立しようとすれば、まず我々は、いかにして主観が客観と関わるかを説明しておかなければならない。すでに見た通り、主観—客観関係は、その内において主観と客観とが互いに関係をむすびうるような一つの世界を前提している。孤立した裸の主観などといったものはないのであって、それはちょうど単純なただの「事実」などというものが存在しないのと同じことである。「知る主観」も「知られる事実」も共に、すでに存在している意義をもった世界の内にあるのである。したがって、第一義的に歴史的であるのは主観でも客観でもなく、そういう主観—客観関係を可能ならしめている意味的背景である。そしてこの「背景」が「世界」と呼ばれるのである。つまり歴史が歴史化するのは、世界‐内‐存在についてなのである。

歴史化されるのが世界‐内‐存在ということであれば、現在、存在している現存在と、もはや存在していない出来事と、他の現存在との間の関係が重要なものとなる。『存在と時間』においては「世界の内に在ること」の意味が、決意的可能性との関わりから詳細に分析され、描写されている。それによれば、我々の遺産・運命・宿命における自由や決意性やさらには不安さえもが、我々自身の現在の了解との関わりにおいて、実存論的に意味あるものとなるのである。たとえば私自身の現在の決意性が私の遺産とのつながりにおいて意味をもちうるのは、私が決意性というものを『決意』という『行為』が続いている間だけ現実的な『体験』(注1)などと決めつけてしまわないかぎりにおいてである。決意性はむしろ可能性とのかかわりにおいて重要なのであって、私が歴史的であるかぎりにおいてこの決意性は私の遺産と私の運命にあてはめることができるのである。歴史を事実から成り立つものなどと見なすのは、おのれの頽落と非本来性とによるものである。可能性を無視し、事実の安全性のみを捜し求めるのが「世人」の主だった特色である。非本来的な歴史観、つまり歴史を最早なき「事実」の連続とみなす「世人」の見方は、原理的に言って意味をもちえないのである。たしかに、事実は知識となりうる。また最早なき過去についての事実を科学的に分析することができるのもたしかである。しかしそれは歴史というものではない。歴史は意味のあるものでなければならないのである。

（注1）『存在と時間』（下三三八頁）。

歴史的探求はどのようにして果されるか〔第七六節〕

「歴史学」とは、歴史的探求を現実的に主題化すること、すなわち歴史を探求する学問のことを言っている。ここでハイデッガーが論じているのは、まさに歴史的探求の活動そのものが、人が歴史性を有するがゆえにのみ可能である、ということである。歴史、または歴史哲学を学ぶ者にとっては、歴史がいかにして可能であるかという問題はおなじみのものである。その問題で問われているのはどういうことかと言えば、歴史的探求とか主題化とかいったものがあるということは認めたとして、歴史の学が可能であるためのア・プリオリな前提は何か、またそのカテゴリーは何か、ということである。

ところが歴史化の問題は特別な難点をかかえこんでいる。「事実」は過去の内にあり、それらは最早ない。したがって我々は次のように問わなければならないことになるのである。歴史的実証によって、すべての形の人間活動にあてはまる普遍的法則を発見しうるであろうか？　また、我々は人間が過去において為したことの分析によって未来を予言しうるであろうか？　あるいは、歴史というものは単独的な出来事から成り立っているのであって、出来事はたった一度しか起らない、すなわち一回的（einmalige）なものなのだろうか？（マッケリーとロビンソンはこれを「ただ一度きりの once-for-all」と訳している。）

こうした問題に答えてハイデッガーは、それらがまさに見当はずれな問いであることを示している。というのは、そうした問題が意味をもつのは、かりに歴史が現実的事実を探究するものだとしての話にすぎないからである。そうでなければ、歴史的事実のうらに「隠れた法則」があるかどうかという問題などは無意味となる。ところがハイデッガーは、歴史とは「可能的なものの静かな力」を研究するものだと言っているのである。歴史が事実を研究するものだということが言えるとすれば、それは歴史が運命、宿命、遺産という「事実」を研究するという意味でのみ言える。言いかえれば、歴史化するとは実存を自覚することなのである。歴史化が他の形の実存論的問いと異なっているのは、ただ歴史は人間存在に「在ったもの」としてかかわっているという点によってだけである。だからといって、それは歴史が過去の（もはやない）出来事のみに関わるということでは決してなくて、それは運命的なものとして自己が実存することの内に含まれている可能性（その意義は現在のものであり、また未来のものである）に関わるのである。

したがって、歴史を判定する基準は科学技術の基準とは違う。（実際、いかなる学問の基準も技術の基準とは一致しないものである。）歴史は、統計的抽象による「普遍的法則」にも、単なる一回的な（ただ一度きりの）出来事の年代記にも興味を持たない。また一方では、ハイデッガーは観念論者達のとなえる、「歴史主義」という名で知られる歴史観をも反駁する――つまり、歴史は「精神の物語」であり「時の内における理性の物語」であるというかの歴史観である。これは歴史の形而上学的見解であって、その主張するところによれば、実証主義者達の、歴史は科学的方法を単純に適用しただけで達成されうるという考え方は否定される。たしかにその点に関してはハイデッガーもこの見解をとるであろうが、しかし全体としてはハイデッガーは歴史主義を排する。なぜならば、この見解では、いかにして歴史が意義を持つかということの実存論的基盤が説明されないからである。

ためしに次のような問いを考えてみよう。「「完全な歴史」とはどんなものと考えたらよいのだろうか？」たとえば、非常に技術が進んで、監視衛星が地球上に起ったあらゆる出来事を記録することができ、しかもそれを正確に、万遍なくできるようになったと想像してみよう。もしそのような記録がフィルムに収められて、将来の人々がそのフィルムを見ることになったとしたならば、それが「完全な」歴史の方法というものであろうか？　もしそうだとするならば、歴史というものは単独的な出来事をただ年代順につらねただけのものであって、外からの無差別的な観察でこと足りるということになる。しかしそんな方法が必ずしも「歴史的」なものでないということは誰にでもはっきりと解ることである。なぜならば、繰り返しになるが、出来事を歴史的なものとするのは、その現実に起った出来事の単なる事実ではなく、人間存在の一部としてのその意義だからである。同じような次第で、すべての事実や統計的パターンのよせ集めは、それがいかに正確になされており洗練されていても、またいかに「歴史法則」にのっとっていようとも、それだけで「完全」な歴史の方法をなすものではない。もしも正確に検証された一連の法則(たとえば、「ある共同体の社会的状態が、これ以上我慢ならないという時点に達すると、常に必ず社会的基準の革命がおこる」)というものが可能であったとしても、——たしかにそうした法則が一般的に言って不可能であるというア・プリオリな理由はどこにもない——それでもやはり、そうした法則を研究しただけで歴史の意味が解ると言うのはためらわれるし、またそれが歴史において最も重要なものを形造っていると言うこともはばかられるのである。

歴史は実存論的に意義があるのでなければならない。そうでなければ、人がそれに関心をよせるということがありえない。ハイデッガーの本来的運命、遺産、宿命に基づいた、実存論的歴史性の記述は、なぜ、そしていかにして歴史学が可能であるかの存在論的基盤を与えるものなのである。ハイデッガーの分析においてはおなじみのことながらここでもまた、現実的なものではなく可能的なものを強調しているところが重要である。現実的なものは知られうるものであるが、可能的なものは意義あるものである。したがって、過去はもはや現実的ではないものなので、それがそもそも我々に近付きうるものとなるためには、それは意義をもった可能的なものとして見られなければならないのである。つまり、もしそれが本来的たろうとするならば、我々自身の可能性として見られなければならないということである。しかし、過去が我々自身の可能性となるのは、それが我々の遺産、我々の運命、我々の宿命に根ざしているかぎりにおいてなのである。

ディルタイとヨルク〔第七七節〕

ハイデッガーは歴史性の考察を終えるにあたって、歴史というものへの彼自身の洞察は、ヴィルヘルム・ディルタイとヨルク伯の二人に負うところが大であり、この二人においては不充分な形ながら彼の思想の萌芽が見られると語っている。英語圏の人々にとってはヨルクよりはディルタイの方がまだしも知られてはいるが、二人ともさほどの反響をよんだことがなく、ディルタイの主著のほとんどがいまだに英訳されていない。ディルタイは広い意味では一種のカント派歴史哲学者として知られており、その「生の哲学 Lebens-philosophie」という視点から、歴史がいかにして可能であるかを示そうと試みた人である。ヨルク伯は彼の友人であり、彼はこの人とよく手紙のやりとりをしては自分の歴史観を論じたものであった。しかしいずれにしても、この節がハイデッガーの歴史観にとって深刻な影響をもっているというものではない。

先ほど私はこの章を始めるにあたって、リー・エヴァンズが黒人運動選手の運命と宿命を象徴しているという話をした。我々は、このような話こそが真に歴史的なものであって、単に出来事を年代順に書きつらねたものなどは歴史的ではないことを見た。しかしさらに重要なことは、本来的自己、本来的実存にとって、自分の歴史的自己が本質的なものであることが明らかになったということである。このようにして、現存在の歴史性を語ることは、実存論的分析論に単なる一つの面白い「つけ足し」をするといったことではない。それは、実存の存在論的基盤をさぐるための必要不可欠な一段階なのである。

ここで一つ、ハイデッガーの歴史論をつきつめてゆくと、ハイデッガー自身も語っていない、しかし充分に考察の値打のある面白い結論が出てくる。それは、もし歴史が本当に自己の運命や宿命に基づいているならば、歴史は絶えず解釈し直されなければならない、ということである。それも、単に各世代が新しい視点をひらくからというにとどまらず、まさに各個人が、自己の運命やおのれの国民的宿命を自分独自の新しい視点から理解してゆくからなのである。したがって、歴史的視点というものは、ある一つの時代、集団、さらには一人の偉人の内においてもっとも重要なものとして立ち出でる人間存在の相貌（アスペクト）に合わせて変えてゆかなければならないのである。

時間性と時間〔第七八節―第八三節〕

『存在と時間』の最終章は変ったことをテーマにしている、時間が時間的であることを明らかにするというのである。一寸読んだだけでは、これはいささか屋上屋を重ねるの類と見えるが、ここではっきりと心に留めておかなければならないのは「時間」と「時間性」という二つの言葉の区別である。今までのところでは我々はこの二つの違いをそれとして問題にはしないできたのだが、両者ははっきりと異なっているのである。実際私達は何となく漠然と、二つの言葉は少なくとも同じ種属の言葉のように扱ってきたのであるが、この節にいたってハイデッガーはこの二語の間の確然たる相異を鋭く浮かび上らせるのである。そして彼がそうするのは、非常に重要と思われる存在論的考察のためである。時間が時間的であるということはそのままで全く明白なことのようにも見えるが、その「明白さ」こそが誤りのもとなのである。

まず第一に、ハイデッガーの言葉の使い方によれば、「時間」は世界のこと、世界の内の事物のこと、あるいはさらに主観と客観的対象物との関係のことをも指している。これに対して「時間性」とは現存在の実存のことである。そして時間的なものとしての現存在が時間を「創造」し、時間を「見る」のである。したがって時間は時間性に基づいており、決してその逆ではない。ハイデッガーはつねに、実存論的、存在論的視点が形而上学的、さらには人間学的観方に優先するということが本質的なことであると主張している。しかし時間の場合には、一般的な解釈があまりにももっともらしく誤りをさそうので、たしかに時間は現存在の時間性から由来するのだということを示すことが、この著作の一大テーマともなっているのである。

この章は本質的には解りやすい章である。したがって節を追った解説だけにとどめてくわしい説明ははぶくこととする。

問題となること〔第七八節〕

考えてみると、時間性を人間存在の基礎として語るにしても、歴史の究極の説明原理として語るにしても、それはいずれも普通に人が理解する「時間」と結びつくようには思えないであろう。ふつうよく「時間をくう take time」（時間はくえるものなのだろうか？）とか「時間を持つ」とか「持たない」とか（それでは時間とは所有することのできる「実体」なのだろうか）と言う。それどころか事物が「時の内に」あるというようなことすら言われる。こうした使い方は、時間的なものとしての人間存在の根本的体制からいかにしてあらわれるのだろうか？　時間性と区別された「時間」は「主観的」なものなのだろうか、「客観的」なものなのだろうか？　一言で言って、時間とはどんな性格と構造をもったものなのだろうか？　ハイデッガーは、この問題に別の形をとった同じ問いから焦点をあてている。つまりそれは、「実存論的時間性」と我々が普通「時間」と呼ぶ、この良く解っていないものとの関係は何か？　という問いである。こうした問いに対してハイデッガーは以下の節で、実存論的分析論とのかかわりから答えている。

時間性と時間への配慮〔第七九節〕

人がふつうに時間に「かかわり合う」仕方というものは、自己の時間性に基づいている。さきの考察でみた通り、世界は我々に孤立した「対象物」として現われるのではなく、世界‐内‐存在としての我々自身の実存のいわば証明として現われるのである。我々と世界との一番最初の関係――すなわち道具的存在の配視的配慮においては、我々は世界の道具的構造を予期、保存、行為というかたちで用いる。

まず予期は、世界‐内‐存在の一つの実存論的様態として、「そうしたらその時」という簡単な時間的用語であらわされるような展望を与える。(たとえば、私が手紙の返事を待っているというような時には、私はまだ至らざるその時――手紙の返事が現実に来た時――のことを思いうかべながら予期しているわけである。)

保持は、世界‐内‐存在の実存論的様態として、「かつてある時」または「……前」(たとえば三日前)という時間をあらわす言葉で現わされる展望を与える。(私が蝸牛料理の味わいを保持している(覚えている)という時には、私は数週間前、私が現実にフランス料理屋で食事した時のことを思いうかべながらそうしているのである。)

行為は、世界‐内‐存在の実存論的様態として、「今」という時間的用語によってあらわされる展望を与える。(私が現在進行中である行為を意識するときには、それは何か「今この瞬間に」おこっていることとして気付かれる。)

したがって、保持・予期・行為から、……前(または「かつてあの時に」)、そうしたらその時、今、という原初的時間言表を見出すことができるわけである。こうした時間的差異は、決してあてずっぽうによせ集めた偶然的な性格ではない。それは、人が道具存在的様態において自分の世界と直接にかかわるその本質的な仕方に属しているのである。そしてこの実存論的カテゴリーの構造が日付可能性と呼ばれる。「今」「その時には」「かって」といった原初的な時間の言葉は、配視的配慮の本質的な意味の一つなのである。しかし、それはどこから来たのだろうか？　「その時」「今」「かつて」といったものは、実体的事物、事物的存在なのだろうか？　もちろん違う。それでは、そうした言葉についてはどう考えたら良いのだろうか？

　こうした時間的な概念によって我々は日付を打つことができ、ひいてはまたそもそも意味のある行為をするということがこうした概念によって可能なのであるが、それが予期、保持、行為という様態に由来していることを示すことで、ハイデッガーは次のような解答をしているわけである。つまり、時間的な言葉は我々の実存する仕方に発するのだ、と。日付可能性の要素はどこに由来するのか？　と尋ねるならば、答は簡単である——我々自身から。まさに「おのれ自身を予期し、保持し、解釈する現前化（注2）」からなのである。このようなわけで、現存在が自分の今、その時、かつて、を受け取るのは、何か外的な源からではなく、自分自身の実存の構造からなのである。現存在の時間性が時の基盤である。そして私が今、その時、かつて、を理解できるのは、私が予期し、保持し、行為しうるからに他ならないのである。

（注2）『存在と時間』（下三八二頁）。

　ハイデッガーは、「同時に一方では」「その間」「の間中」「長もちする」といった時間的な言葉を多数、現象学的に解釈して、こうした基本的な時間的用語はすべて現存在の時間性に基づくものであることを指摘している。これらの言葉についていちいち説明したり論じたりする必要はないので、読者はただ、この節におけるハイデッガーの意図は、単に完璧を期するところにあるのだとだけ心得ておけばよろしい。この節を理解するための急所は、配慮的時間の三様態をそもそも現存在の世界-内-存在に由来するものとする、というそのことなのである。

時間の内部において〔第八〇節〕——配慮の対象としての時間

しかしながら、時間は単に我々の実存の日付可能性としてのみ理解さるべきものではない。ハイデッガーが公共的時間と呼んでいるものがある。公共的時間とは、万人の役に立つ計測された時間のことである。ここでハイデッガーの注目するのは、次のような問いである。「計測されるのは何であるのか? そのような計測はいかにして可能なのか?」哲学の歴史の黎明期にもこの「公共的時間」の性質というものは様々に解釈されていた。エレア派の論客ゼノンは、そのパラドクスを通じて、時間を、「時間体 time stuff」の小単位からなり立っていると考えると内在的な矛盾が生じることを示した。たしかに、ゼノンのパラドクスのもつ意義については、様々の解釈をすることができる。ただ少なくとも、時間が実体的性質をもつことを疑うに足りる根拠を与えたのは彼の功績である。しかし、もしも時間が事物存在的な時間の小単位で出来上っているのではないとしたなら、その性質は一体どのようなものなのだろうか？　ハイデッガーの言うには、人は公共的な時間の「性格」を尋ねるに先立って、まず次のような問いを調べなければならない。「そもそも公共的時間というようなものがあるというのはどういうことなのか？　「公共的時間」はどこに由来するのか？」

　日常活動におけるもっとも原始的な形の意識をとってみても、一般に人の活動には光が要るという事実が、日の出、日の入りを特に重要なものにしていると言える。昼と夜とが、単純な時間構造の第一にして主要なる基礎であったのでは決してない。むしろ、昼と夜とは「労働可能」と「労働不可能」との大切な標識であったにすぎない。つまり、原始的な理解の仕方によれば、日の出とは「さあ起きて働けるぞ――さあ見えるぞ」ということであり、逆に日の入りは「さあもう見えなくて働けない。もう休む時間だ」ということなのである。言いかえれば、日の出、日の入りという最も基本的かつ原始的な時間指標は、人の配視的配慮の一部であると考えられるのである。日の出、日の入りのごとき時間の決定因子が意味をもつのは、私が宇宙を道具として使う、その使い方を背景としてなのである。

　おし拡げて言えば、今の人間も、もはや日の出、日の入りを自分の時間の第一の要素として頼ることはなくなったにしても、やはりいまだに自分の配視的配慮によって時間を理解している。たとえば五時とは仕事が終ることを意味しているのだし、八時とは街角でガールフレンドに会うという意味をもっている、といった具合である。ハイデッガーは日時計のことを論じている。ある測定済みの線の上に影の落ちるのが意味をもつなどということが、一体どうしておこるのだろうか？　時間はその影でもなければ、その線でもなく、その二つの組合わせですらない。線の上の影は、いつも影がそこに落ちる時に行われる活動を表わしているだけなのである。（それが七の上にあるときが食事時だ、というように。）

以上のようなことが公共的時間の実存論的意味である。しかし、公共的時間が次第に精密になり、人が事物の性格について思いめぐらしたりもするようになってくると、時間というものがいつも自分につきまとっているのを見たものは、時間とは「それ自体で」何物なのであろうかと考えはじめる。ここに人間の頽落があらわれて、その結果時間の解釈は、測定するものの方を時間理解の鍵とするという風になる。しかしながら、測定するものは事物的存在であり、それは部分部分に分解することができるものだからこそ測定することができるのである。日時計は大まかであり、水晶時計は精密であるが、どちらの機能もある動きを部分に分解して測定するのであることに変りはない。精巧な時計が究極的には星の運行に合わせられているということは、つまり時計というものの概念が、日の出日の入りという原始的な時間測定に負うているということに他ならないのである。
このような、測定するものに基づいた時間の解釈は、時間は、一連の今－瞬間から成り立っているという見解と結びついていくのが避け難い。ちょうど精密時計の秒針が間歇的な動きでカチリ、カチリと進んでゆくように、時間もまた、現実に存在する秒の上を「カチリカチリと進んで」ゆくように見えてくるのである。これはもちろん、ゼノンその人がはっきりと例証してみせた通り、誤った見解である。時間が、それを計る方法の根底にあるのではなく、測定方法の方が公共時間の根底をなしているのである。そして、たとえば私が八時のもつ意義（友人と料理屋でおち合う）から目をそらせて、八時というものの実体的な存在（たしかに八・〇〇と名づけられた瞬間というものはあって、そのあとにはまた八・〇一なる瞬間がつづくのではあるが）があると思う時、まさにその時に自己理解の本質的な非本来性が現われるのである。

しかしながらある意味では、公共時間に対するゼノンの反駁は的を射ていないとも言える。なぜかと言うに、時間を計りうるもの、それも精密に計りうるものとして扱う能力は、人間の意識の真正なる能力だからである。公共時間は、使われるもの（世界内部の道具的存在）として見れば、なるほど瞬間から成り立っていると言える。秒をさらに細かく分けることもできるし、「時間のつみ重ね」というようなこともできる。が、これは大したことはない、というのも、公共時間は道具的存在であり、現存在のために存在しているものだからである。誤りが深刻になるのは、こうした見方の時間的基盤を見失い、公共時間に形而上学的性格をおわせるようになった時である。公共時間は世界内に属している、ということは、世界の意義がある程度は「今」「以前に」「その時になったら」ということによって規定されているということである。しかしながら、もしそうであるとするならば、公共時間の存在論的基盤は何ら形而上学的な性格を持たず、むしろ現存在の時間性である。なぜならば、現存在のみが世界‐内‐存在なのであるのだから。

したがって、公共時間は主観的でも客観的でもない。それが主観的でないと言うのは、それが主観のもつ性格ではなく、言うならば主観が世界の内にあるそのあり方だからである。また、それが客観的でないと言うのは、それが知られる対象のもつ性格ではなく、知ることと以前にあらわれる（この点でカントは正しい）からである。一方、それは主観や客観より以前にあらわれるものでもない。なぜなら「より以前に」ということがすでに時間を前提しているからである。公共時間を正しく説明するとしたらば、それはただ世界‐内‐存在の実存論的性格として説明する他はなく、そしてその世界内存在そのものが、主観、客観の区別の基盤なのである。

この説におけるハイデッガーのねらいは、時間が時間的であることを示すことにある。それはおかしなねらいのように見えるかも知れないが、それによってこの時間解釈は、客観的形而上学的現実性という滑稽なことにもならず、また、直観の持つ単純でア・プリオリな認識形式という無意味なことにもならずに済んだのである。時の基《もとい》は現存在の時間性なのである。

普遍的時間〔第八一節〕

ここでハイデッガーは、普遍的概念となった時間が本質的に非本質的であることを描いている。彼の分析によれば、「普遍的な」時間をみとめる見解が非本来的なものである理由は三つある。㈠、日付可能性を欠いていること。㈡、意義を欠いていること。㈢、無限なものとして、すなわち、今‐時点の終りなきつらなりとして見られていること。の三点がそれである。

普遍的時間、すなわち、「時計による」時間、は「今」の連なりで成り立っているものとして見られており、そこではそれぞれの瞬間は持続の線に沿って現実に存在する独立の点として考えられている。ハイデッガーはここで、時とは何ぞやということについての既存の形而上学的見解を援用しようとしたりしているわけではない。彼はただ、時が通常理解されているその仕方を述べているのである。そして、時間を「今から成り立ったもの」とするようなこうした通常の理解は、単に不正確な時間理解だといったのでは足りない。

それが非本来的な在り方を成り立たしめているということこそ、はるかに重大なのである。

ハイデッガーによれば、普遍的時間は意義をもつこともできなければ、日付をしるすこともできないようなものである。さきに見たように、日付可能性とは、かつて、今に、今、というあの時間的了解のことで、それが我々の世界‐内‐存在の了解を成り立たせているのである。しかし時間を時計の時間として考えるということは、こうした世界‐内‐存在の三つの様態を根拠のないものとしてしまうことである。というのも、普遍的時間の瞬間は、実存論的なものではないからである。同様に、普遍的時間は意義のあるものでもない。意義とは「として‐構造」にあずかることであり、それは単に数えたてられた瞬間には出来ないことだからである。普遍的時間の場合には、意義というものは常に時間の内の出来事につけ加えなければならないようなものなのである。

世界の内に在る、在り方の一つは、みずからの実存を「かつて、今、今に」ということからして理解することである。その結果、時間を理解するにあたってみずから行為に日付を与えるということが時間のひとつの機能であるような具合に了解するようになったのである。しかし、もし私がこの時間を（もともとは日付を与えるために考えられたものであったのだが）、日付可能性を実存論的に充分に説明しない、独立した瞬間で成り立ったものと考えると、こうした考え方そのものがまさに自らの存在論的な出発点をくつがえすことになってしまうのである。意義が時間の本性そのものを成すという代りに、今や意義は時間的な出来事につけ加えられなければならないことになる。時間は、世界‐内‐存在という様態における道具存在的な一つの様態ではなくて、何か事物存在的なものとして取り扱われることになるのである。

しかしそれ以上に、ハイデッガーが普遍的時間の概念に重大な異議をとなえるのは、普遍的時間が無限なものとして見られるということに対してである。もしも時間が点的な今として見られるのならば、精神がそれを考えるときにそれを無限な今の連続と考えるのも無理はない。（このような無限な今の連なりということに何の異論もなかったことの主な理由は、そのような無限系列は、意味とは無関係に考えられているので、有ろうがなかろうが大した違いはないからなのだと言える。もしも時間が実存論的意味から成り立っているとしたならば、それは無限なものではあり得ないのである。）しかし、もしも時間が無限であるのならば、世界もまた、無限なものとして見られるような仕方で理解されることになる（それは、論理的に言ってこうなるというわけではないが、非本来的水準においては、心理学的に言ってこうなるのである）。「世人」の声は――時間がある限り――無限である。ところで時間は無限なのだから、「世人」は死ぬということがない。しかしながら、意義を有する存在者としての私は死ぬことができる。そして、それゆえに無限の時間という考え方は決して私にはあてはまらないのである。

たしかに、非本来的実存は何もはっきりと無限的存在であることを主張しているわけではない。そんな風な言い方をしたのではすぐに誤りとされてしまうであろう。むしろ、非本来的時間は、時間が意味を持たない、したがってそれは終りを持たないという仕方で時間を考えるのである。終りのない時間という概念は、現存在に意義のあるものとして関わることがない。普遍的時間が無限であるかのごとくに扱われているかぎり、現存在が自分の有限性を充分に悟るということは永遠に不可能であり、したがって自分自身を「在りうるもの」として悟ることもない。「永遠の相のもとに」自己や世界といったものの性格を考えるのが正しい仕方なのではなくて、「有限性という様相のもとに」それを考えるべきである。無限なるものの視点は人の手の届かぬものである。そのような視点をとろうとすると、どうしても自己の真の理解を損なってしまう。つまり、自己の死、自己の本質的有限性のもつ充分な意味を見失ってしまうのである。

したがって、普遍的時間に関するハイデッガーの解釈は、実存論的分析論のはじめの方の節で示された見解にたち戻って、これを支持するものである。すべての論議に一貫して言えることは、本来的実存と非本来的実存の差は、時間を正しく理解するかしないかにかかっていると考えられているということである。時間の有限性を見誤るのが非本来性の特色である。本来的なものは有限でなければならぬ。本来的実存とは、非存在の可能性に気付くことであり、自己の有限性に気付くことである。在るとは時の内に在ることである。(Sein とは、Zeit の内に在ることなのである。)

ヘーゲルの時間について〔第八二節〕

時間を実存論的に意義あるものとするハイデッガーの時間解釈は、精神を時間的なものと解するヘーゲルの解釈と一種の相似を持つように思われよう。しかしながらこの類似は広範にわたったものではなくて、ハイデッガーは第八二節において、自分の時間論はヘーゲルのものと同じではないことを綿密に明らかにしている。しかし彼も、ヘーゲルとの間にある種の重要な類似があって、それが通常認められている以上に深い二人の共通点を示していることは認めているのである。

ハイデッガーの見解によれば、ヘーゲルは「普遍的時間」のもっとも大胆にしてかつ進んだ理論家である。ヘーゲルは時間を「否定の否定」として形而上学的に根拠づけ、それを彼の弁証法的方法の重要な部分としている。そのようなものとして、時間は精神と同じ構造形式をもつことになる。精神もまた否定の否定であり、非我を把握し、したがって克服して統一となすものなのである。このようにしてヘーゲルは、時間と精神は形式を同じくするゆえに歴史は精神の展開であると論じるのである。

ハイデッガーは、ヘーゲルが精神と時間の親密な関係を理解していたことに感銘をうけて、ヘーゲルの論議をある程度までは自分自身の考を支持するものとして受け入れているようである。しかしながらハイデッガーは自分の時間論とヘーゲルのそれを同一視しているわけではない。彼は、実存論的分析論はヘーゲルの弁証法的分析よりも優れていると主張しているのである。実存論的分析論はすでに時間の内に「精神の頽落していること」から始まっていて、ヘーゲルのように精神（現存在）が時の内に陥ちると言うのとは違い、現存在はすでに時の内なる存在者として存在していると説くのである。

しかしこの節の眼目は、ハイデッガーがヘーゲル説の欠陥をあばいたということにあるよりは、哲学史上人間存在を時間性と見る見方の先人が居るということにある。カントの場合と同じく、ハイデッガーが哲学史を扱う仕方には二通りある。彼は、自分自身の思想のこやしとなるものは積極的に取り入れ、存在論的でないような見解は受け入れ難いものとして拒否するのである。

基礎的存在論〔第八三節〕

この、まことに短い節をもってハイデッガーは既刊の『存在と時間』を終える。しかしその短かさにもかかわらず、この節は、これまでに述べられてきたことの真髄に焦点をあてた、内容豊かな節である。また、幸いなことに、まことに明晰に書かれている。これを見ると明らかに、ハイデッガーは既刊の『存在と時間』を、さらに為されるべき著作の準備とみなしている。周知のごとく、計画された著作はついに刊行されなかった。しかしながら、それがもともと意図された完全な形から切り離されたものではあっても、それで既刊の部分の値打がなくなるというものではない。存在の基盤としての時間性の強調、現実に対するものとしての可能性の強調、等々は、人間存在を扱って興味あるものであり、ある時にはすばらしい光彩をはなっているのである。

原文で二頁にも満たないこの最終節には、解説の必要もあるまい。これを本当に評価するためには、ハイデッガーの探究の全体をかえり見なければならない。そして私は、これまでの拙文によって少なくもそれに近いことができたならと願うのである。

しかしそれにしても、ハイデッガーのこの本の締めくくりはやや唐突だと（また、実際その通りなのであるが）感じる読者もいるのではあるまいか。しかも多くの未解決の問題について待たれる最終的結論は出ていないままなのである。読む人はなおも問いたくなることであろう——一体これはどういうことを言っているのか？『存在と時間』を読みおえたとき、次には何が待っているのか？

後記　なぜ実存なのか？

十九世紀後半、哲学者達の間に、人間存在に関する問いへと向う顕著な傾向が見られた。こうした初期の「実存主義者達」の内でおそらく最も注目すべきはゼーレン・キルケゴールとフリードリッヒ・ニーチェの著作であろう。しかし、哲学的機構をこうした方面に使って独特の洞察を見せるのはこれら二人の天才にかぎられたものでないことは、思想史の最近の流れの内に益々はっきりとしてきたのである。二十世紀が明け、ニーチェの死と共に、ますます多くの哲学者達が、死とか罪とか不安とかいった実存論的事項の意味をさぐることに力をそそぐようになっていった。そしてマルチン・ハイデッガーおよびカール・ヤスパースといった哲学者の強烈な影響のもとに、実存の問題への関心はヨーロッパ大陸の思想家達の主要テーマとなったのである。

しかし、近代哲学の認識論的出発から、現代思想の実存論的関心へのこうした移行の事実がはっきりしているにもかかわらず、哲学史を学ぶ者の内、こうした新しい関心の生まれ出た理由を社会学的、心理学的にではなく、哲学的に考えることをよくする者は少ない。人間的価値の問題へのこの「新しい」関心を説明するのによくあるのは、伝統的価値の崩壊、社会的状況の発展、はては伝統的哲学の不毛化を指摘するというやり方である。こうした条件がいくらか関係していることはおそらく本当であろう。しかしそれでもってすっかり充分な答えとするわけにはいかない。新しい価値が古い価値をくつがえさんとしたような時代はかつてもあったけれども、その時には哲学者は実存の問題に目を向けはしなかった。実際、なぜ哲学者がそんなことをしなければならないのであろうか？　宗教家、詩人、芸術家がすればよいのではないか？　第一、古くさい価値をくつがえすのには、実存の哲学の手など借りずともできるのではなかろうか？

なぜ哲学者が実存の考察に目を向けるようになったかという問題については、もっと核心をついた仕方で肉迫するようにしなければならない。人間は太古の昔から実存的な問いに頭を悩ませてきたのであり、このような問いは、この最も不安定で謎めいた人間存在というしくみが始ったその時から、名実ともにまさに哲学の問いに属しているのである。そしてこのような問いがつい最近になってやっと、すべての哲学の底にある基盤であり、焦点であるというような地位を得た理由は、その実存のしくみそれ自体の内から出た問題として説明されなければならない。トマス・アクィナス、デカルト、ライプニッツ、アリストテレスといった人々と言えども、死や意識や罪や自由の問題をかえりみなかったわけでは決してない。しかし一方、そうした問題は、それらの人々の全哲学が根ざす究極的根源をなしているわけではない。ニーチェやハイデッガーが、理性的動物のこのように極度に弱い側面をとらえてそこで全哲学体系の重量をささえることが必要だとしたのは、言ってみれば全く簡単なことなので、その他の原理ではそれができないことを意識したからなのである。

現代の哲学的発展の重要なものはどれもそうであるが実存が哲学の根源であるということの意識も、イマヌエル・カントの内にその原型をさぐることができる。このとてつもなく天才的な哲学者は、その著書『純粋理性批判』において、いかにして科学と数学が可能であるかを分析し、記述している。彼が言うには、それが可能なのは、精神がその多様な能力を発揮して、一方では感覚を通じて直接に理解する能力を用い、一方では悟性の厳密な規則を用いることによるのである。そしてこの目ざましい発見をすると、そこからまたすぐに、カントは全く新しい立場に立つ。そもそも彼がこうした人間精神の働きを発見したのは、どのような位置からだったのであろうか？　彼が科学、数学の機能の批判をなしとげたのは、彼が「ア・プリオリ」と呼ぶその方法を主張することによってであった。しかし、もしそういう視点が科学に使えるのならば、哲学にもそれが使えないものであろうか？　しかしながら、そこでカントはただちに難問に出会う。いかにして科学が可能であるかという彼の説明の内容は、ごく簡単に言ってしまえば、科学的悟性の限界を指摘するということであった。そして、いかにしてその限界を知ることができたかということをつきとめるためには、その限界を越え出ることが必要となる。ところが、確実な科学の安全圏をはなれてそのような未知の問いをさぐるためには、いったいどのような導き、どのような実証、またどのような保証があるというのであろうか？

カントは、科学批判を行なうにあたって、物自体と現象という非常に重要な区別をおいている。数学と自然科学のア・プリオリな性格を明らかにするためには、科学は現象のみに関わるということを言っておく必要があった。我々は我々の見るかぎりのものを見るのであって、必ずしも在るところのものを見るわけではない。科学とは、世界の外貌に我々の秩序を押しつけたものである。物それ自体としての世界は知られないのである。

それならばおそらく、カントの難問に答えようとするならば、哲学者を批判できるのは物自体という視点からであると言えようか。カントによれば、人は物自体をあるがままに知ることはできないが、しかし自分の為さねばならぬこととしてならば理解することができるのである。人間が自分自身を物自体的に理解するのは、道徳的主体としてなのであった。

カントももともとは、道徳的視点からの自己自身の理解ということがその問題の解決であるとしていたようである。しかしカントという人はとどまるところを知らぬ探究者であって、彼の後期の著作を読んでみるとまた考え直させられる。このすばらしい説明にさえも難点があるのである。しかしその難点にもかかわらず、カントは、少なくとも自分の方法が哲学者の視点をすっかり変えたということを知っていた。なぜならば、カントの認論的主張が全部完全に正しかったとしたところで、一つの問いは変らずに彼につきまとっていたのである。「その批判それ自体はいかにして可能なのであるか？」

おそらくこの問題はカント哲学の枠内だけで解決することも可能であろう。おそらく、カントの語っていることを分析し直してみれば、後の学者がカント哲学は立派に解決をたずさえていたのだと言うこともできるようになるであろう。しかしながら重要なことは、この問題を解き明かそうとする悪戦苦闘が哲学史をつらぬいて続けられてきたということである。そして、この苦闘の歴史の内にこそ、新たな哲学者達が誕生したのである。

この問題を解決する試みの内には、実存主義の系譜に直接結びつきはしないものもあった。そうしたものも重要な価値あるものなのであるが、それについては今述べていることはできない。たとえばヘーゲルの果たしたことを言えば、彼は現象と物自体という二元性を否定し、カントの否定した理性的直観を説いたが、これはたしかに哲学史に独自の重要な展開を与えたものであった。ただし、実存主義の系譜の根をさぐるには、もっと他所を見てみなければならないのである。

フリードリッヒ・ニーチェの著作の内にも、我々は哲学の超越論的視点を説明するための一歩を見出すことができる。あらゆる哲学の内でも最も難解でかつ魅力ある書、『ツァラトゥストラはかく語りき』において、ニーチェはこう語っている。超越論的な視野は哲学にとっても、そしてまた実際価値ある人生にとっても必要なものであるが、それは最早、むかしの哲学者達のとったような無限の視野ではあり得ない。なぜならば、「民衆」に殺害されて「神は死んだ」のであるから、と。しかしそれにもかかわらずニーチェは、もっと厳密で用心深い哲学者達を顰蹙させるような劇的手法で、彼の哲学の核心をえぐり出す——超人は無限である、と。「神を殺して」しまったからには、人はもはや神を価値の源泉として、したがって哲学の視点として信じることはできなくなってしまい、また神を「歴史の絶対精神」などという偽装のもとに考えることすらできなくなってしまったのである。しかし、ニーチェは哲学的視点の有限性を主張しながらも、そのことは少しも、かの絶対的でかつ悠久な主張の妨げになっていない。つまり、あの、等しきものの永劫回帰の説である。

したがってニーチェの言わんとするところは、無限が論理的に不可能だということではなく、人間的行為や人間理性の価値や機能の視点から、したがって当然「その他の」視点から無限を形成することはできないということなのであった。超越はやはり必要である。しかしその超え行きは、有限なる人間の視野から神の無限へなのでは決してなくて、人間の有限な視点から、やはり有限ではあるが超越的な超人の視点へなのである。(超人Übermensch はしばしば、overman ではなく superman とも訳される。)

この点に関するニーチェの教えで最も驚くべきは、超人の性格、特質が純粋に理性的なものでもなければ、形而上学的ですらなく、まさに実存論的であることである。ニーチェは超人の「画像」を素描するが、それは理性的であることや賢さという性格をもっているというよりは、大胆、自我性、勇気、貴族的な落ち着きなどといった特性をそなえているのである。ニーチェの究極的な主張はきわめてはっきりとしている。人が超越することができるのは、認識能力や知力によるのではなく、その人の存在する仕方によるのである。ニーチェはこの超克を、「すべての価値の転覆」と称している。つまり、人が新しい価値を生み出すというような仕方で、また自分の歴史と自分の未来の歴史のともどもの重味を毅然として雄々しくひき受けるというような仕方で存在しないかぎり、超越的な視野は得られないのである。

ニーチェは、その世紀も終り近くなった晩年、狂気に陥った。また彼の非正統的な手法というもののせいで、多くの哲学者にうさん臭く思われてきた。そしてまたナチスが彼の教えを悪用したことで、良識ある公衆はますます彼をうとんじる結果となった。しかしながら多くの者にとっては、ニーチェが超克のために必要だと断言した実際の諸価値がそれほど大切なのではなくて、彼が超越論的活動を認識の場から実存の場へと移したという事実こそが大切なのである。（また、こう言ったからと言って、実存論的なものがやはり合理性の一形式であるということを否定するものではない。）

ひとたびニーチェがいかにして超越が可能であるかという大胆な所説、すなわち超人によってなしとげられる、すべての価値の転覆を通じて可能であるということ――を表わすや、何人かのすぐれた哲学者達はカントをかえりみて、おそらくこの偉大なるプロシャの哲人の心にあったのも何かそういったことだったのではあるまいかと気付き始めた。カントは結局のところ超越論的視点と人間の自由とを同一視していたのである。それでは、哲学者の内でも最も厳密で形式を重んずるこのカントの内に、実存論的基盤があったということなのであろうか？　そして、この視点は頼りになるものなのであろうか？

マルティン・ハイデッガーは、『純粋理性批判』におけるカントの究極的な位置は、宇宙論、心理論、認識論といった形而上学的な問題に超越論的基盤を置くことであったと力説した。このハイデッガーの解釈は、単に鬼面人を驚かすというだけのものではない。ここには彼自身の哲学的位置が反映されているのである。ハイデッガーによれば、すべての超越の源は自己の自由の内にある。実際、ハイデッガーは超越とは自由である（『根拠の本質について』）と言っているのである。

そしてこの真理に関しては、ハイデッガーはただカント解釈の場のみにとどまろうとはしない。彼はニーチェの発見をもとり上げて、自由と超越の基盤は人間理性、純粋に認識的な、計測的機能の内にあるのではなく、人間の存在するその仕方にあるのだと論じている。それだからまた彼は、本来的実存を描写するのに「正確さ」「確信」といった純粋に論理的、認識論的な言葉を使わずに、「先駆的決意性」などといった言葉を使うのである。

こうしてみると、ハイデッガーも、ニーチェも、そしておそらくはカントさえもが、単なる興味だけから実存論的な問題に目を向けたのではない。それは、どんな哲学的立場にも必要な要素である、あのいかにして超越は正しく説明されうるかという問題の解決が、この実存論的問題の内にしかなかったからなのである。

論理学や科学の枠組みに慣らされてしまった者にとっては、ハイデッガーの先駆的決意性だとかニーチェの言う創造だとか言った実存論的観念がいやしくも真理にかかわるなどと語ることは、全く情趣的であり、無意味ですらあると思えるかも知れない。(実際ニーチェなどは、もしそんな反論をうけたならば、すぐさま「真理」を創造よりも低い位置に蹴落とすにやぶさかでなかったことであろう。)しかし、科学者に強要される観察者的「中立」も、実存の一様態であるという点では、ハイデッガーやニーチェの言う本来的実存の性格と少しも変わりがないのである。つまり、ニーチェ以来明らかになったことであるが、何らかの「真理」が発見されるに先立って、ある基本的な自覚の態度というものが必要なのだと言えよう。

問題を整理してみるとこういう風に言える。「何事かを理解するためには、何らかの実存論的性格を持っていることが必要だということについて、それをありえぬこととすべき論理的理由がなにかあるだろうか?」考えてみれば我々は、認識論者達の固執する科学を理解するのに必要な中立性、「客観性」、厳密さなどといった実存論的性格をあっさりと受け入れている。また一方では、ある情況を理解するためには何らかの感情を「感じ」なければならぬと主張する詩人の言をも易々と受け入れている。そうであるとすれば、自己自身の実存の構造を把握するためには決意的であらねばならぬという主張を、なんで嘲ることがあろうか？　自己知の一様態を本当に認識論的に判定しうるのは、実は先駆的決意性なのだ、ということはありえないだろうか？

人間が自己自身を超克し、それによって自己自身を自覚する能力を実存論的な言葉で表現するや否や、精神と物質とを「関係づける」ことの内にあったいくつかのパラドクスはたちまち消えうせてしまう。というのも、その二元論はここではすでに覆されてしまっているのだからである。もっとも非実存論的な知識論では、理性というものを、摩擦のない世界における理想機械のごとき、抽象的世界機能として考えているようなものであり、それでは実際に働くように設計されて鋼や鉄でできた本当の機械にあてはめた時には必ず失敗してしまうのである。「理想機械」の無抵抗な環境が実はすべての機械を働き得なくしてしまうということに気付くのは、まことに賢い人間であると言える。なぜならば、機械が作動しうるのは、もともと抵抗があったればこそなのであるから。

人間がいかにして超越を達成するかというその実存論的様相に注目する際に、こうした実存論的哲学者達は、自説が単に論理的に整合的であるということでは満足しない。人間の超越活動は哲学の専門家に限られたものではないからである。避けて通ったり、のり越えたりする超越の能力というものは、意義のある美しい人生を送ろうとする日々の苦闘の内に必要とされる本質的な要求と考えられるのである。罪とか愛とかいったことの意味を人間的関心のレヴェルにおいて超越と呼ばれるようなものとのかかわりで把握しうるものは、哲学者だけではないのである。

ハイデッガーもニーチェも、人間の状況に対する洞察の深さについては、激烈なる反対者からさえも讃えられている。そしてその洞察は、ほとんどいつでも、一種の超越活動のかたちをとる、たとえば罪というものを、何か悪いことをしてしまった時の感情または心理的圧迫にすぎぬなどと見ることを拒絶するのである。人が新しい洞察に目を開かれた時には罪は人間存在に、超越論的視点が人間意識における生命力であることを教えてくれる。罪を招かれざる重荷とみなして取り除こうと努めたりすれば、その結果、罪を価値として見る人生よりもはるかに望ましからぬ人生を送ることになってしまおう。なぜならば、罪というものがなかったならば人は決して自己自身に責任をとることができず、そしてこの責任というものなくしては、自由だとか創造性だとかいうことの意味もしっかりと把握し得ないからである。

しかし、罪を受容するに至るためには、低次元の快楽、安全、見かけといったものを超越して、現実に存在しているものではなくて可能性の領域の方へと越え出てゆかなければならない。可能性こそは、人間存在を創造者、作り手、価値の転換者として性格づけるものであり、したがって人間を自らのもつ理性にふさわしい者とするものなのである。

したがって哲学は、まるでそれがもともと単に抽象的な関係を扱った理論であって、実在やその他の秩序にあてはめてみることも可能だ、といったかたちで実存に応用されるのではない。それは、真底から実存論的なのである。そのことをすべての発する源となった哲学者の言葉から借りて結びの言葉としよう。

「純粋に思弁的な科学のもっている実践的価値は、その科学の限界をこえたところにある。したがってこれは全くの脚注と考えることができて、すべての脚注がそうであるごとく、科学自体に属しているわけではない。しかしながら、この思弁的科学の実践的適用は哲学の、殊に理性の純粋な源から引出された哲学の範囲の内には含まれるのであって、ここでは、形而上学に科学を思弁的に利用することと道徳にそれを実践的に利用することとは必然的に一致するのである。」

——カント『プロレゴーメナ』——

訳者あとがき

この書物は Michael Gelven : *A Commentary on Heidegger's "Being and Time"* Haper & Row 1970 の全訳である。

原著者のマイケル・ゲルヴェン氏は現在ノーザン・イリノイ大学哲学科の主任教授。『真理と実存（*Truth and Existence*, 1990）』『精神と実存（*Spirit and Existence*, 1990）』『戦争と実存（*War and Existence*, 1994）』の三部作の他にカント及びニーチェの研究、哲学的自我論、文芸評論など多彩な仕事を展開している。本書の初版が公刊されたのは一九七〇年であるから三十年も前のことになる。我が国に紹介されてから数えても二十年以上が経過している。この書物に関連してその間に生じたもっとも大きな出来事といえば、もちろんハイデッガー自身の死と百巻をも超えようかというその全著述の刊行であろう。原著の序文にもあるように、一九七〇年当時、英語圏へのハイデッガー哲学の紹介はまだまだ不充分でマッケリーとロビンソンによる英訳『存在と時間』の登場が遅かった（一九六二年）という事情もあって、大学の講座における本格的な取り扱いや研究はようやく緒に付いたばかりといった具合であったらしい。そうした状況の下で『存在と時間』のコメンタールを拵えようというゲルヴェン氏はかなりの壮図に動かされていたと言えるであろう。実際「註解」と銘打った仕事は当時英語圏はおろか独仏や日本語の世界を見渡してもまったく存在しなかったのである。

もっとも「註解」という名こそ名乗らずとも実質的には「註解」の持つ密度に加えて「註解」という形式には馴染まない思想的統一性さえ備えた研究書が少なくはなかった。とりわけ我が国のハイデッガー研究の水準は高く、それはハイデッガーに近付くために欧米の研究者たちがまずもって力を尽くして払いのけなければならない「唯一神」や「絶対的な存在者」など、いわゆる「形而上学的な存在者」によって厚く覆われていなかったためであると考えることが出来るかも知れない。

とはいえ、『存在と時間』についての、学問的レベルの高い研究書には事欠かずとも、ハイデッガー哲学の研究そのものを生業とするわけではない人たちの手にも届く形の包括的な解読書まで充実していたかというとそうとも言えない。たとえば西谷啓治氏の『宗教論集』などは、そのように銘打たれずとも『存在と時間』を支えている根本経験との極めて緊密な対話であり、その意味で哲学史的研究の煩瑣に陥らず専門的研究の垣根を越えて深く人々の心に染み入る、もっとも優れた意味での「解説書」であるとも言えた。しかしもっとも優れた解説書は、またもっとも「際どい」解説書でもあって、そこには丁度ハイデッガー自身がギリシャの哲学に対峙したときと同様の、いわば根本経験同士のぶつかり合いがあった。ハイデッガーの思想と対決し、いわゆる「形而上学の歴史」のみならず、それを克服しようとするハイデッガー自身の思想をも含めて「未だし」と断ずる仏教的経験が、もっとも優れた意味での「解説」の核心を成していたからである。西谷啓治とハイデッガーとの間に行なわれていた、こうした「ぶつかり合い」については、伴一憲氏の『家郷を離れず』（創文社）がその詳細を伝えている。因みにこの書物もまた仏教的経験の立場からするハイデッガー解釈のいわば「正統」を伝えるものと言うべき優れた作品である。

「解説」の、こうした仏教的傾きを批判してハイデッガー固有の思考の立場を忠実に語りだそうという立場から、たとえばハイデッガー後期の根本語たる「エルアイグニス」の訳語として、仏教的な香りを止める「性起」という命名の替わりに「呼び求める促し」として、一歩中身に踏み込んだ説明までしてしまおうという渡邊二郎教授の提案もある。「性」という語も実は「天の命（言葉）を性と謂い、性にしたがうを道と謂う」（中庸）のであってみれば、そうした「性」の「起」はまさに「呼び求める促し」であって、二つの訳語の距離はそれほど遠くはない。いずれにせよ、このように踏み込んだ「自分自身の訳し方」は十分な読みに支えられなければ出来るものではない。私自身はこれをむしろ単に「コト（事、言、殊、異）」という日本語で受け止めることの出来る思想だと考えている。

と言うのも「コト」には、その欠くべからざる相関者として「モノ」が属していて、普通は忘れられていて目立たないけれども、もともと「モノ」という語に含まれている否定的な要素に気が付くと、日本語の世界がコトとモノの組み合わせにおいて経験している事態こそ「エルアイグニス」と、「エルアイグニス」に属する「遠ざかり（Endzug）」という言葉によってハイデッガーが言い当てようとした事態に照応すると私は考えるからである。後年のハイデッガーは「エルアイグニスにおいて存在は消失する」と語るけれども、われわれの日本語はギリシャ人達のように「存在」ないしは「で有る」に大きな役割を負わせてはいない。われわれにおいて「存在」は、もともと「消失」している。日本語は「存在の消失」という根本経験を含んで初めて成立していると考えられるのである。

ともあれ主として『存在と時間』を対象とする専門的研究としては渡邊二郎教授『ハイデッガーの実存思想』（勁草書房）という大著があり、茅野良男教授の『初期ハイデッガーの哲学形成』（東京大学出版会）は『存在と時間』を狙いとして、そこに到るまでのハイデッガーの思索を辿り、川原栄峰教授の『ハイデッガーの思惟』（理想社）もその第一部は『存在と時間』全体についてのきわめて周到な解釈であり、細川亮一教授の『ハイデッガー哲学の射程』（創文社）も『存在と時間』についての詳しい哲学史的研究を含んでいる。

このように学問上の意味で優れた研究を数多く持ち、前述のように根本的経験同士の踏み込んだ対話という意味での「解説書」に事欠かない我が国でも、いわば丁度その中間の、ある程度逐条的な詳しさを備えながら、しかも、必ずしも哲学研究（特にハイデッガー哲学の研究）を専門としない読者が、ごく普通の経験と言葉とを携えて、難解をもって鳴る『存在と時間』に立ち向かおうとした場合に、格好の伴侶となるべき書物が存在しないという点では、ゲルヴェン氏が直面していた当時の英語圏の状況とあまり変わりはなかったし、現在でもそれほど変わっているとは思えない。

もちろんこれら太部の専門的研究の他に多少とも入門的な水準の読者を想定した『存在と時間』の解説書が無いわけではない。渡邊二郎編『ハイデッガー「存在と時間」入門』（有斐閣）がそれに当たり、また、大橋良介編『ハイデッガーを学ぶ人のために』（世界思想社）は『存在と時間』に限ったわけではないけれども、それだけにハイデッガーの全著述が刊行されつつある現在において、『存在と時間』を読む場合に必須の前提条件とも言うべき全体的見通しを与えてくれる。同じ意味においては木田元氏の、あえて「編著」と題された『ハイデガー「存在と時間」の構築』（岩波現代文庫）という作品もこれらに加えるべきであろう。この書物を「入門的解説書」と評するのはおよそ見当違いでもあろうが、その論述のわかりやすさを見れば研究書であることに加えて入門書でもあるという「尊称」を与えることも許されるであろう。

こうした労作群に立ち混じっても、しかし、ゲルヴェン氏のような注釈姿勢の作品には依然として一定の需要があるもののように思われて、旧版が絶版になって久しいにも関わらず、現在でも訳者のもとに熱心な読後感の寄せられてくることが後を絶たないのである。あえて言うならば、ここにあげた諸冊のそれぞれは研究書的な周到さと入門的な懇切さを持ちながらも、その根本態度はやはり「知的」で「上品」に過ぎるという傾向が隠せないと言えるかも知れない。ところで一度ゲルヴェン氏の本文を紐解いてみるとよい。もちろん、この「註解」は全集公刊以前のものであるから細部においては補充を必要としていて、ゲルヴェン氏自身一九八九年の第二版において、ある程度それを行なっているけれども、大筋においては現在における『存在と時間』研究のレベルから見ても納得の出来るものである。その意味でこの書の研究書としてのレベルは決して低いどころではない。しかし、それでいながらこの「註解」には「註解」という堅苦しい名にむしろ相応しくない「親しみやすさ」が漲っているのである。アメリカ人らしい率直さと大胆さと言ったら、いささかステロタイプの評にも聞こえようが、ゲルヴェン氏の受け止めたハイデッガーは、やはりドイツ人のものとも日本人のものとも違う。とてもハイブラウな哲学的話題が学問的水準を保ったまま実にくだけた筆に乗って大胆率直に展開されているとでも言うことが出来ようか。こうした性格のゆえに読者はゲルヴェン氏の筆を通して、いわば安心してハイデッガーの世界に近付くことが出来ることになっているのである。

ゲルヴェン氏は、『存在と時間』はただの「実存哲学」ではないと力を入れて説いている。当時としてはまずもっていわゆる「実存哲学」からハイデッガーを区別することが急務だったからでもあろう。ゲルヴェン氏の注釈の筆は、伝統的形而上学と対話しつつあるハイデッガーの姿が見えるように、バランスよく『存在と時間』の境位を捉えている。この辺りの本格的性格も本書の息の長さを支えている要因となっている。しかし、本当のところゲルヴェン氏の「註解」の値打ちはもっと他にあるように私には思われる。すなわちそれは一口に言って「自分自身で読む人のため」に書かれた註解だということである。「自分自身で読む」という、このあまりにも当たり前の要請がどのような事態を意味するかを理解してもらうために、ここで「全集」第二九・三〇巻『形而上学の根本諸概念』(川原栄峰訳　創文社)なる一書を紐解いてみよう。

これは『世界・有限性・孤独』と題せられて『存在と時間』が世に出たしばらく後の一九二九年から一九三〇年にかけての冬学期に行なわれたハイデッガーの講義とその後のハイデッガー自身の書き入れとを元に編纂されている。この書物は『存在と時間』に対するハイデッガー自身による注釈として、ある意味ではもっとも目覚ましい作品である。現在刊行中の「全集」が様々に異なった時期に書き込まれたハイデッガーの手稿を解読整理する困難さに加えて、ハイデッガー自身の「全集」編集方針に対する遺志も絡まり合って、少なからず研究者泣かせの諸巻を含むことは疑いがない。なかでも『形而上学の根本諸概念』はその代表的なもので、この巻に登場する言葉をそっくりそのままハイデッガー自身の思想として受け取ることの危険は否定できないようである。したがってたとえば前にあげた木田元氏の『ハイデガー「存在と時間」の構築』などはむしろこの書を避けて、ほぼ同じ時期に書かれた、やはり『存在と時間』の、ハイデッガー自身の手になる最良の注釈であり、ハイデッガー自身の手になる書物としての完成度の相対的に高い第二四巻『現象学の根本諸問題』や同第二六巻『論理学の形而上学的な始源諸根拠』などを主たる材料としている。哲学史的研究としては当然の態度であるけれども、しかしそれが全てであるとも言えない。

たとえば『存在と時間』においては現存在を全体化するところの「無」を開示する根本気分として「不安」が取りあげられていて、ある程度まで、その「ありよう」が記述されている。これに対して『形而上学の根本諸概念』の第一部では同じく根本気分として「退屈」が取りあげられて詳しく分類記述されている。「不安」のありようについての記述を「ある程度まで」と表現したのも「退屈」についての分析がまことに詳細で、それに引き較べるならば、すくなくとも『存在と時間』における「不安」の記述は、言うならば途中の思考をすべて省略して到達した結果だけをメモしたように感ぜられるほどだからである。こうした傾向は他にもあって、『存在と時間』にはまったくと言ってよいほどに登場していなかった人間以外の石や動物のありようが詳細に考え抜かれているのも『形而上学の根本諸概念』においてである。その記述は必ずしも「成功している」とばかりは言えないかも知れない。けれどもすくなくとも『存在と時間』では他の人間をも含めて現存在に含まれているはずのこうした「同行者たち」についての詳しい記述の試みは差し置かれている。この場合にも「根本気分」の場合と同じように、いわば結論だけがクローズアップされているように見える。しかし『形而上学の根本諸概念』においては根本気分と世界内部的な存在者についての、こうした分析と記述をもとに「世界が世界する」という事態についてのわれわれの感性がより研ぎ澄まされるように具体的に準備されて行くのである。

言い換えれば『形而上学の根本諸概念』という、このテキストクリティーク上「問題の書」は『存在と時間』において取り扱われている諸問題について、われわれが一体どのような密度を持った思考を自分自身でも試みながら、ハイデッガーの言葉に耳を傾け、あるいは立ち向かってゆかなければならないかという、その度合いを教えてくれるのである。このような度合いを心得るのにテキストが客観的に一義的に定まっている必要はない。様々の時期における書き込みが混在していても不都合だということはない。あえて言えば、登場した言葉が是非ともハイデッガー自身のものでなければならないというわけですら実はないのである。このような度合いを心得るのに、歴史的に精確に定義付けられ、深く考え抜かれた哲学的概念同士の編み目の内部だけを歩み続けなければならないということはない。われわれ自身のごく普通の感性を詳しく丁寧に諦視してゆけば、それが十分に広い入り口になる。もちろんハイデッガーの思考がごく卑近で誰でもそのまま入ってゆけるレベルに止まっているというわけではない。跳ね返されるにしろ共感を持って入り込んでゆくにせよ、いずれにせよハイデッガーとの対話が成り立つためには、われわれがわれわれ自身の感性の世界に対してどの程度まで丁寧に「詳しく」対応していなければならないかをこの書が教えてくれるということである。

例えば死についての『存在と時間』におけるハイデッガーの教説がどのような境位にあるかなどということも、読者のそれぞれにおいて、死がどの程度まで深く詳しく受け止められているかに応じて、単なる死の了解の教説に過ぎないという感じ取りから、むしろ永劫回帰的に不可能にされた死を再び可能的世界に取り戻すという、いわば解脱的意味での「死ねるようになった死」の発見と受け止めるかに到るまで、それぞれの感性のありように応じて異なった味わいをもって決まって来ることになるのである。

ゲルヴェン氏の「註解」の重んずべき所以も実はここにあると私は思う。彼が率直さと大胆さをもってハイデッガーの世界を紛う方なき自分自身の感性によって受け止めようとしていることを先にも述べた。その密度は『形而上学の根本諸概念』には及ばないけれども、どのような心構えを持って「普通の読者」がハイデッガーに接近してゆくべきかという事は同じように正しく教示していると考えられるのである。

抽象的に語られた事柄を身近な感性的現象に引き戻してわかりやすく説明するという作業はなかなか難しい。抽象的な概念同士を操って辻褄合わせに終始している場合はよい。

それとても決して容易な仕事であるはずはないけれども、ともかく難しい仕事は哲学的概念同士が立ち働いてくれる。自分自身で「考えた（か―向かえた）」つもりになって差し当たり自分のことは忘れていられる。『存在と時間』のような作品を注釈しながら感性的にわかりやすい具体例をあげて説明するということは、ある意味では自分を晒け出すことにもなってなかなか勇気のいる実践である。ゲルヴェン氏は、この書物があくまでも自分自身で『存在と時間』を読む人の伴侶となることを念じているが、彼にはまさにそのように要求する権利があるとも言えようか。ほんとうに「自分自身で読む」という経験を通さなければ分かりやすい具体例をあげて解説するという作業は不可能であり、したがってそれは初心者に解説する以上に、まずもって自分自身に向けて行なう解説作業だからである。そしてまた、本当に自分自身で読もうとする限りは、原著の持つ複雑微妙な感性的経験とその哲学的解釈を自らの粗笨な感性的世界とその解釈とに引き寄せて、いわば嘗めてかかって事終われりとしてしまう危険とも同行する覚悟を持たなければならないからである。

もちろん進んだ専門的研究をしようという場合には、すでにあげておいた仕事などを手掛かりにさらに精密に研究を運ばなければならない。前に触れたようにゲルヴェン氏自身、一九八九年にこの書物の改訂版を世に送っている（*A Commentary on Heidegger's Being and Time*, Revised Edition, Northern Illinois University Press, DeKalb, Illinois 1989）。改訂版では、第一章「概要と背景」の部分が大幅に書きあらためられ、「存在（Sein）」という語をどのような英語に訳すべきか、ハイデッガーは伝統的形而上学をどの点において革新したのか、また、ハイデッガーとニヒリズムの関わりはどうか、などの問題が詳しく論じられている。本来性と非本来性の区別や先駆的決意性を解説した部分にも書き加えがなされて、具体的で実存的な態度決定を迫るものというよりは、むしろ「存在の真理に開かれている」かどうか、という趣旨のものであることが旧版よりも一層強調されている。さらに「後記」とされていた「なぜ実存なのか?」が省かれ、その代わりに『存在と時間』の後」と題する文章が置かれて、詩、言葉、真理をめぐる、ハイデッガーの、主として一九三五年以降の思索が紹介されている。

このほかにも諸処に改訂の跡があるけれども、それらはいずれも煩瑣な哲学史研究上のコメントと言うよりは、説明のわかりやすさを狙いとした加筆であって、旧版のスタイルをますます洗練しようという意気込みの見られるものである。ゲルヴェン氏は自らの註解スタイルに自信を持っているのである。

もともと本書は川原栄峰教授のお薦めにより当時東京大学の助手を務めていた長谷川三千子が下訳をし、多少ハイデッガーの思想に親しんでいた長谷川西涯(晃)がハイデッガーの翻訳上の習わしなどの観点から手を入れて、長谷川晃・長谷川三千子の共訳という形で世に出したものである。旧版には川原栄峰教授からの序文もいただいたが、タイムリーな内容であったので今回は省かせていただいた。今回ちくま学芸文庫に収めるに際しては、あらためて全文を見直し、訳語の変更その他、かなりの部分で手入れをした。長谷川三千子はその後ハイデッガーの研究から離れているので今回は長谷川西涯の名のみを翻訳者としておく。

なお本書の刊行に当たっては、ちくま学芸文庫の渡辺英明氏と伊藤正明氏のお世話になった。とりわけ本書の旧訳を「発掘」し、その再刊を強く勧め、共訳者のようにいろいろと踏み込んだ提案をして下さった伊藤正明氏には謝意と敬意を表したいと思う。

平成十二年八月　北軽井沢の山荘にて

長谷川西涯

本書は一九七八年五月十五日日清堂書店より刊行されたものに、大幅に手を入れたものである。

死にいたる病
S・キルケゴール
桝田啓三郎 訳
死にいたる病とは絶望であり、絶望を深く自覚し神の前に自己をすてる。実存的な思索の深まりをデンマーク語原著から訳出し、詳細な注を付す。

ニーチェと悪循環
ピエール・クロソウスキー
兼子正勝 訳
永劫回帰の啓示がニーチェに与えたものは、同一性の下に潜在する無数の強度の解放である。二十一世紀にあざやかに蘇る、逸脱のニーチェ論。

世界制作の方法
ネルソン・グッドマン
菅野盾樹 訳
世界は「ある」のではなく、「制作」されるのだ。芸術・科学・日常経験・知覚など、幅広い分野で徹底した思索を行ったアメリカ現代哲学の重要著作。

新編 現代の君主
アントニオ・グラムシ
上村忠男 編訳
労働運動を組織しイタリア共産党を指導したグラムシ。獄中で綴られたそのテキストから、いま読み直されるべき重要な29篇を選りすぐり注解する。

孤島
ジャン・グルニエ
井上究一郎 訳
「島」とは孤独な人間の謂。透徹した精神のもと、話者の綴る思念と経験が啓示を放つ。カミュが本書との出会いを回想した序文を付す。（松浦寿輝）

ハイデッガー『存在と時間』註解
マイケル・ゲルヴェン
長谷川西涯 訳
難解をもって知られる『存在と時間』全八三節の思考を、初学者にも一歩一歩追体験させ、高度な内容を読者に確信させ納得させる唯一の註解書。

色彩論
ゲーテ
木村直司 訳
数学的・機械論的近代自然科学と一線を画し、自然の中に「精神」を読みとろうとする特異で巨大な自然観を示した思想家・ゲーテの不朽の業績。

倫理問題101問
マーティン・コーエン
榑沼範久 訳
何が正しいことなのか。医療・法律・環境問題等、私たちの周りに溢れる倫理的なジレンマから101の題材を取り上げて、ユーモアも交えて考える。

哲学101問
マーティン・コーエン
矢橋明郎 訳
全てのカラスが黒いことを証明するには？ コンピュータと人間の違いは？ 哲学者たちが頭を捻った101問を、譬話で考える楽しい哲学読み物。

解放されたゴーレム
ハリー・コリンズ／トレヴァー・ピンチ
村上陽一郎／平川秀幸訳
科学技術は強力だが不確実性に満ちた「ゴーレム」である。チェルノブイリ原発事故、エイズなど7つの事例をもとに、その本質を科学社会的に繙く。

存在と無（全3巻）
ジャン＝ポール・サルトル
松浪信三郎訳
人間の意識の在り方（実存）をきわめて詳細に分析し、存在と無の弁証法を問い究め、実存主義を確立した不朽の名著。現代思想の原点。

存在と無 I
ジャン＝ポール・サルトル
松浪信三郎訳
I巻は、「即自」と「対自」が峻別される緒論「存在の探求」から、「対自」としての意識の基本的在り方が論じられる第二部「対自存在」まで収録。

存在と無 II
ジャン＝ポール・サルトル
松浪信三郎訳
II巻は、第三部「対他存在」を収録。私と他者との相克関係を論じた「まなざし」論をはじめ、愛、憎悪、マゾヒズム、サディズムなど具体的な他者論を展開。

存在と無 III
ジャン＝ポール・サルトル
松浪信三郎訳
III巻は、第四部「持つ」「為す」「ある」を収録。この三つの基本的カテゴリーとの関連で人間の行動を分析し、絶対的自由を提唱。（北村晋）

公共哲学
マイケル・サンデル
鬼澤忍訳
経済格差、安楽死の幇助、市場の役割など、私達が現代の問題を考えるのに必要な思想とは？ハーバード大講義で話題のサンデル教授の主著、初邦訳。

パルチザンの理論
カール・シュミット
新田邦夫訳
二〇世紀の戦争を特徴づける「絶対的な敵」殲滅の思想の端緒を、レーニン・毛沢東らの《パルチザン》戦争という形態のなかに見出した画期的論考。

政治思想論集
カール・シュミット
服部平治／宮本盛太郎訳
現代新たな角度で脚光をあびる政治哲学の巨人が、その思想の核を明かしたテクストを精選して収録。権力の源泉や限界といった基礎もわかる名論文集。

神秘学概論
ルドルフ・シュタイナー
高橋巖訳
宇宙論、人間論、進化の法則と意識の発達史を綴り、シュタイナー思想の根幹を展開する――四大主著の一冊、渾身の訳し下し。（笠井叡）

神智学
ルドルフ・シュタイナー
高橋巖訳

神秘主義的思考を明晰な思考に立脚した精神科学へと再編し、知性と精神性の健全な融合をめざしたシュタイナーの根本思想。四大主著の一冊。

いかにして超感覚的世界の認識を獲得するか
ルドルフ・シュタイナー
高橋巖訳

すべての人間には、特定の修行を通して高次の認識を獲得できる能力が潜在している。その顕在化のための道すじを詳述する不朽の名著。

自由の哲学
ルドルフ・シュタイナー
高橋巖訳

社会の一員である個人の究極の自由はどこに見出されるのか。思考は人間に何をもたらすのか。シュタイナー全業績の礎をなしている認識論哲学。

治療教育講義
ルドルフ・シュタイナー
高橋巖訳

障害児が開示するのは、人間の異常性ではなく霊性である。人智学の理論と実践を集大成したシュタイナー晩年の最重要講義。改訂増補決定版。

人智学・心智学・霊智学
ルドルフ・シュタイナー
高橋巖訳

身体・魂・霊に対応する三つの学が、霊視霊聴を通じた存在の成就への道を語りかける。人智学協会の創設へ向け最も注目された時期の率直な声。

ジンメル・コレクション
ゲオルク・ジンメル
北川東子編訳
鈴木直訳

都会、女性、モード、貨幣をはじめ、取っ手や橋・扉にまで哲学的思索を向けた「エッセーの思想家」の姿を一望する新編・新訳のアンソロジー。

私たちはどう生きるべきか
ピーター・シンガー
山内友三郎監訳

社会の10％の人が倫理的に生きれば、政府が行う社会変革よりもずっと大きな力となる――環境・動物保護の第一人者が、現代に生きる意味を鋭く問う。

自然権と歴史
レオ・シュトラウス
塚崎智／石崎嘉彦訳

自然権の否定こそが現代の深刻なニヒリズムをもたらした。古代ギリシアから近代に至る思想史を大胆に読み直し、自然権論の復権をはかる20世紀の名著。

生活世界の構造
アルフレッド・シュッツ／トーマス・ルックマン
那須壽監訳

「事象そのものへ」という現象学の理念を社会学研究で実践し、日常を生きる「普通の人びと」の視点から日常生活世界の「自明性」を究明した名著。

哲学ファンタジー
レイモンド・スマリヤン　高橋昌一郎訳
論理学の鬼才が、軽妙な語り口ながら、切れ味抜群の思考法で哲学から論理学まで広く論じた対話篇。哲学することの魅力を堪能しつつ、思考を鍛える！

ハーバート・スペンサー コレクション
ハーバート・スペンサー　森村進編訳
自由はどこまで守られるべきか。リバタリアニズムの源流となった思想家の理論の核が凝縮された論考を精選し、平明な訳で送る。文庫オリジナル編訳。

ナショナリズムとは何か
アントニー・D・スミス　庄司信訳
ナショナリズムは創られたものか、それとも自然なものか。この矛盾に満ちた心性の正体を、世界的権威が徹底的に解説する。最良の入門書、本邦初訳。

反解釈
スーザン・ソンタグ　高橋康也他訳
《解釈》を偏重する在来の批評に対し、《形式》を感受する官能美学の必要性をとき、理性や合理主義に対する感性の復権を唱えたマニフェスト。

声と現象
ジャック・デリダ　林好雄訳
フッサール『論理学研究』の綿密な読解を通して、「脱構築」「痕跡」「差延」「代補」「エクリチュール」など、デリダ思想の中心的〝操作子〟を生み出す。

歓待について
ジャック・デリダ　アンヌ・デュフールマンテル序論　廣瀬浩司訳
異邦人＝他者を迎え入れることはどこまで可能か？ギリシャ悲劇、クロソウスキーなどを経由し、この喫緊の問いにひそむ歓待の（不）可能性に挑む。

省察
ルネ・デカルト　山田弘明訳
徹底した懐疑の積み重ねから、確実な知識を探り世界を証明づける。哲学入門者が最初に読むべき、近代哲学の源泉たる一冊。詳細な解説付新訳。

方法序説
ルネ・デカルト　山田弘明訳
「私は考える、ゆえに私はある」。近代以降すべての哲学は、この言葉で始まった。世界中で最も読まれている哲学書の完訳。平明な徹底解説付。

社会分業論
エミール・デュルケーム　田原音和訳
人類はなぜ社会を必要としたか。社会はいかにして発展するか。近代社会学の嚆矢をなすデュルケーム畢生の大著を定評ある名訳で送る。（菊谷和宏）

公衆とその諸問題
ジョン・デューイ
阿部齊訳

大衆社会の到来とともに公共性の成立基盤は衰退した。民主主義は再建可能か？ プラグマティズムの代表的思想家がこの難問を考究する。（宇野重規）

旧体制と大革命
A・ド・トクヴィル
小山勉訳

中央集権の確立、パリ一極集中、そして平等を自由に優先させる精神構造――フランス革命の成果は、実は旧体制の時代にすでに用意されていた。

ニーチェ
ジル・ドゥルーズ
湯浅博雄訳

〈力〉とは差異にこそその本質を有している――ニーチェのテキストを再解釈し、尖鋭なポスト構造主義的イメージを提出した、入門的な小論考。

カントの批判哲学
ジル・ドゥルーズ
國分功一郎訳

近代哲学を再構築してきたドゥルーズが、三批判書を追いつつカントの読み直しを図る。ドゥルーズ哲学が形成される契機となった一冊。新訳。

基礎づけるとは何か
ジル・ドゥルーズ
國分功一郎／長門裕介／西川耕平編訳

より幅広い問題に取り組んでいた、初期の未邦訳論考集。思想家ドゥルーズの「企画の種子」群を紹介し、彼の思想の全体像をいま一度描きなおす。

スペクタクルの社会
ギー・ドゥボール
木下誠訳

状況主義――「五月革命」の起爆剤のひとつとなった芸術＝思想運動――の理論的支柱で、最も急進的かつトータルな現代消費社会批判の書。

論理哲学入門
E・トゥーゲントハット／U・ヴォルフ
鈴木崇夫／石川求訳

論理学とは何か。またそれは言語や現実世界とどんな関係にあるのか。哲学史への確かな目配りと強靭な思索をもって解説するドイツの定評ある入門書。

ニーチェの手紙
茂木健一郎編・解説
塚越敏／眞田収一郎訳

哲学の全歴史を一新させた偉人が、思いを寄せる女性に綴った真情溢れる言葉から、手紙に残した名句まで――書簡から哲学者の真の人間像と思想に迫る。

存在と時間 上・下
M・ハイデッガー
細谷貞雄訳

哲学の根本課題、存在の問題を、現存在としての人間の時間性の視界から解明した大著。刊行時すでに哲学の古典と称された20世紀の記念碑的著作。

「ヒューマニズム」について　M・ハイデッガー　渡邊二郎訳

『存在と時間』から二〇年、沈黙を破った哲学者の後期の思想の精髄。「人間」ではなく「存在の真理」の思索を促す、書簡体による存在論入門。

ドストエフスキーの詩学　ミハイル・バフチン　望月哲男／鈴木淳一訳

ドストエフスキーの画期性とは何か？《ポリフォニー論》と《カーニバル論》という、魅力にみちた二視点を提起した先駆的著作。（望月哲男）

表徴の帝国　ロラン・バルト　宗左近訳

「日本」の風物・慣習に感嘆しつつもそれらを〈零度〉に解体し、詩的素材としてエクリチュールとシーニュについての思想を展開させたエッセイ集。

エッフェル塔　ロラン・バルト　宗左近／諸田和治訳　伊藤俊治図版監修

塔によって触発される表徴を次々に展開させることで、その創造力を自在に操る、バルト独自の構造主義的思考の原形。解説・貴重図版多数併載。

エクリチュールの零度　ロラン・バルト　森本和夫／林好雄訳註

哲学・文学・言語学など、現代思想の幅広い分野に怖るべき影響を与え続けているバルトの理論的主著。詳註を付した新訳決定版。（林好雄）

映像の修辞学　ロラン・バルト　蓮實重彥／杉本紀子訳

イメージは意味の極限である。広告写真や報道写真、そして映画におけるメッセージの記号を読み解き、意味を探り、自在に語る魅惑の映像論集。

ロラン・バルト　モード論集　ロラン・バルト　山田登世子編訳

エスプリの弾けるエッセイから、初期の金字塔『モードの体系』に至る記号学的モード研究まで。初期のバルトの才気が光るモード論考集。オリジナル編集・新訳。

呪われた部分　ジョルジュ・バタイユ　酒井健訳

「蕩尽」こそが人間の生の本来的目的である！　思想界を震撼させ続けたバタイユの主著、45年ぶりの待望の新訳。沸騰する生と意識の覚醒へ！

エロティシズム　ジョルジュ・バタイユ　酒井健訳

人間存在の根源的な謎を、鋭角で明晰な論理で解き明かす、バタイユ思想の核心。禁忌とは、侵犯とは何か？　待望久しかった新訳決定版。

ちくま学芸文庫

ハイデッガー『存在《そんざい》と時間《じかん》』註解《ちゅうかい》

二〇〇〇年十月十日　第一刷発行
二〇二一年三月二十日　第十刷発行

著者　マイケル・ゲルヴェン
訳者　長谷川西涯（はせがわ・せいがい）
発行者　喜入冬子
発行所　株式会社　筑摩書房
東京都台東区蔵前二―五―三　〒一一一―八七五五
電話番号　〇三―五六八七―二六〇一（代表）
装幀者　安野光雅
印刷所　三松堂印刷株式会社
製本所　三松堂印刷株式会社

ISBN4-480-08580-7　C0110